国家高端智库武汉大学国际法研究所

国 际 法 文 库

INTERNATIONAL LAW LIBRARY

黄 进 总主编

肖永平 执行主编

专著系列

黄志雄 主编

WTO决策机制法律问题研究

On Legal Issues of WTO Decision-making Mechanism

周跃雪 著

法律出版社
LAW PRESS·CHINA

谨以此书献给我的父亲周忠富先生和母亲胡霞女士

总序一

当今之世界，随着全球投资贸易不断增长，科学技术特别是信息技术飞速进步，通信和交通日益便捷，人文交流蓬勃发展，经济全球化、政治多极化、文化多元化、社会网络化、法律趋同化已成为天下大势。在这种背景下，作为国际社会最为重要的行为规范，国际法在全球治理中发挥着不可替代的作用。

今日之中国，秉持“创新、协调、绿色、开放、共享”五大发展理念，正在全面建设小康社会、全面深化改革、全面推进依法治国、全面从严治党、全面参与全球治理。在这个过程中，国家始终坚持统筹国内国际两个大局，于内，追求实现“两个一百年”奋斗目标，追求实现中华民族伟大复兴的中国梦。于外，坚定不移对外开放，参与全球治理；坚持和平发展、合作共赢；积极构建中国特色大国外交，完善对外战略布局，既“请进来”，又“走出去”，加快推进“一带一路”建设；坚决维护国家主权、安全、发展利益，争取良好国际环境，维护世界和平稳定，促进各国共同发展，打造“人类命运共同体”。毫无疑问，坚持统筹国内国际两个大局，不仅要全面推进依法治国，加强国内法治，而且要在全球治理中高度重视和善于发挥国际法的作用，加强国际法治，推进国内法治与国际法治良性互动，特别是要完善中国自己的涉外法律法规体系，积极参与国际规则的制定，增强中国在国际法律事务中的话语权和影响力，运用法治思维和法治方式依法处理涉外事务,强化涉外法律服务,加强国际法治合作。

当下之中国国际法学界,经过改革开放 30 多年的建设和发展,可以肯定地说,国际法学科体系不断健全,学术队伍不断壮大,国际学术交流与合作不断拓展,学术水平和创新能力不断提高,培养了一大批国际法专门人才。而且,广大国际法专家学者解放思想、实事求是、求真务实、与时俱进,深入研究和回答中国改革开放面临的国际法理论和实践问题,产出了一大批有分量的学术成果,为国际法学的繁荣发展和国家改革开放及现代化建设做出了重要贡献。但应该指出的是,中国国际法学领域还存在一些亟待解决的问题。比如,国家缺乏整体的国际法学科发展战略规划,国际法学科建设放任自流,各国际法机构各自为阵;国际法人才队伍学术原创能力和解决实际问题的能力不强,活跃在世界国际法舞台的人才不多,总体素质亟待提高;国际法人才培养体系不健全,德行教育与知识传授相分离、理论培养与实践训练相脱离、国内培训与国际培训相隔离;国际法学术研究缺少精品力作,还没有产出具有广泛国际影响的创造性思想成果和理论成果,在国际规则制定和国际法律事务中的话语权和影响力不大。可以这样说,中国国际法学界目前在学术命题、学术思想、学术观点、学术标准、学术评价、学术话语上的能力和水平同中国综合国力和国际地位还不太相称。

综上所述,国际法在国际社会中的重要地位日益凸显,中国全面推进依法治国、对外开放、参与全球治理,亟须掌握和运用国际法,中国国际法学界仍处于有数量缺质量、有专家缺大师以及作用没有充分发挥出来的状态。我们所处的时代表明,这是一个需要国际法的时代,这是一个需要国际法理论创新而且一定能够产生国际法新理论的时代,这是一个需要国际法思想而且一定能够产生国际法新思想的时代。所有这些,正是我们编辑出版《国际法文库》以推动国际法学繁荣发展的初衷。

《国际法文库》将坚持兼容并包、思想自由。主张立足中国、借鉴国外,挖掘历史、把握当代,关怀人类、面向未来,着力推进构建既具有中特色、中国风格、中国气派,又能进入世界学术话语体系的国际法学。

《国际法文库》将坚持问题导向。面对中国改革开放的新常态、国际局势的新变化,世界范围内各种思想文化交流交融交锋的新形势,只有聆听时代的声音,回应时代的呼唤,认真研究国家深化对外开放、全面参与全球治理的重大而紧迫的问题,才能真正把握历史脉络,找到发展规律,推进国际法理论创新和全球治理实现良法善治。

《国际法文库》将坚持跨学科研究。国际法律问题涉及国际社会生活的方方面面，具有跨学科性，需要从多学科视角，运用学科交叉融合的方法，进行跨学科研究。也就是说，对于国际法律问题，不仅要从国际公法、国际私法、国际经济法等国际法学视角进行研究，而且还要从宪法、行政法、民商法、刑法、诉讼法等国内法学视角进行研究；不仅要从法学视角进行研究，而且还要从国际政治、世界历史、全球经济、人类社会变迁、多元文化交融、地球生态文明等视角进行研究。跨学科研究在于坚持用联系的发展的眼光看待问题，增强研究的整体性、系统性、协调性、战略性，促进问题合情、合理、合法的解决。

《国际法文库》将坚持创造创新。创新是一个民族进步的灵魂，也是引领理论发展的动力。创新，就是有所发现、有所发明、有所创造。国际法理论的生命力在于创新，只有不断进行探索，才能推进国际法思想创新、知识创新、理论创新、制度创新、方法创新。国际法理论创新要从问题开始，发现问题、筛选问题、分析问题、研究问题、解决问题的过程就是创新的过程。国际法理论创新不必贪大求全，发现新事实、新材料、新现象是创新，阐明一个新原理、提出一种新学说、揭示一条新规律是创新，发明一项新技能、找到一条新路径、创造一种新方法也是创新。

《国际法文库》设专著系列、译著系列、实务系列、文集系列，是法律出版社与武汉大学国际法研究所共同打造的学术品牌。法律出版社在中国出版界特别是法学法律出版领域的龙头地位自不待言。这里有必要对武大国际法所多说几句。武大国际法所是我国著名法学家、教育家、国际私法一代宗师韩德培先生于1980年创办的，是我国高校设立的第一个国际法研究所。该所自创立以来，自强不息，追求卓越，先后培养了一大批已在学术和实务方面崭露头角的国际法专门人才，先后产出了一大批具有较高水平的国际法学术成果，先后两次被评为国家级重点学科，2000年被确定为教育部人文社会科学重点研究基地，2015年入选首批国家高端智库。可以肯定地说，武大国际法所是当今中国国际法领域的学术重镇，不断推进中国国际法人才培养、科学研究和新型智库建设，不仅是它义不容辞的责任，更是它崇高而神圣的使命。正是基于这种情怀，武大国际法所与法律出版社携手合作，设立了这个《国际法文库》。这是为中国国际法学界开辟一块新的学术园地，建造一个新的学术舞台。《国际法文库》是自由、开放、包容、多元的，海内外的国际法同仁都可以在这块园地里辛勤耕耘，春播夏种、秋收冬藏；也都可以在这座舞台上翩翩起舞，崭露头角、一展锋芒。我真诚希望，所有以国际法为志业、立志为中国国际法事业做出贡献的海内外同仁，都能把《国际法文库》视为我们共同的国际法事业的一部分，关心之、支持之、帮助之、鞭策之，勿忘初心、久久为功，去迎接我们共同期待的中国国际法学界百花齐放、百鸟争鸣的春天。

是为序。

 *

2016年12月1日于北京

---

* 黄进，中国政法大学校长，法学教授，中国法学会副会长，中国国际私法研究会会长。

总序二

随着中国日益接近世界舞台的中央，我国迫切需要加强国际法律共同体建设，利用国际法维护世界和平和人类命运共同体以及可持续发展，保障中国的正当利益。因此，不管是国际法制度构建，还是国际法理论创新，抑或是国际法实践引领，中国都需要从“被动适应者”向“主动引领者”转变。

由我国著名法学家、教育家、社会活动家、国际私法一代宗师韩德培先生创办的武汉大学国际法研究所是1980年由原国家教委批准成立的中国高校第一个国际法研究机构；1981年设立博士点；1995年建立博士后流动站；1996年列为“211”工程重点建设单位；2000年被教育部批准为普通高等学校人文社会科学重点研究基地；2004年被批准为“985”工程哲学社会科学创新基地；2015年被中宣部确定为首批国家高端智库试点建设单位。她一贯秉持国际公法、国际私法、国际经济法的全面和综合研究，积极拓展联合国法、欧洲联盟法、国际能源法、电子商务法、国际发展法、国际网络法、国际投资法、国际金融法、国际体育法、世贸组织法、海洋法和海商法等前沿学术领域，形成了学科研究方向齐全、学科发展水平一流、咨政服务能力突出、教学科研成果领先的鲜明特色。

但是，不管是作为教育部的人文社会科学重点研究基地，还是作为国家高端智库，仅仅依靠一个研究所的力量难以实现中国国际法理论的创新，难以实现中国从国际法的“被动适应者”向“主动引领者”的转变。当下，中国面临的问题在全球化进程中愈发凸显其复杂性，许多问题往往需要从不同学科、不同视角、不同谱系进行合理的理论解释、作出正确的政策选择；而不同学者、学术机构、智库在不同领域具有相对优势，或者因所在区域不同而存在区域政策问题的竞争优势。因此，团结、组织中国国际法学者共同攻关、协同创新是获得国际竞争优势、创新中国国际法理论，进而实现中国从国际法的“被动适应者”向“主动引领者”转变的必由之路。正是出于这种考虑，我们与法律出版社合作出版《国际法文库》，希望集中展示中国学者的国际法著述和学术见解，及时传播国外国际法学界的最新研究成果，协同研究中国面临的重大国际法实践问题，不断增强中国国际法理论的国际话语权，不断提升中国国际法制度的国际吸引力，不断提高中国国际法实践的国际影响力。

因此，《国际法文库》将面向中国国际法理论界和实务界广泛征集选题，通过自荐与他荐相结合的方式，由丛书编辑委员会根据其学术性、思想性和创新性决定出版选题。本文库分为专著系列、译著系列、实务系列和文集系列。

专著系列旨在集中呈现中国学者在国际法领域的理论研究成果，引导中国国际法学界关注国际学术动态、设置前沿学术议题、营造良好学术风气，推动中国国际法理论创新。以学术性和创新性为选题标准，主要出版中国学者关于国际法领域具体问题的创新性研究成果。

译著系列旨在全面推介国际社会国际法理论的经典著作和最新成果，促进中外国际法理论的交流与交锋，促使中外国际法实践的互动与创新。以思想性与新颖性为选题标准，主要出版国际社会在 20 世纪 90 年代以后创作或再版的国际法著作的译作。

实务系列旨在中国国际法理论研究和实践运用之间架起桥梁，促使中国国际法研究更加贴近国家和社会的现实需要，在国际法理论的支撑下运用国际法规则分析和解决实践中出现的问题。以对策性与实用性为选题标准，主要出版针对实践中的国际法问题，特别是与中国密切相关的国际法问题的著作，强调贴合国家对外交往实际需要，关注操作层面的问题选择、分析和解决方案。

文集系列旨在及时反映中国国际法学界举办的学术会议成果，提高学术交流的质量，加强学术交流的深度，扩大学术交流的影响。以新颖性与可行性为选题标准，主要出版能够设置学术议题、引领理论前沿的论文集。

我们相信，在中国国际法学界同仁的关心、支持与积极参与下，《国际法文库》一定能够实现上述目的，为中国国际法的理论创新、制度变革和实践引领贡献她应有的智慧、发挥她应有的作用。

*

2017 年元旦于武汉

---

* 肖永平，武汉大学国际法研究所所长，长江学者，法学教授，中国国际私法研究会常务副会长。

序

1995年1月1日WTO的成立作为全球贸易治理的重大事件而载入史册。作为当今最重要的国际经济贸易组织,WTO正在发挥着无法替代的作用。因其脱胎于未能正式问世的国际贸易贸易组织(International Trade Organization, ITO),并深受关税及贸易总协定(General Agreement on Tariff and Trade, GATT)的深刻影响,无论从规则演进,还是制度变迁,无不打上美国和其后的欧共体的印记,即通过权力政治或实力导向对其的影响。这种演进趋势一直延续至今,并在很大程度上左右着当今全球治理,特别是对国际经济贸易新秩序的发展产生了难以消退的痕迹。如何对WTO进行改革并使其更加适应全球贸易治理的现实需要,如何从理论研究到规则建构对WTO提出一种更为合理的解释与探索,成为研读WTO学人的一个重大命题。

整体意义上解读WTO至少包含四重性。其一,它是一个国际组织,特别是当今最重要的国际经济组织,从ITO—GATT—WTO,在长达70余年的发展演变过程观之,其功能与规则、理念与制度日臻完善,其成员由最初的23个成员国,增加到现如今的163个,赢得了越来越多的成员的认可。从这个意义上讲,它是一个全球性的(至少目前)国际经济贸易组织。其二,WTO是一个以规则导向为基础的条约组织,烦杂无比的规则,从货物贸易到服务贸易,再到知识产权,从关税减让到贸易政策评审，再到国际贸易争端解决，无不体现出对规则丰富与完善的追求，甚至有学者称其为"国际贸易的法网"，这种规则仍然在进行中。其三，WTO是全球贸易规则谈判的平台，其成员严格按照已有的WTO规则通过不间断的谈判回合，推动WTO规则的不断充实与提升，全球贸易通过谈判而不是战争或强权掠夺来推进贸易自由化和国际经济的可持续发展，从根本确立了WTO在全球贸易规则制订中的最重要的主体地位。其四，WTO规则不是静态的，而是不断发展与演变提升的。WTO成立后首轮"多哈发展回合"的谈判，正在更大范围、更高层次上推进着规则完善，尽管当下对其谈判能否达到预期充斥着异议，但并不影响我们对WTO未来发展的信心。

上述关于WTO四重性的认识成立，对中国则具有重要战略意义。首先，中国加入WTO取得了成为当今国际经济治理最重要的国际组织的正式成员的资格，通过深度融入国际经济交往的主流或中心，促进了中国对外开放进程的快速发展。其次，加入WTO就是要按照其规则行事。WTO是一个以法律规则为主的国际组织，按照法律规则行事，就是中国加入WTO的应有之义。再次，作为正式成员，要充分利用WTO的规则最大限度地维护自己的合法权益，并通过积极参与谈判推进其规则朝着更加公正、公平、合理的方向发展，加强我国对国际贸易规则的能力建设刻不容缓。最后，WTO的发展进程表明，规则的演变与发展是一个长期、漫长而复杂的过程，当下的中国应当有一种责任与担当，在WTO规则建构中发挥自己独到而特殊的作用。

自20世纪末，WTO多边贸易体制正在经历一场日渐深刻的"权力结构"的变化，这种变化主要体现为随着越来越多的发展中国家加入WTO，深刻地影响着国际经贸规则的制定，逐渐对发达国家主导了半个多世纪的GATT/WTO多边贸易体制的秩序形成强有力的挑战，开始展现出通过集体结盟重塑国际贸易规则的表征。中国逐渐从学习和接受"游戏规则"成为影响国际经贸规则的重要成员。中国与WTO的关系经历了从被动接受到主动参与，再到提出议题的发展进程。2008年金融危机以后，世界经济复苏艰难，但中国始终拥护自由贸易理念，反对贸易保护主义抬头，坚定不移地推动和维护WTO多边贸易体制的发展。然而，自2001年多哈回合以来，WTO多边贸易谈判回合遭遇了前所未有的发展"瓶颈"，究其原因，主要有以下几方面：WTO多边贸易体制的谈判议题已逐渐深入成员内部的经济和社会秩序，使谈判推进困难；发展中国家谈判实力上升，这种"权力结构"的变化打破了发达国家"俱乐部式"的决策格局；

WTO现有的决策机制已不能满足160多个成员对谈判议题作出有效率的决策,所有160多个成员都参加的谈判的决策机制陷入困境,WTO已更多地成为各国争端解决机制和平台。同时,由于多边贸易体制决策效率低下,全球贸易谈判陷入困境,诸边或双边和区域贸易谈判态势迅猛。WTO需要通过对自己决策机制的改革,继续推动全球贸易治理和推进达成新协定上有所作为,避免世界贸易规则碎片化发展趋势。

WTO多边贸易体制在本质上存在"双重二元结构"。即规则制定上的"权力导向"与"规则导向"并存的价值取向;成员类型上的发达国家和发展中国家共生的成员结构特点。本书立足于"多哈回合"艰难推进,甚至被质疑为"已死回合"的背景,从决策机制及其法律问题的角度探析WTO多边贸易体制规则形成机制所面临的法律症结。长期的"权力导向"使GATT/WTO多边贸易体制的决策过程因缺乏"法治"而欠缺程序正义,具体表现为发达国家主导谈判议题的确定、主席案文的确定、会议的形式和方向等。WTO被学者誉为模范国际法,国际法治的范本。纵观WTO法制,争端解决机制运行高效,是WTO法治的一颗"明珠"。但是,WTO成立以来,立法和决策的效率日渐低下,而且曾经通过"协商一致"达成的模糊性共识也为争端解决留下了"后患"。因此,研究和改革现有的WTO决策机制是推进多边贸易体制向前发展的重要前提,也是实现WTO法治化的必经之路。

本书是目前国内尚少的研究WTO决策机制法律问题的专著。WTO决策过程本身充斥了成员之间的实力博弈,通常对决策机制的研究遵循的是政治学和国际关系理论的进路。本书作者以"规则导向"和"国际法治"为基本理念,从国际法的角度考察WTO决策机制,试图分析WTO决策机制的法律症结和法治化路径,可谓是一种较新的尝试。我认为本书在以下方面的研究和观点是值得肯定的:第一,从"国际组织决策"这一基础概念出发,厘清国际组织的"表决"和"决策"概念之间的区别,认为国际组织决策具有更加丰富的内容,是一个提出动议、修改议案、表决、议案生效的全过程。从这个角度来看,WTO"协商一致"决策方式是一个比单纯投票表决更为复杂、更为广义的谈判交易机制;第二,提炼出WTO多边贸易谈判规则和制度的问题,认为WTO决策机制之所以在参与度、透明度和公平性上存在缺陷,重要的原因是欠缺公平合理的谈判规则和制度;第三,在谈判集团的研究中,本书通过研究认为,它是发展中国家成员目前能够利用得较好地介入"绿屋会议"等小型部长级会议的工具,并从谈判集团的组建、协调人选取、协调人权责等方面规范和系统地梳理了谈判集团的实践，并提出谈判集团机制化和法制化的相关路径；第四，中国与WTO决策机制的问题，分析中国在WTO中的“混同”身份，在国家利益方面与发展中国家和发达国家分别契合和分歧之处，提出中国更好有效利用WTO决策机制和谈判规则的建议，特别是在中国如何选择加入和组建谈判集团上提出了较为具体和可行的建议。

从WTO规则建构的角度来审视，我认为其除却已有的决策机制、贸易政策评审机制和争端解决机制，还应有一个独立的谈判机制，它们共同构成实现WTO规则体制建设上的“四轮驱动”。国内外不少著述其实并没有刻意区分这其中的不同。广义的决策机制应当包含谈判规则，但就WTO发展进程来看成，缺少谈判规则或谈判机制已成为影响其正常发展的重要症结之所在。作者对此的探讨以及此部专论的学术意义与价值，在我来看正在于此。

在充分肯定本书的一些突出优点的同时，对于其中存在的一些不足之处也有必要在此稍加指出。第一，既然本书提出了WTO谈判规则和制度，那么还应该就WTO谈判制度与WTO决策机制之间的关系作出更加明确的界定，并对谈判制度作出更为规范和系统的探析，实为理论之突破；第二，在探析谈判规则时，作者分析了“绿屋会议”“‘一揽子’承诺”和“主要供应国原则”三项规则，我认为，应该首先对谈判规则的内涵作出明确的确定后，再逐一分析具体的谈判规则，以求谈判规则内涵和外延的相互照应，更为科学和精准；第三，作者较为创新地提出了谈判集团的机制化和法制化路径，然而国际交往中的任何规则和制度都是要在长期反复实践中形成，谈判集团的工具性和功利性特征决定了其在实践中经常处于动态变化中，其稳定性较差，因此谈判集团的机制化甚至法制化问题还有待进一步通过大量的实践经验予以考量；第四，在中国有效参与WTO决策机制方面，要增强中国在WTO谈判中的影响力，中国自身的经贸发展和实力是基础，中国为WTO的秘书处和决策机构等高级职位输送人才，以及利用谈判集团等都是重要手段，对这些本书作者都有较为详细的论及，但还需注意的是增强中国在WTO决策中的话语权是一项系统工程，在尊重和维持现有的国际经贸的基本秩序下，要进一步影响和创设国际经贸规则，中国还需在很多方面做出努力，例如，提出更高质量的动议，能够向WTO和其他重要的国际组织贡献更多具有建设性，能够得到其他多数成员支持的议案。

本书是作者在其博士学位论文基础上修改而成，同时也是她个人的第一部学术专著。作为她的指导教师，对于该书的出版自然感到欣慰。希望作者能够以此为起点，沿着自己的学术方向不断钻研，今后取得更好更丰硕的学术成果。

徐泉*

2016年9月16日

中国·重庆

---

* 徐泉，西南政法大学国际法学院教授、博士研究生导师，法学博士。

缩略语
Abbreviation

英文简称	英文全称及中文含义
WTO	World Trade Organization 世界贸易组织
GATT	General Agreement on Tariff and Trade《关税与贸易总协定》
ITO	International Trade Organization 国际贸易组织
IMF	International Monetary Fund 国际货币基金组织
WB	World Bank 世界银行
ASEAN	Association of Southeast Asian Nations 东南亚国家联盟
OECD	Organization for Economic Co-operation and Development 经合组织
DSB	Dispute Settlement Body 争端解决机构
UNCTAD	United Nations Conference on Trade and Development 联合国贸发会
GATS	General Agreement on Trade in Service《服务贸易总协定》
G18	Consultative Group of Eighteen 18 国磋商集团
LDCs	Least Development Countries 最不发达国家
NGOs	Non-Government Organizations 非政府组织
EU	Europe Union 欧盟
EC	Europen Community 欧共体
TRIPs	Agreement on Trade-Related Aspects of Intellectual Property Rights《与贸易有关的知识产权协定》
BRICS	“金砖国家”巴西、俄罗斯、印度、中国、南非
CTD	Committee on Trade and Development 贸易与发展委员会
IBRD	International Bank for Reconstruction and Development 国际复兴开发银行
APEC	Asia-Pacific Economic Cooperation 亚太经合组织
ACP	African, Caribbean and Pacific Group 非洲、加勒比和太平洋国家集团

Contents

目录

导 论

一、问题的提出

2001 年 GATT/WTO 开启第九轮多边贸易谈判回合“多哈发展回合”(Doha Development Agenda, DDA),该回合的谈判议题之广,成员之间的利益冲突之激烈,是前面八轮谈判回合所没有的现象。DDA 一而再再而三地陷入“僵局”(Deadlock or Impasse),究其原因,除了成员数量日益增长,国家之间的竞争逐渐激烈,谈判议题的广度和深度不断触及各成员国内的政治经济制度等因素外,WTO 决策机制在参与度、透明度和效率等方面的缺陷,也是谈判回合难以推进的重要原因。

WTO 决策机制继承了 GATT 时代的“协商一致”的习惯性做法,并在《马拉喀什建立世界贸易组织协定》(以下简称《WTO 协定》)第 9 条中明确将“协商一致”作为 WTO 最基本的决策方式,只有在成员不能通过协商达成一致的情况下才采取投票表决制度。而在 WTO 的决策实践中,“协商一致”已然成为“唯一”的决策方式,成员之间无论遭遇多么“艰难”的决策困境,都始终坚持“协商一致”。然而,WTO 决策机制并没有明确规定成员之间如何通过协商达成一致,在过去的半个多世纪中,始终是由发达国家成员主导着多边贸易谈判的进程和方向。随着更多的发展中国家成员加入 WTO 多边贸易体制,实践中“绿屋会议”“主要供应国原则”和“‘一揽子’承诺”等规则面临着诸多的质疑和挑战,构建公平、合理的WTO决策机制的呼声日益高涨。

目前国内学界对GATT/WTO多边贸易体系的研究多集中于宏观或者具体的实体性法律原则与规则、WTO争端解决程序和具体案件的法律适用、解释等领域，而对WTO规则产生的过程，即决策机制缺乏比较深入的研究，尤其是谈判规则和制度方面。本书在系统分析国际组织的决策机制的基础上，讨论WTO决策机制的源起、发展和主要内容，总结其在参与度、透明度和效率等方面面临的主要挑战，并着重讨论"绿屋会议""'一揽子'承诺"和"主要供应国原则"等谈判规则，发展中国家成员参与多边贸易谈判现实和制度困境，WTO谈判集团以及中国有效参与WTO决策机制等焦点问题。

二、研究的价值和意义

作为国际组织的WTO，已经构建了决策机制、贸易政策评审机制和争端解决机制，其中争端解决机制的运行有力地保障了多边贸易纪律被各个成员所遵守。相对而言，决策机制的运行则较为低效，具体表现为多边贸易谈判持续的时间越来越长，谈判过程愈加曲折，多哈回合一度停滞不前。随着成员数量的增长，尤其是发展中国家成员队伍的壮大以及整体谈判实力的增加，传统的以发达国家成员为主导的GATT/WTO决策机制逐渐被打破。在当前背景下，研究和分析WTO决策机制存在的法律问题，尤其是多边贸易谈判现有的程序和规则如何回应世界多极化的变化，特别是发展中国家国际地位的提升问题，对于维护他们在国际经贸体系中的合法权益具有十分重大的理论和现实意义。

目前文献对WTO决策机制的概念、主要内容缺乏系统性研究，本书将厘清学界对WTO决策机制概念的界定，从决策主体、决策机构、决策内容及其决策方式、多边贸易谈判的基本程序、WTO的"表决"制度等多方面系统分析WTO决策机制的主要内容。在决策实践方面，本书将系统探讨多边贸易谈判中的"绿屋会议""'一揽子'承诺"和"主要供应国原则"等现有的谈判规则或者模式，分析其缺陷并提出改革的建议；探讨发展中国家成员参与WTO决策的现实和制度困境，分析WTO谈判集团概念、理论基础、生成机理和作用等，为WTO决策机制从"权力导向"转为"规则导向"提出建议。

最后，中国在国际经贸体系中有着多元和复杂的利益，作为最大发展中国家成员的中国的经贸利益既有与发展中国家成员一致之处，也有与发达国家成员趋同的地方。本书将在总结中国参与WTO决策机制基本情况的基础上，提出中国有效参与WTO多边贸易谈判的建议。

三、国内外研究现状

目前国内对WTO决策机制进行系统研究的成果尚少。傅星国《WTO决策机制的法律与实践》是目前唯一一部较为全面的研究WTO决策机制的著作。除此之外,在WTO决策机制的研究成果中,多以论文为主,且研究切入点主要为WTO决策机制中的某一个原则或者规则,如"协商一致""绿屋会议"等。以下分类对这些研究成果进行综述。

(一)WTO决策机制的概念

目前学界对WTO决策机制的定义尚未达成共识。关于WTO决策机制的概念,国内外学界的观点主要有以下几种:

1. WTO决策机制就是"协商一致"和投票表决两种决策方式或者制度

持有这种观点的学者较多,例如,韩立余教授认为,WTO决策机制就是WTO在《建立世界贸易组织的马拉喀什协定》中规定的协商一致和投票表决。① 林灵、陈彬认为,"全体一致"是WTO决策的原则,而投票表决作为例外存在。② 余锋则认为,从国际组织的表决制度来看,WTO的表决制度由表决权的分配规则和表决权的集中规则组成。WTO的决策中表决权的分配规则为"一国一票",表决权的集中规则为"协商一致"和"多数决"。③

2. WTO决策机制是WTO成员的一种谈判或者交易机制

王新奎教授认为,WTO决策机制是"骡马大会",是一个交易机制,各方利益相互交易,形成交易方案的过程。④ 陈安教授认为,WTO多边贸易体制就是一个实力进行角力、斗争、平衡和合作的过程。⑤ 蒋红梅认为,WTO决策机制是WTO成员"为追求经济目标集体选择的制度安排"。⑥ 傅星国认为,WTO决策

---

① 参见韩立余:《从总干事选择看WTO决策机制》,载《法学家》2008年第2期。

② 参见林灵、陈彬:《试析WTO决策机制及其对多哈回合的影响》,载《世界贸易组织动态与研究》2008年第2期。

③ 参见余锋:《WTO表决制度论:民主的视角》,载《厦门大学法律评论》2007年第2期。

④ "骡马大会"是指"地区间的定期交流骡马等牲口的集市",参见王新奎2006年在"WTO事务咨询中心博士后开题报告会"上的讲话。

⑤ 参见《陈安教授在中国法学会世界贸易组织法研究会2007年年会上的发言》,载中国法学会网:http://www.chinalawsociety.org.cn/research/shownews.asp?id=338&cpage=1.,最后访问日期:2014年12月5日。

⑥ 参见蒋红梅:《论WTO决策机制改革》,载《世界贸易组织动态与研究》2004年第8期。

机制通过谈判制定涉及成员权利与义务的规则时所适用的实体性决策机制。①《WTO的未来——阐释新千年中的体制性挑战》第269段谈到“WTO在很大程度上就是谈判机器。与之前的GATT一样，WTO的设立就是为了通过谈判的方式解决全球贸易争端，通过有效的谈判和运用多边达成共识的方式来结束商谈并作出决定是WTO完成其使命的唯一方式。”②

3. WTO决策机制可以划分为正式的决策机制和非正式的决策机制

WTO正式决策机制是指WTO明文规定的，且有官方记录的正式的决策机制，如《WTO协定》第9条等规定的“协商一致”和投票表决决策方式。WTO非正式决策机制为WTO法律没有规定也没有官方记录但实践中存在和使用的非正式决策机制，如“绿屋会议”等小型部长级会议。③

此外，还有学者进一步分析了影响WTO决策机制的主要因素。蒋红梅分析影响WTO决策机制的因素包括：一是美国国家利益和国内政治。美国利用WTO决策机制，通过乌拉圭回合产生的众多协议建立了世界自由市场，最终加强美国公司在全球贸易中的竞争优势，甚至连欧洲和日本人都认为GATT和WTO是美国公司全球霸权的设计图。二是发展中国家参与决策的意识增强。一方面，发展中国家成员的数量和经济实力逐渐上升，他们产生有效参与WTO决策的强烈愿望；另一方面，长期以来WTO决策机制的不民主性和不透明性将大多数发展中国家成员排除在议事日程之外，而这些议程的结果又深刻地影响他们的经济发展和人民生活。三是跨国公司和商业利益集团因素。跨国公司和商业利益集团或贸易联盟一直是影响政府或和GATT/WTO多边贸易体制贸易政策的强大利益群体，这些实体从国家和国际两个层次上对与自己利益紧密相关的贸易政策和规则的决策进行积极的游说和院外活动。四是非政府组织因素。各种非政府组织的示威和游行给WTO决策带来了重要影响，这些组织在许多国家中是一股强大的政治力量，他们关心贸易对环境、人权、社会文化和

---

① 罗伯特考克斯和哈罗德雅各布森认为，国际组织的决策按照内容和性质可以分为以下类型：代表性决策，象征型决策，程序型决策，规则制定型决策，规则监督型决策和操作型决策。傅星国认为，GATT/WTO的决策内容大多数是规则制定型决策，故从决策内容的角度给WTO决策机制的界定即是通过谈判制定涉及成员权利和义务的规则时所适用的实体性决策机制。参见傅星国著：《WTO决策机制的法律与实践》，上海人民出版社2009年版，第46~47页。

② ［爱尔兰］彼得·萨瑟兰等著：《WTO的未来——阐释新千年中的体制性挑战》，刘敬东等译，中国财政经济出版社2005年版，第89页。

③ 参见傅星国著：《WTO决策机制的法律与实践》，上海人民出版社2009年版，第47页。

可持续发展的影响,往往代表了各国普通公民意愿,受到国际社会的支持。①

国外学者对于WTO决策机制及其性质的代表性观点有:杰弗里·J.索特(Jeffery J. Schott)认为,WTO决策机制是成员解决贸易体制管理问题和贸易谈判问题的过程。② 理查德·H.斯坦伯格(Richard H. Steinberg)进一步指出,"WTO决策机制虽然是基于主权平等而建立,但是具有程序上有组织的虚伪性,是倾向于欧美等大国"。③

通过对国内外权威学者对WTO决策机制的概念和性质的研究可以看出,目前对WTO决策机制的定义没有统一的认识,一部分观点认为,WTO决策机制就是《WTO协定》第9条等明文规定的"协商一致"和"投票表决"两种方式或者制度,其中有的学者认为"协商一致"是传统的"表决"方式的一种类型;另一部分观点认为,WTO决策制度是一种成员进行谈判或者交易的规则或者制度,此种观点抛开WTO明文规定的"协商一致"和"投票表决"的"表象",主要从WTO决策的实质入手,认为谈判或交易制度应该是WTO决策机制的主要内容;还有一部分观点认为,WTO决策机制应该分为正式决策机制和非正式决策机制。本书第二章将在这几类观点的基础上,尝试厘清WTO决策机制和国际组织传统的"表决"制度的关系,并重新对WTO决策制度进行定义。

(二)"协商一致"的概念和性质

目前学界对WTO决策机制中的"协商一致"的研究成果最为丰富。这是由于"协商一致"不仅是《WTO协定》第9条明文规定的WTO的决策方式,也因为"协商一致"在事实上是GATT/WTO的决策实践中几乎"唯一"被适用的决策方式。"协商一致"的官方英文为"consensus",我国对此至少存在3种译法:协商基本一致、共识、协商一致。"协商基本一致"的译法源自李浩培教授在《条约法的一个突破:多边外交中的协商基本一致决定程序》一文;④"共识"的译法源自赵维田教授的著作《世界贸易组织(WTO)的法律制度》;⑤"协商一

---

① 参见蒋红梅:《论WTO决策机制与改革》,载《中国软科学》2004年第8期。

② See Jeffery J. Schott, "Decision-making in the WTO", *Peterson Institute and Jayashree Watal Peterson Institute*, March 2000, p. 113.

③ Richard H. Steinberg, "In the shadow of law and power? Consensus-based bargaining and outcomes in the GATT/WTO", *International Organization*, Vol. 56. No. 2, Spring 2002, p. 120.

④ 参见李浩培:《条约法的一个突破:多边外交中的协商基本一致决定程序》,载李浩培著:《李浩培文选》,法律出版社2000年版,第585页。

⑤ 参见赵维田著:《世界贸易组织(WTO)的法律制度》,吉林人民出版社2000年版,第37页。

致”的译法源自石广生教授主编的《中国加入世界贸易组织读本》(一)一书。① 本书采用的是目前学界和实务界普遍采取和使用的“协商一致”的译法。② 对“协商一致”的概念和性质,学界有如下观点:

1.“协商一致”是一种表决制度③

赵维田教授对“协商一致”的表决方式作了如下解读,他归纳了“协商一致”表决方式的几个要点:(1)缺席会议或未出席会议者不计入“协商一致”范围内;(2)弃权或保持沉默者无碍于达成“协商一致”;(3)反对意见必须正式地提出反对,私下摇头或不满,均不计入。④

2.“协商一致”是一种作出决定的“程序”“过程”或者“方式”

联合国和平利用外层空间委员会最早规定“协商一致”,即“作为谈判场所的委员会应以不通过投票表决来达成一致的方式开展工作”。⑤ 最早对“协商一致”给出定义的是1974年世界人口会议内部规则的附录:“协商一致”是“指不经投票的一般合意,但不是必须全体一致”。⑥ 李浩培教授认为,“协商一致”的程序包括:(1)作出决定前,各方须先进行协商达到最广泛的同意,因此在协商中彼此必须让步;(2)如果各方对所决议的问题的基本点上都达成一致,即使在非基本点上还存在不同看法,但只要不正式作出反对决定,即可以认定取得基本一致。这个事实通常主持协商的主席判断;(3)该过程的重点是不进行投票;(4)对非基本点的异议,可用对“投票”的解释或者保留的方式提出,并且被记录下来。⑦ 梁西教授认为,随着国际交往的频繁和组织化现象的深入,国际社会逐渐形成了“协商一致”的程序,此种程序在联合国的一些主要机构及其主持的某些国际会议中比较流行。⑧ 王军敏认为,“协商一致”是国际会议议定约文

---

① 参见石广生编:《中国加入世界贸易组织读本》(一),人民出版社2001年版,第51页。

② 在本书的部分论述中也会使用“共识”和“协商基本一致”的表述。

③ Anders Aslund, “Why Doesn’t Russia Join the WTO?”, *The Washington quarterly*, Vol. 33, No. 2(Apr. 2010), p. 52;邵沙平、余敏友著:《国际法问题专论》,武汉大学出版社2004年版,第126页;李秋容:《论国际组织的表决制度》,载《经济与社会发展》2005年第4期;余锋:《WTO表决制度论:民主的视角》,载廖益新主编:《厦门大学法律评论》2007年版,第231~232页。

④ 参见赵维田著:《世贸组织(WTO)的法律制度》,吉林人民出版社2000年版,第37页。

⑤ UN Doc. A/AC. 105/SR 2, at 5(1962).

⑥ 参见李浩培:《条约法的一个突破:多边外交中的协商基本一致决定程序》,载李浩培著:《李浩培文选》,法律出版社2000年版,第589页。

⑦ 同上书,第589~590页。

⑧ 参见梁西著:《梁著国际组织法》,武汉大学出版社2011年版,第35页。

或国际组织通过决议的程序性规则,通常作为多数表决制的前置程序,是在国际会议制定约文以及国际组织通过议案时,成员国通过协商达成的不经投票而达到一般合意的决策方法。① 傅星国认为,"协商一致"是由若干成员通过协商最后达成共识的完整过程,包括提案、磋商、协调、斡旋、修改提案直至最后形成共识。② 柳炳华认为,"协商一致"在难以按照多数意见决定,且决议通过后又需少数国家执行时,由主席先行调整各利益团体的意见,抑或利益团体自行缩小差异,避开细节问题,仅就原则和基本内容达成妥协方案,不经投票,如无特别反对意见即为通过的制度。③ 李浩培教授进一步指出,"协商一致"不仅指上述作出决定的程序,而且也指以上述程序作出的决定本身。

3. 其他关于"协商一致"的界定

饶戈平教授认为,"协商一致"不是一个法律概念。"协商一致"缺乏明确的程序规则,它的本质是政治上相互妥协的权宜之计,而非一种决策程序。④

国外学者较早对"协商一致"进行研究。⑤ 其中的代表性观点如下:埃克里·苏伊(Erik. Suy)认为"协商一致"原则有两种含义:一是通过决议或者议定约文的方式;二是指根据"协商一致"达成的妥协结果。⑥ 保罗·萨斯(Paul C. Szaz)认为,"协商一致"原则虽然不是全体一致,但是接近全体一致,"是对传统全体一致原则的返祖,可将其界定为各方没有强烈的反对以至于阻止决议通过时所作出的决定"。⑦ 拉蒂夫·诺埃尔(Lateaf Noel)在谈到联合国实践"协商一致"时认为,"协商一致不意味着联合国机构的所有会员国一致地或完全支持决议的所有内容,仅仅表明没有会员国强烈反对决议的内容以至于坚持将其诉诸

---

① 参见王军敏:《国际会议和国际组织的协商一致原则》,载《外国法译评》1998 年第 3 期。

② 参见傅星国著:《WTO 决策机制的法律与实践》,上海人民出版社 2009 年版,第 102 页。

③ 参见[韩]柳炳华著:《国际法》(上卷),朴国哲等译,中国政法大学出版社 1997 年版,第 445 ~ 446 页。

④ 参见饶戈平著:《国际组织法》,北京大学出版社 1996 年版,第 216 页。

⑤ Erik. Suy, "The Meaning of Consensus in Multilateral Diplomacy", in R. AKKerman (eds), *Declarations on Principles: A Quest for Universal Peace*, Leyd en, 1977; E. Galloway, "Consensus Decision-making by the United Nations Committee on the Peaceful Uses of Outer Space", 7 *Journal of Space Law*, 1979, p. 3; Barry Buzan, "Negotiating by Consensus: Development in Technique at the United Nations Conference on the Law of the Sea", 75 *American Journal of International Law*, 1981, p. 324.

⑥ See Erik. Suy, "The Meaning of Consensus in Multilateral Diplomacy", in R. AKKerman (eds), *Declarations on Principles: A Quest for Universal Peace*, Leyd en, 1977, pp. 247 - 257.

⑦ Paul C. Szaz, "Improving the International Legislative Process", 9 *Georgia Journal of International and Comparative Law*, 1979, pp. 519 - 533.

表决”。[①] 卡尔·兹曼尼克(Karl Zemanek)认为,“协商一致”是在国际组织通过决议和国际会议议定约文时,成员国不经投票而通过广泛协商达成的一般合意的决策方式及其结果的集合,是谈判与谈判技巧和最后实现方式的集合体。[②]

综上所述,学界对“协商一致”的概念大致有三种观点:一是认为“协商一致”是一种决策的“程序”,该决策程序应该包含提案、磋商、协调、斡旋、修改提案直至最后达成共识等阶段的规则;二是认为“协商一致”是一种表决制度,在该表决制度中,成员需要在部长级会议和总理事会等上提出正式的反对的意见才能阻止议案的通过,不参加会议和保持沉默不构成阻止通过议案;三是认为“协商一致”是一种“决定”,这种“决定”可以更确切地表达为“共识”的结果,且是经过协商一致的“程序”最终达成的“共识”。笔者将第一章中对国际组织决策机制中的“协商一致”的概念进行界定,并着重分析“协商一致”和传统的投票表决制度的关系。

(三)“协商一致”的特点、优势和缺陷

关于“协商一致”的特点、优势和缺陷有较多的界定,学界有如下具有代表性的观点:

1.“协商一致”的特点

从稳定性的角度来看,WTO 秘书处认为,“协商一致”和国际组织传统的投票表决制度相比,在制度设计上倾向于现状维持,任何成员对 WTO 现有制度的任何改变都是十分困难的,这有助于保障 WTO 的“宪法性稳定”。从受益的对象来看,著名国际经济法学家杰克逊(John H. Jackson)教授认为,“协商一致”的结果往往遵从大国的意志,因为“协商一致”意味着对经济实力的尊重,会给予分量重的成员更多的考虑。[③] 傅星国认为,如果“协商一致”没有大国的同意是不可思议的,这个体制终究是要保护大国的利益。大国在“协商一致”中的意见和表态,无论是正面还是反面,都是一种加权的表决权。[④] 但是也有学者认

---

① Lateef Noel, “Parliamentary Diplomacy and the North-South Dialogue”, 11 *Georgia Journal of International and Comparative Law*, 1981, pp. 1 - 44.

② See Karl Zemanek, “Majority Rule and Consensus Technique in Law-making Diplomacy”, In Ronald Macdonald(eds), *The Structure and Process of International Law: Essays in Legal Philosophy, Doctrine and Theory*, Springer, 1983, p. 857.

③ See John H. Jackson, “The Great 1994 Sovereignty Debate: United States Acceptance and Implementation of the Uruguay Round Results”, 36 *Columbia Journal of Transnational law*, 6, 1997.

④ 参见傅星国著:《WTO 决策机制的法律与实践》,上海人民出版社 2009 年版,第 134 页。

为,“协商一致”是对小国的一种保护。如纳德·霍克曼(Bernard Hoekman)和米歇尔·科特基(Michel Kostecki)就认为,“协商一致”实际上使发展中国家成员获得了否决权,增加了他们讨价还价的能力。因为在理论上,小国可以通过反对阻扰共识的达成,无论是在世界贸易中的分量有多小。① 从“协商一致”的过程看,傅星国认为,“协商一致”强调的是过程,通过表决前的反复协商达成一致,避免在公开的场合进行反抗性投票。对于会议的主持人——各委员会、工作组等的主席而言,在没有获得大多数成员共识的情况下,不会冒险开会表决,否则会议将陷入僵局,达不成协议。② 从“协商一致”的结果来看,伍穗龙认为,“协商一致”是不允许进行“保留”的基本一致,否则应该被视为没有达成共识,这种特性契合 WTO 多边贸易谈判进程中“‘一揽子’接受”(a single undertaking)的实践,从而确保多边贸易体制不会成为一系列零碎的不成体系的双边或者诸边贸易协定。③

2. “协商一致”的优势

“协商一致”最大的优势在于从理论上和法律上尊重了国家主权的平等,这里的“尊重”主要指的是保护了在 GATT/WTO 多边贸易体制中因经济实力弱小而长期被“边缘化”的发展中国家和最不发达国家成员的话语权。傅星国认为,“协商一致”在理论上允许贸易小国抵制共识,阻止任何损害或者潜在损害其利益的决定。如果小国组建集团,则还可以在增加集体议价的能力。“协商一致”的另一大优势在于能在一定程度上确保“协商一致”的结果得到全体成员的执行。傅星国认为,“协商一致”是一种合作模式,合作意味着妥协,所有的成员经过利益的交换,最终达成互利共赢和平衡的结果,这样由所有成员同意的决策结果才比较容易得到落实和执行。④ 此外,他还认为,和投票表决制度相比,“协商一致”可以避免形成“多数人暴政”(tyranny of the majority)的局面,它寻求的是一种使所有参与方都基本满意的结果,而投票表决属于竞争性和非合作性的模式,成员常常会对结果感到“非赢即输”,因而投反对票的成员会对结果的执行上缺乏责任感,导致其勉强执行甚至拒不执行结果。⑤

---

① See Bernard Hoekman and Michel Kostecki, *The Political Economy of the World Trading System: the WTO and beyond*, Oxford University press, 2001, pp. 56 – 57.

② 参见傅星国著:《WTO 决策机制的法律与实践》,上海人民出版社 2009 年版,第 114 页。

③ 参见伍穗龙:《世界贸易组织协商一致决策机制的问题与改革》,载《求索》2012 年第 6 期。

④ 参见傅星国著:《WTO 决策机制的法律与实践》,上海人民出版社 2009 年版,第 102 页。

⑤ 同上。

3."协商一致"的缺陷

韩立余教授认为,"协商一致"是一种务实的决策方式,能够比较好地维护各方的利益,但是需要牺牲一定的效率作为代价。① 傅星国认为,虽然"协商一致"避免造成"多数人的暴政",但是却可能导致"少数人的暴政"(tyranny of the minority)。理论上,只要有一个成员不同意就会阻挠达成共识,由此导致的后果是经常持反对意见的人往往受到"重视",而大多数促成达成共识的成员却反而被"忽略",这样不啻在惩罚"合作者"和奖励"非合作者"。他也认为,"协商一致"容易导致决策困难和效率低下,使得决策体制僵化,因为为了让决定不被任何成员反对,即不损害任何成员的利益,达成共识的过程往往十分漫长,需要耗费大量的时间和资源来进行说服工作。此外,"协商一致"是一种避重就轻的实用主义模式,多哈回合授权要求谈判取得雄心水平,如实质性的开放市场准入和实质性的削减国内支持等,但是在实际谈判中,由于成员国内保护主义的原因,导致雄心水平往往被降低,为了达成一致不得不在共识中加入诸多"水分",这为后期的决策结果的执行和争端的解决都带了一连串的消极影响。② 托马斯·科蒂尔(Thomas Cottier)认为,虽然在理论上"协商一致"决策机制使每个成员方均享有否决权,但在实践中,"协商一致"的实际功效就像加权表决制一样,使发达国家成员能够主导 WTO 的决策方向。③

综上所述,"协商一致"是介于传统的"全体一致"和"多数决"表决制度之间的折中的决策方式。GATT/WTO 选择和坚持"协商一致"作为主要甚至"唯一"的决策方式有着其深刻的历史和现实原因。"协商一致"传承了"全体一致"方式对国家主权平等的理念,克服了"多数决"导致的"多数人的暴政",但是在理论上容易造成"少数人的暴政",在实施中容易造成决策机制的僵化,在一定程度上牺牲了决策的效率,并且其在 WTO 决策机制中运行的效果类似于加权表决制,实际上由主要贸易方和发达国家成员一直主宰着 WTO 的决策方向。

(四)"协商一致"的改革

虽然在多哈回合中"协商一致"决策方式遭遇前所未有的困难,但是学界和

① 参见韩立余:《从总干事的选举看 WTO 的决策机制》,载《法学家》2008 年第 2 期。

② 参见傅星国著:《WTO 决策机制的法律与实践》,上海人民出版社 2009 年版,第 111 页。

③ Thomas Cottier, "Preparing for Structural Reform in the WTO", in William Davey and John Jackson (eds), *The Future of International Economic Law*, Oxford University Press, 2008, p. 64.

事务界几乎没有人主张 WTO 应该废除“协商一致”，实行投票表决制度。在改革和完善“协商一致”上，学界和实务界有大致以下几种不同的主张。

1. 坚持“协商一致”，完善“提出正式反对意见以阻止达成共识”的制度

《WTO 的未来——阐释新千年中的体制性挑战》提出的建议是：在某项议案获得广泛的支持的情况下，某一个成员如果想要阻止通过该议案，必须提出正式的“书面声明”，说明该通过议案将影响其“重大国家利益”。① 这种机制迫使持反对意见的成员必须以“书面声明”的方式提出其反对的理由，无疑将提高阻止达成一致意见的政治成本。著名国际法学者约斯特·鲍威林（Joost Pauwelyn）教授认为，实行“一成员一票”的投票表决制将会极大损害 WTO 的有效性，但是他也反对以“重大国家利益”阻止达成共识，认为这等于放弃目前以说服和协商为主的做法，将 WTO 决策机制完全政治化。② “第三世界网络”认为，以“书面声明”和“重大国家利益”来限制行使否决权不啻迫使发展中国家成员无法在必要时捍卫本国的利益。③ 傅星国认为，“国家利益”是一个很难清楚界定的概念（a slippery concept），④其涉及面极为广，一般认为国际利益包括主权、安全、政治、经济、军事、文化、发展、资源、荣誉、道德标准等，⑤因此要求证明反对意见涉及“重大国家利益”在实际操作中容易产生混乱。张向晨认为，《WTO 的未来》提议的“协商一致”改革并不能从根本上解决问题，“国家利益”

---

① 参见[爱尔兰]彼得·萨瑟兰著：《WTO 的未来——阐释新千年中的体制性挑战》，刘敬东译，中国财政经济出版社 2005 年版，第 96 页。

② See Joost Pauwelyn: “The Sutherland Report: a Missed Opportunity”, *Journal of International Economic Law*, Vol. 8, No. 3, pp. 329 – 346.

③ 第三世界网络（Third World Network, TWN）是个从事研究发展相关议题的国际非营利性智库与研究中心，成立于 1984 年。它专门研究与全球经济及环境相关的问题。它密切注视及分析不同地点举行的全球性谈判，包括 WTO、联合国贸易及发展会议（UNCTAD）、可持续发展委员会、生物多样性会议、气候变化会议。第三世界网络的网站包含了从发展观点经济、环境及其他课题的资讯。载第三世界网络：http://twnchinese. net.，最后访问日期：2014 年 8 月 4 日。

④ See Joseph S. Nye, Jr, “Redefining the national interest”, *Foreign Affairs*, No. 08, 1999.

⑤ 2000 年美国国家利益委员会（“尼克松中心”）出版的“美国国家利益”的报告，将美国国家利益分为四等：一等是“重大国家利益”（vital national interests）：涉及防止、反击和减少国外对美国进行核武器、生化武器的攻击和威胁；确保美国盟友的安全以维护赖以生存的国际体系；防止美国周边国家陷入动乱；确保国际贸易、金融、能源供应和环境体系的稳定和可持续性；与中国和俄罗斯建立合作关系。二等是“极其重要国家利益”（extremely important national interests）。三等是“重要国家利益”（important national interests）。四等是“次要国家利益”（less important national interests）。载尼克松中心网站：http://www. nixoncenter. org/publications/monograghs/nationalinterests. pdf.，最后访问日期：2015 年 1 月 18 日。

没有客观的标准，而“书面声明”方式也只不过是为反对方增加了一些集体压力。①

2. 坚持“协商一致”，由“消极协商一致”向“积极协商一致”转变

阿姆里塔·纳利卡(Amrita Narlikar)认为，“积极的协商一致”是指对于需要通过的议案，应该由各个成员方积极表示支持才能被认为是得到了通过，而不仅仅是成员方不反对或者保持沉默。② 伍穗龙认为，“积极协商一致”与“消极协商一致”的成员方范围都是全部出席会议的成员，排除没有出席的成员。此外，通过电子邮件或其他正式方式表达意见也视为出席会议。他进一步分析了“积极协商一致”相对于“消极协商一致”的优势：第一，更有利于成员方对所达成的多边协定的执行，因为积极赞成协商一致的结果意味着与会的成员方至少从表决层面上是支持议案的；第二，更有利于体现内部透明性，因为“积极协商一致”要求应当清楚地向所有成员发出会议议程和时间的通知，并且当成员对相关的议题有兴趣但又无力参加时，可以通过电子邮件或其他方式表达自己的观点；第三，更有利于完善谈判的会议记录等，因为“积极协商一致”要求所有成员，不论国家大小，他们的观点都应该被完整地记录下来，促进程序正义。③

3. 坚持“协商一致”，系统建构 WTO 决策机制

Peter Van den Bossche 和 Iveta Alexovicova 认为，应该从决策内容、决策形式和手段入手，区分不同类型和性质的决策：一是程序性决策，如 WTO 内部的程序性事务；二是日常决策，如 WTO 诸多协定的解释和义务的豁免等；三是造法性决策，如多哈回合谈判的内容等。程序性决策可以采取投票表决方式，日常决策和造法性决策则采取“协商一致”方式。或者从是否创设权利义务的角度，将决策分为程序性决策和实体性决策，程序性决策适用投票表决，实体性决策则适用“协商一致”方式。④

---

① 参见张向晨：《先有鸡还是先有蛋？》，载《WTO 经济导刊》2005 年第 9 期。

② See Amrita Narlikar, *WTO Decision-making and Developing Countries*, Accessed October 23, 2014. http://www.southcentre.org/index.php? option = com_content&task = view&id = 367&Itemid = 67.

③ 参见伍穗龙：《世界贸易组织协商一致决策机制的问题与改革》，载《求索》2012 年第 6 期。

④ See Peter Van den Bossche and Iveta Alexovicova, “Effective Global Economic Governance by the World Trade Organization”, *Journal of International Economic Law*, 8(3), pp. 667 – 690.

4. 实行"临界数量"(Critical Mass)方式①

该模式最早由杰克逊(John H. Jackson)教授提出,是指"当达到临界数量的国家支持一项被倡议的变革时,国家无需按照协商一致达成。所谓'临界数量'可以说是占压倒性多数的国家和占压倒性数量的世界贸易权重"。② 2007年《华威委员会的报告》——《多边贸易体制:路在何方?》采纳了该措施。③ 从表决方式的角度来看,"临界数量"的本质就是"加权表决制"。

综上所述,随着发展中国家成员数量不断上升和其经济实力日趋增强,以及多边贸易谈判议题逐渐增多和深入,"协商一致"决策方式越来越难以实现WTO谈判和决策的效率。然而,基于"协商一致"相较于传统投票表决的优势以及其在GATT/WTO多边贸易体制下的历史渊源,学界和事务界依旧坚持将"协商一致"作为WTO的主要决策方式。

(五)对"绿屋会议"相关界定

学界对将"绿屋会议"(Green Room)界定为WTO决策机制中的非正式决策机制或者非正式的磋商机制,几乎不存在争议。"绿屋会议"在WTO体系中并没有相应的法律依据,它是在实践中形成的一套做法,但是对GATT/WTO决策中谈判议题的设置、谈判模式的确定、法律文本的形成等各个环节都起到至关重要的实质性影响,因此是研究WTO决策机制的一个重要内容。目前对"绿屋会议"的相关界定有以下方面和代表性观点:

1. "绿屋会议"的概念和性质

关于"绿屋会议"(Green Room)的称谓有以下几种看法:一是WTO总干事会议室的绿色墙壁;二是WTO总干事会议室的绿色地毯;三是WTO总干事会议室的绿色天花板;④四是WTO秘书处认为"绿屋"只是借喻,其本身为英国戏剧里演员上台前的"休息室"。在2008年7月小型部长会议的官方主页中,秘

---

① "临界数量"的本意为维持链式反应所需要的裂变材料的最小质量,换言之,只有在裂变材料达到一个最低限度的质量才能发生核反应。参见夏征农主编:《辞海》,上海辞书出版社1999年版,第1040页。

② John H. Jackson, "The WTO 'Constitution' and Proposed Reform: Seven 'Mantras' revisited", *Journal of International Economic Law*, 4(1), 2001, p. 74.

③ See Warwick Commission, *The Multilateral Trade Regime: Which Way Forward?* Accessed December 4, 2014. http://www2.warwick.ac.uk/newsandevents/pressreleases/wcreport/uw_warcomm_tradereport_07.pdf.

④ See Chakravarthi Raghavan, *The return of the "Green Room"*, South-North Development Monitor, Accessed December 1, 2014. http://www.sunsonline.org.

书处解释到“绿屋”并不是一个具体地点，而是一种寻求共识的非正式磋商程序。[①] Dmitri V. Verenyov 认为，“绿屋会议”是为了避免 WTO 在决策中产生困境，首先在小范围内进行的排他性的协商，以便就待决问题达成一致，进而再扩大到全体成员的机制。[②] 傅星国也认为，“绿屋会议”是一种由 20 名至 30 名 WTO 成员的部长或代表团团长参与的非正式磋商机制。[③]《WTO 法律大辞典》的解释是：WTO 总干事在日内瓦的会议室为绿色，一些多边谈判会议的主要利益相关方经常被 WTO 总干事或者部长会议的主席邀请集中在这个房间开会，以协调各方矛盾，再将达成的共识提交给部长级会议通过。这种具有协调性质，并实质性影响甚至决定多边谈判走向的会议被称为“绿屋会议”。[④]

2“绿屋会议”的范围

WTO 官方网站根据参与方的不同归纳了以下几种类型的“绿屋会议”：一是“团长级绿屋会议”：由 WTO 总干事召集 20 个左右成员常驻 WTO 的代表团团长（Heads of Delegation）在日内瓦开会；二是“部长级绿屋会议”，其又分为两类会议：一类是在部长级会议召开期间进行的非正式磋商，通常是从晚上开始一直到深夜甚至到次日黎明；另一类是在日内瓦之外，例如，于 OECD 部长级会议、达沃斯世界经济论坛、APEC 部长级会议期间等，由某个 WTO 成员召集的小型部长会议，专门讨论 WTO 问题，通常持续半天到一天不等。[⑤]

综上所述，绿屋会议之“绿”的来源并不重要，从国际法的角度看，理解和认识“绿屋会议”的关键点在于它在 WTO 决策机制下的地位和作用。学界普遍认同“绿屋会议”是 WTO 决策机制下非正式决策或者磋商程序或者机制，虽然其在 WTO 法律体系中没有明文的规定，但是在 GATT/WTO 谈判和决策实践中对协调各方立场、提高决策效率起到了关键作用。

---

① See WTO Secretariat, *World Trade Report* 2007, Accessed December 1, 2014. http://www.wto.org/english/tratop_e/dda_e/meet08_org_e.htm#green_room.

② See Dmitri V. Verenyov, “Vote or Lose: an analysis of decision-making alternatives for the World Trade Organization”, *Buffalo law Review*, Vol. 51, Spring, 2003, p. 458.

③ 参见傅星国：《WTO 非正式决策机制“绿屋会议”研究》，载《世界贸易组织动态与研究》2010 年第 2 期。

④ 参见张玉卿编：《WTO 法律大辞典》，法律出版社 2006 年版，第 445 ~ 446 页。

⑤ See *Whose WTO is it anyway*? Accessed December 1, 2014, http://www.wto.org/english/thewto_e/whatis_e/tif_e/org1_e.htm.

(六)对"绿屋会议"的评价

1. 支持"绿屋会议"的意见

虽然"绿屋会议"在 WTO 法律体系中没有规定,但是在实践中它已经被机制化或者常态化,在 WTO 的官网上也对其专门进行了解释。① WTO 秘书处对"绿屋会议"的作用持积极态度,认为"绿屋会议"在协调 WTO 不同成员立场,最终促进共识达成方面发挥了积极作用,其奥妙就在于"先在少数几个成员之间取得突破,然后再推广到其余成员,最后通过协商一致达成共识"。② 主要贸易方和发达国家成员也对"绿屋会议"持积极态度,对于因成员数目大幅增长而越显冗长的多边贸易谈判进程,"绿屋会议"的高效无疑具有巨大的推动作用。③ 例如,2005 年香港会议期间,大量召开的"绿屋会议"显著提高了达成一致意见的效率。

2. 反对"绿屋会议"意见

"绿屋会议"因为其开会过程不透明,排除广大成员尤其是发展中国家成员而被诟病。索尼亚·罗兰德(Sonia E. Rolland)认为,"绿屋会议"虽然是为了让与会成员就决议草案达成一致,但是实际上磋商过程中充满了赤裸裸的权力政治,规则和制度被弃之一旁。④ 杰弗里·索特(Jeffrey J. Schott)认为,"绿屋会议"形成的决议草案一旦被提交到决策机构上,经常一字不差地"强加"给其他发展中国家成员。⑤ 阿姆里塔·纳利卡(Amrita Narlikar)认为,发达国家成员通过筛选与会成员,将"协商一致"原则变为"有限代表制",弱小成员被排除在外。发达国家成员要么以援助支持名义诱导发展中国家成员,要么仰仗经济政治实力恐吓发展中国家成员,从而达到最后的协商一致,这使"绿屋会议"陷入广泛的指责中。⑥ 理查德·斯坦伯格(Richard H. Steinberg)也认为,"绿屋会

---

① See *Whose WTO is it anyway*? Accessed December 1, 2014. http://www.wto.org/english/thewto_e/whatis_e/tif_e/org1_e.htm.

② 傅星国著:《WTO 决策机制的法律与实践》,上海人民出版社 2009 年版,第 154 页。

③ 参见[爱尔兰]彼得·萨瑟兰著:《WTO 的未来——阐释新千年中的体制性挑战》,刘敬东译,中国财政经济出版社 2005 年版,第 110 页。

④ See Sonia E. Rolland, "Developing Countries Coalitions at the WTO: in Search of Leal Spport", *Harvard International Law Journal*, Vol. 48, Summer, 2007, pp. 527 - 528.

⑤ See Jeffrey J. Schott, "The WTO after Seattle", in Jeffrey J. Schott (ed), *The WTO after Seattle*, Peterson Institute, 2000, p. 33.

⑥ See Amrita Narlikar, "Fairness in International Trade Negotiations: Developing Countries in the GATT and WTO", 29 *The World Economy*, 2006. pp. 105 - 111.

议”形成的决议草案在部长级会议上常常仅做微幅的修改后即得到通过。① 还有学者认为，发展中国家成员即便“有幸”参与其中，但要么其发言不被听取和记录，要么根本没有机会发言，被遗忘和“边缘化”是“绿屋会议”留给这些与会发展中国家成员最深刻的印象。② 鉴于“绿屋会议”具有不民主、排他性和不透明特征，有人用“臭名昭著”来形容之。③ Dmitri V. Verenyov 认为，即使有“协商一致”原则作为“绿屋会议”的最后底线，少数成员经过协商后取得的提案由大多数成员被动接受的无奈现实也难以轻易地被改变。④ 翁里、唐卓然认为，发展中国家成员缺少在“协商一致”下的有效的否决制度，因为难以抗衡“绿屋会议”通过的提案，而仅仅能以赞成或不赞成做出表态，对于提案的分支部门或是具体细节即使有着根本利益上的分歧，也难以改变已经成型的决策。⑤

在透明度方面，伯纳德·豪克曼（Bernard Hoekman）指出“绿屋会议”长期被 WTO 成员质疑不透明，是因为会议的内容往往很难被那些被排除的成员知晓。在西雅图会议时这种质疑达到顶峰，发展中国家成员强烈要求完全开放“绿屋会议”，且全体 WTO 成员都应在第一时间内获悉“绿屋会议”的结果。这种呼声促使 2000 年以后召开的部长级会议建立了咨询程序，大幅提高了此类磋商机制的透明度。⑥ 但是傅星国认为，在增加透明度方面也有一个尺度问题，透明度过多会使谈判暴露于相关成员国内的利益集团的视野中，反而让谈判代表没有回旋的余地。因此，在尽可能增加透明的同时，保持谈判者的灵活性和回旋余地，这有利于兼顾透明和效率的关系。⑦

综上所述，WTO 秘书处和发达国家成员总体而言是支持“绿屋会议”的，而

① See Richard H. Steinberg, “In the shadow of law or power? Consensus-based Bargaining and Outcomes in the GATT/WTO”, *International Organization*, Vol. 56, Spring, 2002, p. 355.

② See James Thuo Gathii, “Open Democratic Participation Scheme for the World Trade Organization: Process and Substance in WTO Reform”, *Rutgers Law Review*, Vol. 56, Summer, 2004, pp. 889 – 900.

③ See Leah Granger, “Explaining the Board-based Support for WTO Adjudication”, *Berkeley Journal of International Law*, Vol. 24, 2006, p. 528.

④ See Dmitri V. Verenyov, ”Vote or Lose: An Analysis of Decision-Making Alternatives for the World Trade Organization”, *Buffalo Law Review*, Vol. 51, Spring, 2003.

⑤ 参见翁里、唐卓然：《绿屋会议改革研究——构建 WTO 决策机制中的“埃俄罗斯之风”与“忒弥斯之秤”》，载《时代法学》2013 年第 6 期。

⑥ See Bernard Hoekman, “Proposals for WTO reform: a synthesis and assessment”, *Minnesota Journal of International Law*, Summer, 2011, pp. 8 – 9.

⑦ 参见傅星国著：《WTO 决策机制的法律与实践》，上海人民出版社 2009 年版，第 174 页。

发展中国家成员和最不发达国家成员则提出了较多反对意见。随着发展中国家成员数量和经济实力的上升,WTO 决策权力结构正在逐渐改变,发达国家成员不能继续忽视发展中国家成员在决策和谈判中对获得有效话语权的强烈要求,因此改革"绿屋会议"的呼声越来越大。对"绿屋会议"的质疑实质上取决于其实际运行中能够同时满足实体正义与程序公平的要求,因为与国内法治所追求的强制性、统一性与整体化相比,国际法治主要体现为契约性、多元化与局部化。[①] 这种契约性、多元性是通过对国际社会或者国际组织中所有国家或者成员给予同等的尊重和待遇来实现的。

(七)改革"绿屋会议"的建议

WTO 成员中,除了洪都拉斯要求废除"绿屋会议"之外,其他成员都不主张将其取消,包括"深受其害"的发展中国家和最不发达国家成员。学界对改革"绿屋会议"的代表性观点如下。

1. 建立"高级官员咨询委员会"(Senior Officer' s Consultative Body)

《WTO 的未来——阐释新千年中的体制性挑战》建议将"绿屋会议"机制化,建立一个"高级官员咨询委员会",由 WTO 总干事召集,该机构每季度或者每年召开一次会议。该机构没有决策权和执行权,并应限制参与机构成员数量,部分成员采取轮值的方式产生。[②] 还有学者对这种正式的机制提出了更为详细的建议:第一,"绿屋会议"的成员数量恒定,维持在 25 ~ 30 个以保持会议的稳定性和严肃性;第二,与会成员选择上,应参考 IMF(International Monetary Fund,IMF.)和联合国安全理事会的"大国一致为主,民主制衡为辅"的原则,由 WTO 总干事根据成员的地理位置、贸易份额、发展水平等因素进行选取;第三,在透明度方面,确保非与会成员全面了解"绿屋会议"的议程和谈判文本资料,且在初步达成决议草案后给予利益相关之非与会国提出意见的权利;第四,对达成的共识中存在的"利益受损方"进行补偿,考虑到任何一个多边协定都不可能惠及所有人,对那些"委曲求全"的"利益受损方"适当的补偿能够确保其积极的参与,最重要的是保证会议的成果能够在部长级会议上"安全"通过。[③]

---

① 参见黄文艺:《全球化时代的国际法治——以形式法治概念为基准的考察》,载《吉林大学社会科学学报》2009 年第 4 期。

② 参见[爱尔兰]彼得·萨瑟兰等著:《WTO 的未来——阐释新千年中的体制性挑战》,刘敬东等译,中国财政经济出版社 2005 年版,第 173 页。

③ 参见翁里、唐卓然:《绿屋会议改革研究——构建 WTO 决策机制中的"埃俄罗斯之风"与"忒弥斯之秤"》,载《时代法学》2013 年第 6 期。

2. 成立"WTO咨询委员会"(WTO Consultative Board)

鉴于新加坡与西雅图部长会议的经验教训,理查德·布莱克赫斯特(Richard Blackhurst)认为,针对"绿屋会议"对WTO决策结果合法性和公正性产生的消极影响,建议应该成立一个常设的正式机构——"WTO咨询董事会":共设24个席位,"常任席位"分配给贸易量排名前四的成员,"非常任席位"分配给议题集团(成员根据谈判议题而组建的利益集团)。各个利益集团的代表通过内部推举或轮值产生。这种安排对发展中国家成员而言,比以往被排除在"绿屋会议"之外要好得多。同时,利益集团的设计能够起到人力和财力资源互补的作用。此外,在涉及"咨询董事会"的"透明度"问题上,他提出"咨询董事会"开会期间,非与会成员可以通过观看同步电视直播的方式了解会议内容;"咨询董事会"应为圆桌会议,常任和非常任成员就座该圆桌,非"WTO咨询董事会"的成员可以在该圆桌外围的一些座位旁听会议内容,但无权进行发言和介入会议。最后,理查德·布莱克斯特指出,"WTO咨询董事会"没有权利作出对全体成员有拘束力的决议,它是一个谈判、磋商、辩论的场所,但是经过在咨询委员会谈判的结果可以用建议的形式提交给部长级会议和总理事会等请求全体成员通过。①

3. 成立"非正式指导委员会"(Informal Steering Committee)

杰弗里·索特(Jeffrey J. Schott)和迦亚斯里·沃特尔(Jayashree Watal)认为,改革"绿屋会议"的阻力主要来自发达国家成员,因为这将触及他们通过"绿屋会议"而获得既得利益。而较小的发展中国家成员和最不发达国家成员反对建立一个机制化的"绿屋会议",因为这可能使他们在谈判和决策中被正式地边缘化。所以建立一个"非正式指导委员会"是明智的决定:由约二十几个席位组成,选择成员的标准是在世界贸易总量中的份额和所处地理位置,确保主要贸易方和大地区至少有2名代表。虽然Jeffrey J. Schott在文章中强调该指导委员会是非正式的,但其真正的意愿是成立一个正式的指导委员会,成员有一定数

① See Richard Blackhurst, "Reforming WTO Decision Making: Lessons from Singapore and Seattle", in Klaus Gunter Deutsch and Bernhard Speyer(eds), *The World Trade Organization Millennium Round: Freer Trade in the Twenty First Century*, Routledge, 2001, pp. 295 – 311. 转引自余锋:《绿屋会议——WTO走出合法性危机的一道坎》,载《东方法学》2009年第6期。

量的限制，如20个至25个席位，以贸易额和地理位置选取成员。[①]

4. 实行“议题集团和代理人”制度（Coalition, Issue Platforms and Proxies）

这是由奥地利学者肯特·琼斯（Kent Jones）在综合“WTO咨询董事会”与“非正式的指导委员会”的基础上提出的，又称“Kent Jones模式”。该模式下各成员方以议题为基础组成不同的利益集团，各集团推选协调人参加“绿屋会议”。协调人代表成员行使在“绿屋会议”中的权利。此种模式下参加“绿屋会议”的基本单位不是各个成员而是各个集团。实际上，此种集团在事实上已经存在于WTO决策实践中，如凯恩斯集团、志同道合集团、最不发达国家成员集团、非洲集团等。Kent Jones强调参加“绿屋会议”议题集团总数要有所控制，否则，参与的集团太多，牺牲了效率，该模式也就失去了意义。他认为该模式至少具有3个优点：一是提高了WTO决策的整体效率；二是发展中国家成员，尤其是最不发达国家成员通过参加议题集团，可以有效提高他们的谈判实力；三是成员可以在集团中充分交流和分享信息，增加互信。[②]

5. 非政府组织乐施会（Oxfam）的报告“WTO体制改革发展的视角”记述了加拿大和日本有关改革“绿屋会议”的主张

日本主张建立一个有非正式的“咨询理事会”，进行成员资格的限制。加拿大主张成立一个有资格限制的“执行委员会”或“执行董事会”，且为一个正式的制度化机制，由常任委员和非常任委员组成，非常任委员按地理区域代表和轮换原则更替。[③] 而欧盟则主张可以从短期目标和长期目标改革“绿屋会议”：短期目标是设立“名人小组”辅助WTO总干事分析世贸组织的体制性问题以及为成员提供建议；长期目标是建立具有成员资格限制的“磋商小组”，参与者不必局限于各成员常驻WTO的代表，也可以是来自成员国内的官员等，该小组

---

① See Jeffrey J. Schott and Jayashree Watal, “Decision Making in the WTO”, in Jeffrey J. Schott (ed), *The WTO after Seattle*, Peterson Institute, 2000, pp. 283 - 293. 转引自余锋：《绿屋会议——WTO走出合法性危机的一道坎》，载《东方法学》2009年第6期。

② See Kent Jones, “Green Room Politics and the WTO's Crisis of Representation”, in John-ren Chen (ed), *Cooperative Global Governance by International Institutions: Principles and Challenges*, Edward Elgar, 2009, pp. 126 - 118. 转引自余锋：《绿屋会议——WTO走出合法性危机的一道坎》，载《东方法学》2009年第6期。

③ See *Institutional Reform of the WTO*, Oxfam GB Policy Department, Accessed June 26, 2013. http://www.oxfam.org.uk/resources/poli-cy/trade/downloads/wto_reform.rtf.

没有决策权,但可以向WTO总干事提出相关的建议。①

6."三个十年计划"阶段性改革"绿屋会议"的建议

第一个"十年":旨在提高发展中国家成员认识相关议题的能力,辨识议题与自身利益之间存在的关系,在此基础上逐渐扩大参与方的范围;第二个"十年":发展中国家成员学会联合,使用集体的力量与发达国家成员在"绿屋会议"内抗衡,进而逐步实现发展中国家成员真正的话语权;第三个"十年":进一步扩大"绿屋会议"的成员,最终将"绿屋会议"改造成为能够吸纳全体成员意见的会议。该学者强调"绿屋会议"始终不应享有正式的决策权力,只能是"非正式的小范围协商会议"。任何赋予"绿屋会议"以正式地位和决策权的做法实质上都会使属于全体成员方的决策权受到某种程度的侵害。②

综上所述,学界和实务界都普遍认为"绿屋会议"不应该被取消,关键是如何改革"绿屋会议"的问题。鉴于"绿屋会议"的缺陷主要集中在合法性、参与性、透明度三方面,学界提出了以上几种不同的改革方案,总的来说,这些方案都是在解决"绿屋会议"的法律地位,以及解决WTO决策机制如何在公平和效率之间达到适度平衡等问题。

(八)WTO谈判集团

国内专门研究WTO谈判集团的成果尚少。徐泉教授2007年发表的论文"WTO体制中成员集团化趋向发展及中国的选择析论"是目前对WTO成员集团化现象研究得比较深入的成果。徐泉教授指出,成员集团化的趋向是多哈回合以来的显著特点,国家或地区的利益集团组合对多边贸易体制产生了深刻影响。文中述评了典型的成员集团,如G20、G33等,系统分析了谈判集团的生成机理以及对多边贸易体制和国际经贸秩序的具体影响,最后还就中国如何根据多元利益和发展中国家的身份定位对成员集团做出战略选择提出了建议。③

我国台湾"国际经贸局"委托台湾地区WTO中心撰写的《WTO各集团之特性及其参与贸易与发展议题之研究——执行成果报告书》(2010年),是目前

---

① See Claus-Dieter Ehlermann and Lothar Ehring, "Is the Consensus Practice of the WTO adequate for Making, Revising and Implementing Rules on International Trade?", *Journal of International Economic Law*, Vol. 8, 2005, p. 73.

② 参见余锋:《WTO决策机制的民主问题研究》,厦门大学国际法2007年博士学位论文,第68~69页。

③ 参见徐泉:《WTO体制中成员集团化趋向发展及中国的选择析论》,载《法律科学》(西北政法大学学报)2007年第3期。

比较详细的关于WTO谈判集团的研究报告。其主要内容包括：GATT/WTO集团的运作模式、集团化现象的发展、集团参与贸易与发展议题及其竞合模式、主要集团的发展情形、集团参与贸易与发展委员会(CTD)的竞合模式以及台湾与各集团互动和参与建议。①

李计广、张军生从宏观的角度分析中发展中国家集团，指出发展中国家集团不同于传统的联盟，它们更多关注经济利益，不针对特定国家，以议题为导向。中国尽管遵循不结盟政策，但也参加了G20等集团，且中国参加这些集团可以从集体认同、发展利益、安全威胁、国际制度四个方面予以解释，其中对发展中国家身份的集体认同是首要考虑因素。② 刘宏松以WTO多哈回合谈判和G20为例，具体考察了中国在全球治理中的改革倡议及其特点。③ 王峥、秦林军分析发展中大国往往成为谈判联盟的领导者，成为联盟公共产品的主要供应者，印度作为发展中大国在所有参与的谈判联盟中都成为主要的领导者，对印度的研究有助于我们加深对发展中大国与发展中国家谈判联盟关系的理解。④

还有学者从微观方面对谈判集团进行研究。姚蕾、田宏志认为，WTO中的集团是松散的谈判集团，没有约束机制，稳定性是其面临的主要问题，进而探讨了影响集团稳定性的若干因素。⑤ 徐宏源比较分析了凯恩斯集团和G20的政策主张以及我国与凯恩斯集团、G20在农产品贸易方面的异同，提出了我国应采取的主要策略。⑥ 肖燕、张汉林比较分析了G20中各国农业发展相似度和产品贸易竞争力，提出G20未来所面临的挑战和应对方案等。⑦ 总体而言，对具体谈判集团的研究以G20和凯恩斯集团为主，但是在总量上也是凤毛麟角。

---

① 参见中国台湾地区WTO中心：《WTO各集团之特性及其参与贸易与发展议题之研究执行成果报告书》，载台湾地区WTO中心网：http://web.wtocenter.org.tw/Node.aspx? id=2，最后访问日期：2014年10月3日。

② 参见李计广、张军生：《发展中国家集团与中国》，载《现代国际关系》2013年第3期。

③ 参见刘宏松：《中国在全球治理中的改革倡议：基于WTO多哈回合谈判和G20进程的分析》，载《国际展望》2012年第5期。

④ 参见王峥、秦林军：《WTO谈判中的发展中大国与发展中国家谈判联盟——兼论中国参与发展中国家谈判联盟的策略》，载《世界贸易组织动态与研究》2009年第12期。

⑤ 参见姚蕾、田宏志：《WTO农业谈判中国家利益集团的稳定性研究》，载《国际贸易问题》2008年第9期。

⑥ 参见徐宏源：《凯恩斯集团和G20成员的农产品贸易及政策比较分析》，中国农业大学管理学2004年硕士学位论文，第20页。

⑦ 参见肖燕、张汉林：《多哈回合G20成员的比较分析和集团行动启示》，载《世界贸易组织动态与研究》2012年第4期。

国外学界对 WTO 谈判集团的研究相对全面和系统,但是多从国际关系理论和国际政治学的角度进行研究,专门从国际法角度研究的成果较少。① 阿姆里塔·纳利卡(Amrita Narlikar)认为 WTO 谈判集团总体上可以分为两种类型:一是建立在成员自我利益实现之目标上的议题集团,它专注于解决某一领域中的特定问题,仅有工具性质;二是建立在共同的意识形态或者政治价值观上的特征集团,是志同道合国家的集合,强调共同的身份。② 如果要在 WTO 决策机制下兼顾谈判过程的包容性(inclusiveness)和效率(efficiency),那么发展中国家成员集团不能一味组建只会投反对票(veto-wielding)的特征集团,而应该向能够对谈判的进程和结果施加积极影响的议题集团转变和发展。③

在谈判集团的作用上,Amrita Narlikar 认为,WTO 成员谈判集团尤其是发展中国家成员的谈判集团至少有三面的积极作用:一是帮助 WTO 决策过程中那些最边缘化(the most marginalized)的成员能够参与到谈判过程中来;二是帮助缓解 WTO 的合法性(legitimacy)质疑;三是帮助人们进一步关注如何发展和提升当前的多边贸易体系。④

在谈判集团稳定性方面,Amrita Narlikar 认为,分量重和实力强的集团对外谈判时做出妥协比较困难,因为其他成员可能会认为集团的协调人

---

① Hamilton Colleen and John Whalley, "Coalitions in the Uruguay Round", *Review of World Economics*, 125(3),1989;Miles Kahler and John S. Odell,"Developing Country Coalition-building and International Trade Negotiations', in John Whalley (ed), *Trade Policy and the Developing World*, University of Michigan Press,1989, pp. 149 - 167;Richard Higgot and Andrew Cooper,"Middle Power Leadership and Coalition Building: Australia, the Cairns Group, and the Uruguay Round of Trade Negotiations",*International Organization*,44(4),1990;Diana Tussie and David Glover, *The Developing Countries in World Trade: Policies and Bargaining Strategies*, Boulder, CO: Lynne Reinner,1995;Amrita Narlikar, *International Trade and Developing Countries: Bargaining Coalitions in the GATT and WTO*, London: Routledge,2003.

② See Amrita Narlikar, *International Trade and Developing Countries: Bargaining Coalitions in the GATT and WTO*, Routledge,2003, p. 29.

③ See Amrita Narlikar, "A Theory of Bargaining Coalitions", in Amrita Narlikar and BrendanVicker, eds., *Leadership and Change in the Multilateral Trading System*, Republic of Letters Publishing/Martinuns, Nijhoff,2009, p. 195.

④ See Amrita Narlikar, "A Theory of Bargaining Coalitions", in Amrita Narlikar and BrendanVicker, eds., *Leadership and Change in the Multilateral Trading System*, Republic of Letters Publishing/Martinuns, Nijhoff,2009, pp. 195,184.

(coordinators)企图对外做出的任何妥协是一种背叛集团的征兆。① 为了加强谈判集团的稳定性,阿姆里塔·纳利卡(Amrita Narlikar)建议,谈判集团要进行有效的议程设置(agenda-setting)以解决所有成员的关切;集团中较大的成员有必要对较小的成员进行边际支付(side-payments),以减少集团外成员通过单边优惠政策而对成员进行分裂;集团在谈判策略的选择上要避免简单地表明其成员"立场一致",而是要显示出愿意参与谈判并做出让步和提供务实方案的灵活性。此外,法扎尔还建议,集团需要建立严格的纪律,例如,要求成员在做出接受集团外成员的要价前必须向其他成员汇报并听取他们的意见,这样可以避免谈判集团外成员分化和瓦解集团。②

在谈判集团的制度设计方面,索尼亚·罗兰德(Sonia E. Rolland)提出可以在 WTO 各正式和非正式会议之后,在全体成员协商一致同意之前,增加一个"集团同意"(approved by the groups)的程序,这样可以使弱小国家(small or weak countries)与其所在的集团进行充分协商。同时,该程序也确保谈判的信息更加及时和透明地传达给单个成员。虽然增加"集团同意"这一步看起来是给决策程序增添负担,但是实际上它通过减少参与方的数量的方式简化程序进而提高了效率。她还提出了类似于"选区"(constituencies)的制度构想,鉴于 WTO 既存若干区域贸易集团,对这些集团进行适当的整合可以确保 WTO 决策机制中具有平衡的地区代表。③

四、研究的方法

(一)文献分析法

引言中从总体上梳理和分析了本论题下部分内容目前国内外研究的成果,如 WTO 决策机制的概念,"协商一致"的概念、特点,"绿屋会议"的性质、特点、改革建议,WTO 谈判集团基本问题等。在正文的相关章节分别进一步开展文献梳理和分析,从整体上评价现有文献的成果和不足,以提出本书对相关问题的观点或者认识。

---

① See Amrita Narlikar and Pieter van Housten, "Know the Enemy: Uncertainty and Deadlock in the WTO", in Amrita Narlikar, ed, *Deadlock in Multilateral Negotiations*, Cambridge, 2010, p. 225.

② 参见[南非]法扎尔·伊斯梅尔著:《改革世界贸易组织:多哈回合中的发展中成员》,贺平、凌云志等译,上海人民出版社 2011 年版,第 136 页。

③ See Sonia E. Rolland, "Developing Country Coalitions at the WTO: in search of Legal Research", *Harvard International Law Journal*, Summer, 2007, p. 21.

(二)跨学科分析方法

除了借助于法学传统的规范性研究视角外,还充分运用多学科知识与视野展开对相关问题的研析。例如,从经济学和管理学角度分析决策和组织决策的概念特点,在此基础上探讨国际组织决策的概念和特点;从国际关系理论角度分析了 WTO 决策机制产生和发展的国际政治和经济基础、WTO 谈判集团的内部稳定性及外部成员对集团的分裂策略,探讨中国在国际外交和经贸关系中的定位问题等;从政治经济学的角度探讨了 WTO 谈判集团生成的宏观经济背景、政治动因、经济基础和制度根源等问题。

(三)历史分析方法

本书从历史的角度,探讨了 GATT 时代决策制度的源起和变迁,进而分析 WTO 决策制度对 GATT 决策机制的继承和发展;在 WTO 现有的谈判规则的讨论中,梳理了"'一揽子'承诺""绿屋会议"和"主要供应国原则"谈判模式的起源和发展;回顾了发展中国家成员参与 GATT 谈判和决策的基本脉络,进而探讨参与 WTO 决策机制基本情况;探析了谈判集团的起源和发展,尤其是多哈回合开启以来,WTO 谈判集团的繁荣进路;概括了中国自"入世"以来参与 WTO 决策机制的前行路径,分析其从"规则接受者"逐渐进入"核心决策圈"的过程。

(四)比较分析方法

比较分析国际组织决策机制和表决制度之间的异同;比较分析"协商一致"和传统投票表决制度的异同;比较现有文献对 WTO 决策机制的不同界定,分析其优点和不足,进而提出本书对 WTO 决策机制概念的界定;比较 WTO 主要成员在常驻日内瓦代表团的规模和素质、在 WTO 各决策机构、秘书处等机构任职等情况,分析成员之间的谈判资源和实力的差距;比较分析不同类型的 WTO 谈判集团的特点等。

五、主要研究内容

本书共六章,可以分为三大部分。

第一部分是第一章"国际组织决策机制基本问题概述",首先探讨决策和组织决策的概念,进而分析国际组织决策的概念和特点;厘清国际组织决策机制和国际组织表决制度在概念上的区别,提出国际组织决策机制的范畴大于表决制度的范畴,并进一步分析国际组织传统投票表决制度的类型及其内容;注重分析"协商一致"的概念和特点,厘清与传统投票表决方式的联系和区别;概述

“协商一致”决策方式在国际组织决策机制中实践。

第二部分是第二章到第五章，是本书的核心部分。第二章“WTO决策机制基本问题分析”，在对现有文献梳理的基础上，提出本书对WTO决策机制的定义；分析WTO决策机制的起源和嬗变；系统整理和分析WTO决策机制的主要内容，最后提出目前WTO决策机制面临的挑战；第三章“WTO决策机制下多边贸易谈判规则问题”，提出目前WTO决策机制面临的困境之一是缺乏公平合理的谈判机制，对现有的主要谈判规则“‘一揽子’承诺”“绿屋会议”和“主要供应国原则”的概念、历史发展、特点和缺陷进行分析，并就其如何改革进行探讨；第四章“发展中国家成员参与WTO决策机制问题”，就发展中国家成员参与GATT/WTO决策机制的基本情况进行梳理，总结发展中国家成员有效参与多边贸易谈判面临的现实和制度困境；第五章“WTO谈判集团”，在第四章研究的基础上，着重分析WTO发展中国家成员谈判集团的生成机理、对改善WTO决策机制的作用以及目前面临的挑战和应对的策略等。

第三部分是第六章，在前述研究的基础上，梳理了我国“入世”后参与WTO决策机制和多哈回合的基本情况，分析我国在国际经贸体系中的定位问题，并在此基础上提出中国有效参与WTO决策机制的建议。

六、创新点与不足

1. 尝试重新界定WTO决策机制的概念

从广义和狭义两个角度定义WTO决策机制，前者包括WTO决策机构（部长级会议和总理事会等）以“协商一致”方式通过决议的“表决”程序和在提交决策机构通过前的多边贸易谈判过程中的规则和机制。后者仅指WTO决策机构的“表决”程序。

2. 系统阐述WTO决策机制的主要内容

从决策主体、决策机构、总干事和秘书处、决策内容和方式、多边贸易谈判基本程序以及决议的“表决”制度等方面全面、系统地分析了WTO决策机制的全貌。

3. 提炼出现有的多边贸易谈判规则

目前多边贸易谈判有3个主要谈判规则：“‘一揽子’承诺”“绿屋会议”和“主要供应国原则”。本书分别探讨这3个规则在WTO决策机制中的作用以及缺陷，尤其是在参与度、透明度和效率方面的缺陷，并就其改革的建议提出自己的看法。

4. 系统分析WTO谈判集团的法律问题

探讨WTO谈判集团概念、主要类型和理论基础；WTO谈判集团产生的国际政治、经济原因和制度根源；谈判集团改善WTO决策机制参与度、透明度和效率方面的绩效；目前谈判集团面临的挑战和应对的策略等。

另外，由于笔者自身水平和能力的局限，本书研究不可避免地存在一些缺漏之处，在笔者看来，这些问题主要包括：虽然指出了WTO体制下缺乏公平合理的谈判规则和制度，但是还没有深入研究如何构建完善的WTO谈判制度，以从根本上解决WTO体系的制度缺失；对于发展中国家成员参与WTO决策机制的研究还比较笼统，没有进一步对发展中大国、中等发展中国家和最不发达国家等多层面展开细致研究；对谈判规则中的“主要供应国原则”的研究还需要进一步深入和完善等。对于这些存在的不足，笔者将在后续的研究中持续思考，力争有所突破。

第一章 国际组织决策机制基本问题概述

研究WTO决策机制,不能脱离对国际组织决策机制的普遍性规律的分析。WTO作为目前全球最重要的国际组织之一,其决策机制的生成和发展不仅与本组织建立、发展的宏观国际政治经济背景、组织的宗旨、组织的成员构成等因素相关,还受到国际组织决策机制普遍规律的影响,并且需要借鉴和参考其他相关国际组织的决策机制。

第一节 国际组织决策机制的概念

一、决策和组织决策是什么

(一)决策(Decision-making)是什么

按照《现代汉语大词典》的解释,"决策"(Decision-making)是指"决定策略或办法",其中"策略"是"根据形势发展而制定的行动方针和斗争的方式"。《辞海》对决策的定义是:"人们寻求并决定某种最优目标和行动的方案。"在我国,"决策"一词首见于战国时代。《韩非子·孤愤》中道:"智者决策于愚人,贤士程行于不肖,则贤智之士羞而人主之论悖矣。"[①]英语中动词"decide"源于拉丁文"de"与"caedere",前者意为"从",

---

① 孙秀君著:《决策法学》,人民法院出版社2000年版,第4页。

后者意为"断"。英文词"decide"翻译成拉丁文为"constitutere",意为"导致成立、放置或决断"。目前,学界对"决策"还没有一个统一和完备的定义。以下是学者们从不同角度对决策进行的定义和解释。①

1. 决策为决定,即决定(的)策略、方针、办法等,是一个静态词汇,表示一种结果。此类定义汉语词典居多,如《新华字典》(商务印书馆 1989 年版)、《现代汉语规范词典》(外语教学与研究出版社 2004 年版)等,都解释为此。

2. 决策为选择,是行为主体为实现价值观或者既定目标而做的选择。这种定义认为,选择是决策的核心内容,没有选择就没有决策。此种定义主要是从管理学角度出发的,被认定是决策的狭义解释。管理学大师彼得·德鲁克(Peter F. Drucker)认为,决策是在各种不同的方案之间进行选择,一项决策就是一项判断。②

3. 决策为一个过程,是为实现预定的目标而对未来行为进行设计,并做出选择的过程。此种定义是关于决策的广义解释。作为现代管理科学创始人之一的哈伯特·西蒙(Herbert A. Simon)提出了著名的"管理就是决策"的观点,认为"决策"分为 4 个基本阶段:发现决策机会;寻找可行方案;选择方案;评估选择的效果。③

本书主要采纳的是第三种对"决策"的定义,即决策是一个过程,它包括认识问题、制定可行的选择方案、执行方案、评价方案等阶段。因此,决策可以被定义为人或人的群体,为了实现目标或价值观,通过制定可选方案,进而选择实施其中某一方案,最后评估该方案有效性的过程。

(二)组织决策(Organizational Decision-making)是什么

从决策主体角度来看,决策包括个人决策与复合主体决策。组织决策是复合主体决策中非常重要和普遍的类型。组织是为了实现既定目标,根据特定程序和规则设置成员岗位及其权责角色和岗位间隶属关系的结构。组织决策强调"organization",即组织中的不同层级的主体以及不同专业化分工的主体,通

---

① See Robert P. Cavalier, *Personal Motivation: A Model for Decision Making*. Praeger Publishers, 2000. p. 107.

② 参见[美]彼得·德鲁克著:《卓有成效的管理者》,许是祥译,机械工业出版社 2005 年版,第 124 页。

③ See Herbert. A. Simon, *The New Science of Management Decision* (reversed edition), Prentice-Hall Inc, 1970, p. 11.

过搜集信息,根据各自的知识与偏好以及处理问题的能力,共同制定决定的过程。[①] 组织决策与个体决策和其他复合型主体决策相比具有以下特点。

1. 组织决策的基础是一个稳定的组织结构

组织的基本特点是具有常规成员,成员行使权利和承担职责受到规则的约束。这些规则既包括法律、政策等正式制度,也包括文化、习俗等非正式规则。无论如何,组织的特性导致组织决策的过程具有相对稳定的逻辑,也就是规律性,值得分析和探讨。[②]

2. 组织决策中的成员之间既有利益趋同性也有分异性

利益趋同是组织成员相聚的根本动因,但是各种复杂因素也导致成员之间的利益可能相斥。组织中成员能力也有所差别,既有拥有专家能力的成员,也有对决策不太了解的成员。组织成员在实现共同目标、进行决策上存在不同利益追求与不同能力差异的现象,说明组织在决策的过程中既存在向心的力量也存在离心的倾向。

3. 大多数组织都具有官僚制和等级制的特征,权力关系呈现金字塔型

基于成员的综合实力有别,成员之间有"上层""中层"和"底层"的区别。组织决策过程中充斥着不同层级成员之间的合作、博弈、冲突、矛盾、疏离。由于组织决策的常规化,成员之间的熟悉程度较高,彼此的心理和行为都是可预计和可操控的,这导致组织决策的博弈过程更为复杂。[③] 总之,组织决策受到组织的环境、组织成员的差序级别及其利益派别的影响。

二、国际组织决策的特点

关于国际组织决策的特点,结合上述对一般决策和组织决策之概念和特点分析,笔者认为国际组织决策整体上符合组织决策的普遍规律,同时也具有自身的特点,毕竟国际组织的建构和嬗变与一般国内组织相比,是在一个更为复杂的国际政治经济环境之下。政府间的国际组织(Inter-governmental International Organization,IGO)的成员并非国内组织中的个人或者团体,而是主

---

① 参见王青梅:《组织决策非正式规则研究》,吉林大学管理学2012年博士学位论文,第40页。

② 参见周雪光著:《组织社会学十讲》,社会科学文献出版社2003年版,第293页。

③ 参见王青梅:《组织决策非正式规则研究》,吉林大学管理学2012年博士学位论文,第40页。

权国家(或单独关税区等)的政府。笔者归纳IGO决策有如下特点。

1. 国际组织的决策是在稳定的组织结构、组织制度环境下进行的

在经济全球化的背景下,国际组织的必要性和重要性已经不容争辩。国际组织的数量不断增长,既是全球化推动的结果,也是国际合作的进一步深入的动力。参与国际组织对于国家而言,其收益要远远大于各国自行其是,好处至少包括分享公共产品、缓和囚徒困境、降低协调成本以及改善福利障碍等。① 为了实现自身的目标和职能,现代国际组织都根据基础协议都设置了一套系统的组织机构,包括权力机构、执行机构、争端解决机构、秘书处等,这些机构的建立、运行、职责和程序等都有相应规则和制度,它们保证了国际组织在决策、执行决策、日常工作中有法可循。其中决策机构和制度是国际组织机制中非常重要的部分。在旧的国际秩序被破除之后,尤其是第二次世界大战后至今,国际组织已经成为国际社会中的重要"非国家行为体",其中重要的国际组织如联合国、国际货币基金组织、世界银行、GATT/WTO等,都建立了自己的决策机构、规则和制度,成为本国际组织决策活动的法律依据。总体来看,这些组织的决策活动具有一定程度上的固化规律性,值得探讨和研究。

2. 国际组织的成员具有一定的相似性且数量有限,但是决策中成员之间实力博弈明显。参与政府间国际组织决策的基本主体是高度相似的国家,而非国内社会中各种利益集团,②并且数量有上限,至多200个左右。因此,与国内组织的决策比较,国际组织的表决规则和制度相对简单。在当前的国际社会中,作为国际组织成员的国家及其政府在思考特定问题和执行政策时往往有趋同的程序和逻辑,因此,国际组织成员之间彼此都能大致推测出对方的想法。从这个意义上而言,各成员国的决策偏好可以说是一种公开信息。另外,根据现代国际法的基本原则,国家主权平等,国家无论大小、强弱都有权自主的参与国际活动,但是从现实主义的角度来看,国际组织表决制度的设计和结果充分体现了成员之间实力的博弈,国际组织成员之间呈现等级差别和上下位次的特点。例如,截至2010年,美国在IMF的表决制度中投票权份额一家独大,其基金份额比重为17.09%,投票权比重为16.74%;第二名为日本,基金份额比重为

① See Kenneth Abbott and Ducan Snidal, "Why States Act through Formal International Organizations", *The Journal of Conflict Resolution*, Vol. 42, No. 1, 1998, p. 6.

② See A. LeRoy Bennett and James K. Oliver, *International Organizations: Principles and Issues*, Prentice Hall, 1991, p. 51.

6.21%,投票权比重为6.01%;第三名为德国,基金份额比重为5.98%,投票权比重为5.87%。中国基金份额比重为3.72%,投票权比重为3.65%,位列第六名。① 在WTO中,虽然《WTO协定》第9条明文规定了"协商一致"和投票表决两种决策方式,在"协商一致"不能取得共识的情况下进行投票表决,但是在实践中,投票表决制度从未被使用过,无论如何艰难,成员都情愿花费几年甚至十数年的时间进行协商和谈判。"协商一致"的决策方式为成员之间的利益交往留足空间,大国的谈判实力充分彰显,小国发声无力,难免迫于压力服从权威者的选择。

三、国际组织决策机制的概念

学界对国际组织决策机制概念进行界定的著述不多,已有的研究尝试从不同的角度给国际组织决策机制进行定义。② 结合上述对决策和组织决策理论的分析,以及国际组织决策的主要特点,笔者初步将国际组织决策机制界定为国际组织的成员为了实现国际组织的目标和宗旨,通过决策机构按照一定的程序和规则作出决定的制度安排。

首先,国际组织决策的目的是实现国际组织特定的目标和宗旨。例如,WTO决策的目标是通过自由贸易实现提高生活水平、保证充分就业等目标,抑或是为了实现可持续发展的目标,以及实现保证发展中国家特别是最不发达国家成员在国际贸易增长中获得相应份额的目标等。当然国际组织作出决定后,还需要依靠执行机制来最终实现国际组织的目标,但是执行的前提是做出决策,如果国际组织不能有效地做出决策或者做出正确的决策,那么国际组织目标的实现只能是一纸空文。

其次,国际组织决策要依靠国际组织的组织机构,尤其是决策机构来做出。WTO的最高决策机构是部长级会议,在部长级会议没有召开时由总理事会行使部长级会议的权力。IMF的最高决策机构则是理事会,执行董事会是处理日常业务工作的常设机构。决策机构的构成单位是各个成员(国),不同的国际组

① 参见岳华、赵明:《国际货币基金组织治理机制改革的新设计》,载《经济问题探索》2012年第7期。

② 例如,蒋红梅认为,国际组织的决策机制是国际组织成员为了实现国际政治、经济或社会目标,进行集体选择的制度安排。参见蒋红梅:《论WTO决策机制与改革》,载《中国软科学》2004年第8期。张贵洪认为,国际组织决策是实现组织宗旨、履行组织职能的主要方式之一。参见张贵洪:《国际组织的行政体制初探》,载《世界经济与政治》1999年第6期。

织中各成员(国)在决策权大小方面有区别,这种区别主要是通过决策机制或者表决制度来安排的。

最后,国际组织决策机制有一个非常重要的内容即决策的规则或者制度。没有决策规则或者制度的安排就不能构成一套国际机制。当今国际组织的决策都是按照国际组织基本法律中所制定的规则和制度开展的。例如,《WTO协定》第9条规定,WTO的基本决策方式是"协商一致",这种决策规则不同于IMF的加权表决制。在议案通过的环节,如果WTO成员没有在决策机构上提出明确的反对意见,即可推定协商达成一致,议案得以通过。国际组织选择何种决策规则或者机制与该国际组织建立和发展的国际政治经济环境、组织的目标、成员的结构等因素有着密切的关系。本书将在相关章节介绍和分析WTO决策机制得以确立的历史背景和根源。

第二节 国际组织表决制度的概念和分类

一、国际组织表决制度的概念

与国际组织决策机制密切相关的一个概念为国际组织表决制度。"表决"的英文是"vote",也就是投票。在英语习惯中,表决和投票是同义语,表决就是投票。根据《现代汉语大辞典》的解释,"表决"意为通过举手、投票等方式表示赞成或不赞成,而后根据多数意见作出决定的过程。国际组织表决制度就是国际组织的成员通过投票的方式表示赞成或者反对某项决议草案的制度。① 具体而言,投票制度分为两方面问题:表决权分配规则和表决权集中规则。②

在研究国际组织决策机制的文献中,很多学者将国际组织决策机制等同于国际组织表决制度。③ 笔者认为,"决策"和"表决"是不同的概念。前者是一个作出决定的全部过程,不仅仅限于投票的环节;而后者则是通过投票表示赞成或者反对的过程。具体而言,政府间国际组织的决策程序一般包括以下

---

① 参见张贵洪:《国际组织的行政体制初探》,载《世界经济与政治》1999年第6期。

② See Peter Chowla, Jeffrey Oatham and Claire Waren, *Bridging the Democratic Deficit: Double Majority Decision Making and the IMF*, Bretton Woods Project/ One World Trust, 2007, p. 7.

③ 参见常景龙:《国际组织决策机制变革对国家主权的影响》,载《中州学刊》2007年第3期;佟大木:《国际组织决策过程中的特权悖论》,载《学习与探索》2009年第2期。

几个环节:(1)提出动议,即就某个特定问题提出建议,有权提出动议的主体主要是成员的政府、国际组织内的机构或者其他国际组织,在特定条件下,成员国内的利益集团(如非政府组织)和个人也可以成为动议方;(2)提交提案,即提交供国际组织会议讨论和表决的决议草案;(3)进行表决,即投票表决决议草案是否成为正式决议;(4)决议生效,按照国际组织规定的表决制度通过的决议即告生效。但是某些决议的生效还需以成员的事先同意或者事后批准作为要件。① 因此,表决是国际组织决策过程中的一个环节,决策的范围大于表决。

在国际组织的基本文件和各机构的议事规则中都明确规定了该组织的表决制度,表决制度无疑是国际组织决策机制中的核心内容,因为国际组织的决议草案在被讨论后,成员国需要用一种方式来表示对草案的赞成或者反对的态度。应该说,适当的表决机制不仅是一个国际组织有效进行决策的关键,某种程度上也是缓和组织内部矛盾从而维持组织生存的基础。对于倡导主权平等的现代国际社会来说,表决机制的合理设计既决定了决策能够被组织成员接受的程度,也决定了决策的法理约束力。②

二、国际组织表决制度的分类

国际组织表决制度表决权的分配和集中规则。前者是指表决权在成员国之间分配规则,有平等分配和不平等分配的区别。后者是指通过决议所需的可决票的程度,有全体一致、多数通过、反向一致等的区别。各个国际组织之所以会选择某种表决制度,往往是考虑何种制度能最大限度契合本组织的性质和职能,以及何种表决制度能够反映各成员国力量对比等因素。③ 国际组织表决权分配规则和集中规则的不同分类可参考图1所示。

① 参见张贵洪:《国际组织的行政体制初探》,载《世界经济与政治》1999年第6期。
② 参见常景龙:《国际组织决策机制变革对国家主权的影响》,载《中州学刊》2007年第3期。
③ 参见王中美:《国际经济组织的决策机制研究》,载《国际论坛》2005年第4期。

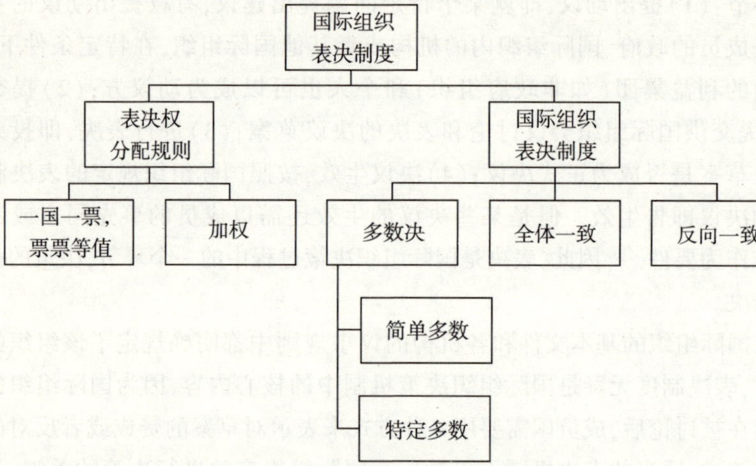

图1 国际组织表决权分配和集中规则图

(一)表决权的分配规则(distribution rule of votes)

1."一国一票,票票等值"

在法理上,只有"一国一票,票票等值"的表决权分配方式才符合主权平等的基本原则。① 采取这种表决权分配方式的国际组织最典型的是联合国(United Nations)。从现实主义的角度来看,在国际无政府的世界中,国家之间的关系主要是竞争关系,主权和安全是国家第一要务,战争与和平是大国关系的两大基调。在"高级政治"和"低级政治"的分野中,国家主权、安全和政治外交属于"高级政治",应该优先保护;而经济、福利、环保等事务,因为不与国家生存直接相关,只能是"低级政治"。② "高级政治"是"低级政治"存在的基础,只有"高级政治"稳定运行,"低级政治"才能得以运转。执掌安全事务的国际组织,其表决权平等分配的比例高达99%,而综合性国际组织(管辖范围包括安全事务),表决权平等分配比例也达到98%。但是管理经济事务的国际组织,"一国一票,票票等值"的可能性很低,尤其是金融类国际组织,采用加权表决制度

---

① See Annick Laruelle and Federico Valenciano, *Voting and Collective Decision-Making: Bargaining and Power*, Cambridge University Press, 2008, pp. 71 – 74.

② 高级政治和低级政治的分野,参见 Michael Mastanduno, "Economics and Security in Scholarship and Statecraft", *International Organization*, Vol. 52, No. 4, 1998, pp. 825 – 854; Jonathan Kirshner, "Political Economy in Security Studies after the Cold War", *Review of International Political Economy*, Vol. 5, No. 1, 1998, pp. 64 – 91。

的比例达到 65% 。[①] 可见,事关国家安全和政治外交的国际组织,在表决权分配上能够遵守"一国一票,票票等值"的形式。

2. 加权表决制(Weighted voting system)

Rogelberg 对决策主体的权重进行了分析和研究,认为组织只有形成合理的决策主体构成方式才能形成高绩效的决策。组织中的不同成员拥有不同的决策能力,因而要根据不同的决策能力赋予不同主体不同的权重以实现决策收益最大化。在组织中,决策主体的能力、数量、权重等因素都会影响着决策的过程和结果。[②]

国际组织中表决权的加权分配所依据的标准可能是国家人口多寡,也可能是经济实力、股份持有或者其他因素。例如,IMF、世界银行等国际金融组织所采用的加权表决制,就是在参考商事主体治理模式的基础上,适当地兼顾了主权平等。这些管理"低级政治"事务的国际组织完全突破了管理"高级政治"事务的国际组织所奉行的"一国一票,票票等值"和主权平等的观念,采用的是极为务实的做法。尽管人们常常诟病加权表决制不公平,但是其在成本收益等经济学考量上具有一定的合理性:它有效激励发达国家提供公共产品方面的积极作用,提高了国际组织的决策效率。[③] 在加权表决制中,各国权重是按照从高到低的顺序依次排列的,其等级制的本质一览无余。

国际政治组织"一国一票、票票等值"与国际经济组织的加权表决制度反映出两类国际组织所处理国际事务在性质上的迥然不同,前者涉及的事务充满着利益对抗和明确的利益界限,在很多事项上答案只有是与否,而后者所涉及的事务则有着无数可能性,没有那么明显的利益分野,也并非只有一条出路,合作、协商与互惠互利成为国际经济组织发展的主旋律。[④]

(二)表决的权集中规则(decision rules)

1."全体一致"(unanimity)

"全体一致"意指决议得以通过需要国际组织中全体成员一致同意才行。

---

① See Daniel J. Blake and Autumn L. Payton, "Decision Making in International Organizations: An Interest Based Approach to Voting Rule Selection", Ohio State University, 2009, p. 26.

② See Steven Rogelberg, Janet Barnesfarrell and Lowe C, "The Stepladder Technique: an Alternative Group-structure Facilitating Effective Group Decision Making", *Journal of Applied Psychology*, 77(5), 1992, pp. 730 – 737.

③ 参见黄梅波、赵国君:《IMF 表决制度:发展中国家的地位及其改革策略》,载《广西社会科学》2006 年第 6 期。

④ 参见王中美:《国际经济组织决策机制研究》,载《国际论坛》2005 年第 4 期。

19世纪末20世纪初，几乎所有国际会议和国际组织，都实行“全体一致”原则，[①]其中最著名当属国际联盟(League of Nations)。《凡尔赛和约》设立国际联盟大会和理事会的决议规则规定，两者均采取“全体一致”通过的原则。[②]“全体一致”在早期成立的国际组织中之所以能够存在一段时间，有以下三个原因：一是独立国家享有主权，未经主权国家同意的决议不能对之发生拘束力；二是“全体一致”是维护国家平等的一种保证；[③]三是就当时的情况而言，“全体一致”的决策成本并不高，因为早期国际组织的成员国数量并不是很多，且大多数国家都具有相邻的地理位置或相近的文化传统，在决策上比较容易达成妥协和共识。[④]

根据Blake和Payton的分析，执掌“高级政治”事务的国际组织要求“全体一致”的比例为79%，综合性国际组织为54%，国际组织执掌的事务越是趋向“低级政治”，则“全体一致”的可能就越低。[⑤] 如前所述，国际联盟要求“全体一致”才能表决通过，联合国安理会决议的“大国一致”原则要求5个常任理事国“全体一致”。再从成员规模上来看，Blake和Payton的分析认为，当国际组织成员数少于30时，采用“全体一致”的可能性非常高，但随着成员数量不断上升，达到大于100时，则采用“全体一致”的可能性已经为零。与之相对的是采取多数决的可能性则越来越大。[⑥]

虽然“全体一致”可以践行“主权平等”原则，但是随着国际组织成员规模的不断扩大，其高昂的决策成本也暴露无遗，国际联盟因就因全体一致而近乎瘫痪。[⑦] 此外，“全体一致”另一个负面效果是，极少数国家可以否决大多数国家的意见，形成“少数人的暴政”，这对大多数成员的利益的保护和促进显然是仅为不利的。

2. 多数决(majority rule)

多数决意指决议得以通过需要占国际组织全体成员方中的多数同意才行。

---

① 参见邵沙平、余敏友著：《国际法问题专论》，武汉大学出版社2004年版，第162~163页。

② 参见周鲠生著：《国际法》(下册)，武汉大学出版社2007年版，第592页。

③ 参见李浩培：《条约法的一个突破：多边外交中的协商基本一致决定程序》，载李浩培著：《李浩培文选》，法律出版社2000年版，第586页。

④ 参见余锋：《国际组织的多数决新解》，载《时代法学》2011年第1期。

⑤ See Daniel J. Blake and Autumn L. Payton, “Decision Making in International Organizations: An Interest Based Approach to Voting Rule Selection”, Ohio State University, 2009, p. 26.

⑥ Ibid., p. 24.

⑦ See Jan-Erik Lane, *International Organization Analyzed with the Power Index Method*, CSGR Working Paper. No. 181/05, 2005, p. 4.

这里的“多数”既包括“一国一票,票票等值”下的“多数”,也包括加权分配投票权下的“多数”。第二次世界大战后,多数决被很多国际组织普遍采用,最为典型是联合国。联合国大会摒弃了国际联盟“全体一致”的集中规则,采取“一国一票,多数决”方式。《联合国宪章》第 18 条规定,联合国大会的每个会员国有一个投票权,对于重要问题的决议应以与会会员国投票的 2/3 多数决定;①对于其他问题的决议应以到会会员国投票过半数决定。② 相对于“全体一致”的绝对民主,多数决更加兼顾了决策的效率。③

多数决分为简单多数(simple majority)和特定多数(special majority),前者要求成员票数超过 50% 以上即可,后者亦称绝对多数,要求票数超过 50% 以上的特定多数,如 2/3 或者 3/4 等。国际货币基金组织(IMF)中的 70%、75% 和 85% 多数要求、国际复兴开发银行(IBRD)中的 2/3、3/4 和 4/5 多数要求均属于特定多数范畴。然而,学界对多数决也早有诟病,主要是其导致了“多数人的暴政”,从而牺牲了对少数国家的利益的适当注意和保护④。从决议的执行来看,“少数”国家中可能有对决议的执行至关重要的国家,无视或者忽略其利益对决议的执行也有影响。⑤

3.“反向一致”(negative consensus)

“反向一致”意指除非成员全体反对,否则决议即告通过。也就是说,成员中只要有一个人同意,决议都可以得以通过。该规则是由 WTO 争端解决机构(Dispute Settlement Body,DSB)创造的全新规则。DSB“反向一致”适用的具体事项包括:(1)争端双方若磋商失败,可提请设立专家组(Panel)审查案件,除非 DSB 全体成员都反对,否则专家小组得以设立;(2)专家小组报告,除非 DSB 全体成员都反对,或者当事方提起上诉,否则将予以通过;(3)上述机构(Appellate

---

① 如关于维持国际和平和安全的决议,安理会非常任理事国的选举,经社理事会选举,托管理事会选举,新成员入联,会员国权利和特权的停止,会员国除名,关于施行托管制度的问题,预算问题。

② 联合国之所以采取“一国一票,多数决”主要是由于当时美欧等大国国内体制采取多数决的表决制度。

③ 参见盛洪:《经济学透视下的民主》,载盛洪主编:《现代制度经济学》(下卷),北京大学出版社 2003 年版,第 143 页。

④ See Ebere Osieke, “Majority Voting Systems in the International Labor Organization and the International Monetary Fund”, *International and Comparative Law Quarterly*, No. 33, 1984, p. 408.

⑤ See Dmitriv V. Verenyov: “Vote or Lose: an Analysis of Decision-making Alternatives for the World Trade Organization”, *Buffalo Law Review*, No. 51, 2003, p. 438.

Body)的报告,除非DSB所有成员一致反对,否则将予以通过。与"全体一致"和多数决相比,"反向一致"无疑是一种非常高效的决策规则,在实践中几乎没有出现过全体都反对决议的情况。

第三节 国际组织决策机制中的"协商一致"原则

一、"协商一致"的概念

"协商一致"的英文是"consensus",源于两个拉丁文:"cum"和"sentire",前者意为"together with"后者意为"think"or"feel",连起来就是"think or feel together"——"一起思考或者感知"。《剑桥高级学者辞典》对"consensus"的定义是"a generally accepted opinion or decision among a group of people",即在群体中普遍被接受的一个观点或者决定。普遍被接受意味着不是全体接受,而是基本上接受。[①] 实际上,"consensus"翻译成"共识"更为准确,因为"一致"在中文词义上更多地应被理解为"所有人都接受",而不是"基本上接受"。[②] 基于"协商一致"的翻译已经成为约定俗成的说法,故本书也采纳之,以求学术研究的统一性。国内外学界对"协商一致"概念的界定较多,笔者经过整理分析,归纳具有代表性的观点如下。

1."协商一致"是国际组织的一种表决制度[③]

赵维田教授归纳了"协商一致"表决方式的几个要点:(1)缺席会议或未出席会议者不计入"协商一致"范围内;(2)弃权或保持沉默者无碍于达成"协商一致";(3)反对意见必须正式地提出反对,私下摇头或不满,均不计入。[④] 此外,有学者认为,"协商一致"的表决权分配规则是"一成员一票",而表决权集

---

① 参见傅星国著:《WTO决策机制的法律与实践》,上海人民出版社2009年版,第102页。

② 我国对"consensus"至少存在三种译法:协商基本一致、共识、协商一致。"协商基本一致"译法源自李浩培教授在"条约法的一个突破:多边外交中的协商基本一致决定程序"一文;"共识"译法源自赵维田教授的著作《世界贸易组织(WTO)的法律制度》;"协商一致"译法源自石广生教授主编的《中国加入世界贸易组织读本》一书。

③ 如Anders Aslund,"Why doesn't Russia Join the WTO?",*The Washington Quarterly*,Vol.33,No.2,2010,p.52;邵沙平、余敏友著:《国际法问题专论》,武汉大学出版社2004年版,第126页;李秋容:《论国际组织的表决制度》,载《经济与社会发展》2005年第4期;余锋:《WTO表决制度论:民主的视角》,载《厦门大学法律评论》2007年第2期。

④ 参见赵维田著:《世贸组织(WTO)的法律制度》,吉林人民出版社2000年版,第37页。

中规则为“协商一致”。[1]

2.“协商一致”是做出决定的程序

李浩培教授认为,“协商一致”的程序包括:(1)作出决定前,各方须先进行协商达到最广泛的同意,因此在协商中彼此必须让步。(2)如果各方在所决议的问题的基本点上都达成一致,即使在非基本点上还存在不同看法,但只要不正式作出反对决定,即可以认定取得基本一致。这个事实通常由主持协商的主席判断。(3)该过程的重点是不进行投票。(4)对非基本点的异议,可用对“投票”的解释或者保留的方式提出,并且被记录下来。[2] 梁西教授认为,随着国际交往的频繁和组织化现象的深入,国际社会逐渐形成了“协商一致”的程序,此种程序在联合国的一些主要机构及其主持的某些国际会议中比较流行。[3] 王军敏认为,“协商一致”是国际会议议定约文或国际组织通过决议的程序性规则,通常作为多数表决制的前置程序,是在国际会议制定约文以及国际组织通过议案时,成员国通过协商达成的不经投票而达到一般合意的决策方法。[4] 傅星国认为,“协商一致”是由若干成员通过协商最后达成共识的完整过程,包括提案、磋商、协调、斡旋、修改提案直至最后达成共识。[5] 柳炳华认为,“协商一致”是在难以按照多数意见决定,且决议通过后又需少数国家执行时,由主席先行调整各利益团体的意见,抑或利益团体自行缩小差异,避开细节问题,仅就原则和基本内容达成妥协方案,不经投票,如无特别反对意见即为通过的制度。[6] 李浩培教授进一步指出,“协商一致”不仅指上述作出决定的程序,而且也指以上述程序作出的决定本身。

笔者认为,目前对“协商一致”的界定主要分歧点在于它是一种表决制度还是决策程序。上文中,笔者已经对“表决”和“决策”进行了界分,前者指的是通过投票的方式表明赞成或者反对的制度,而后者则是作出决定的全部过程,不仅包括投票表决的环节,还包括提出动议、协商、议定决议草案以及决议生效等

---

① 参见余锋:《WTO表决制度论:民主的视角》,载《厦门大学法律评论》2007年第2期。

② 参见李浩培:《条约法的一个突破:多边外交中的协商基本一致决定程序》,载李浩培著:《李浩培文选》,法律出版社2000年版,第589~590页。

③ 参见梁西著:《梁著国际组织法》,武汉大学出版社2011年版,第35页。

④ 参见王军敏:《国际会议和国际组织的协商一致原则》,载《外国法译评》1998年第3期。

⑤ 参见傅星国著:《WTO决策机制的法律与实践》,上海人民出版社2009年版,第102页。

⑥ 参见[韩]柳炳华著:《国际法》(上卷),朴国哲等译,中国政法大学出版社1997年版。转引自梁西著:《梁著国际组织法》,武汉大学出版社2011年版,第35页。

过程。学界普遍同意"协商一致"是"不经过投票表决达成共识"的决策方式,因此,"协商一致"不是传统的投票表决制度,它不涉及表决权分配规则和集中规则,而是自成一类的特殊的决策程序。

在"协商一致"的决策程序中,成员之间的协商和谈判过程最为重要。成员在协商和谈判中进行利益交换并形成妥协让步,这个过程可能会反复多次进行,当会议主席认为折中的结果已有"基本一致"时,就将这个已取得"基本一致"的案文以书面形式作出,在全体成员之间公开宣布以供通过,全体成员如果对此案文没有提出正式反对意见,就认为已取得"协商一致"。在制度设计上,成员提出正式反对意见是作为"协商一致"决策方式的"最后一道防火墙"。实践中,只要协商和谈判的过程进行得足够公正、民主和透明,各方诉求能够被充分反映和得到最大限度的满足,那么成员利用"最后一道防火墙"提出反对议案通过的概率就会大大降低。

二、"协商一致"和投票表决制度的比较分析

笔者试图比较分析"协商一致"与"全体一致"和多数决两种表决权集中规则,以进一步厘清"协商一致"与传统的投票表决制度的区别和联系。

1."协商一致"不是"全体一致"而是"基本一致"(generally accepted)

"一国一票,全体一致"要求在平均分配表决权的前提下全体成员表示赞同决议才能通过。成员的范围是"全体"成员,"一致"的程度是"都表示赞同"。但是"协商一致"的成员范围不是全体成员,而是出席会议的成员,①"一致"的程度不是"都表示同意"而是"不正式提出反对意见"。因此,"协商一致"只是接近"全体一致"。在"协商一致"的过程中,有成员可能对决议草案的内容或解释有不同的见解,有的成员可能拒绝参加协商,但是异议和缺席会议都不妨碍协商取得共识,也不妨碍作出决定,只要成员没有提出正式的反对意见。例如,1982年4月30日联合国第三次海洋法会议在通过《海洋法公约》约文前,按照程序规则须先作出决定,宣告已尽最大的努力通过协商取得基本一致,尽管美国、联邦德国拒绝参加协商,法国、比利时、意大利、英国也声明仍然允许继续进行谈判。显而易见,这种协商一致并不是真正全体一致的决定,只是因为德国、美国、法国、比利时、意大利、英国并没有提出正式的反对意见和要求投票表

① 参见伍穗龙:《世界贸易组织协商一致决策机制的问题与改革》,载《求索》2012年第6期。

决,该决定才被认为是按照“协商一致”方式作出的。① 因而,“协商一致”不是全体一致,“是对传统‘全体一致’的返祖”。② 正是由于不是真正的“全体一致”,所以“协商一致”的决定潜藏着矛盾冲突的隐患,这种“一致”有时仅是有限范围的“一致”,有时甚至根本就没有达成一致,而只是在基本一致外衣下掩盖了真正不一致的实质。

2.“协商一致”和“多数决”的兼容

现代国际组织和国际会议摒弃“一国一票、全体一致”而采纳“多数决”的原因,一方面是为了实现国际组织或者国际会议的决策效率;另一方面是避免“少数人的暴政”。但是“多数决”也有其缺陷,它牺牲了少数人的利益,造成“多数人的暴政”。然而,在现代国际组织的表决制度中,“多数决”是一种较好的能够兼顾民主和效率的表决方式,即使是在“协商一致”决策方式出现后,“多数决”依旧是很多国际组织和会议基本的表决方式。在“协商一致”的早期实践中,它仅仅是作为“多数决”的一个辅助规则,如 1974 年世界人口会议和 1982 年联合国第三次海洋法会议。后来随着“协商一致”发展成为国际组织正式的决策方式,它也往往作为“多数决”的前置性程序,很少作为唯一的决策方式。例如,《WTO 协定》第 9 条将“协商一致”作为正式的决策方式,在不能协商达成一致的前提下采取投票表决制度,并就不同类型的事项规定了不同的多数决方式。这种制度安排,一方面可以充分利用“协商一致”决策方式的优势;另一方面又可以规避协商不能达到一致的风险。因为“协商一致”理论上允许任何国家行使否决权,如果少数国家拒不做出妥协就会使前期“艰苦”的协商最终不能取得任何成果,所以需要有限制地适用“协商一致”,确保国际会议或者国际组织的决策有始有终。多数决实际上起着“安全阀”的作用,即防止国际组织或者国际会议的决策陷入僵局。实践中,协商达不成一致以至于诉诸表决的现象并不多,因为极不合作和藐视大多数国家意见的反对者毕竟是少数。“保留诉诸表决的威胁实际上阻止任何不合作者滥用否决权挫败大多数国家利用协商一致原则达成一般合意的愿望。”③“协商一致”和“多数决”兼容适用的制度安排,

---

① 参见李浩培:《条约法的一个突破:多边外交中的协商基本一致决定程序》,载李浩培著:《李浩培文选》,法律出版社 2000 年版,第 602 页。

② See Paul C. Szaz, “Improving the International Legislative Process”, 9 *Georgia Journal of International and Comparative Law*, 1979, pp. 519 – 533.

③ 同上注。

其精妙之处在于将"多数决"作为后盾，一方面，促使成员国能够尽最大努力达成一致，"通过投票突破死结可以促使谈判者努力解开死结，而无须真的诉诸投票"；[1]另一方面，即使协商达不成一致也可以通过多数决的方式做出决策。

综上所示，笔者认为，"协商一致"是介于"全体一致"和"多数决"之间的折中的决策方式，它传承了"一国一票，全体一致"对主权平等的尊重，同时又摒弃了绝对一致的低效；它既承继了"多数决"中对大多数民主意见的尊重，又注意保护组织中少数派的利益。实践中，"协商一致"和"多数决"在大多数属于"低级政治"的国际经济组织中并行适用，通过"协商一致"争取全部或绝大多数成员的一致同意，但在久拖不决的一些问题上则使用多数表决制。[2]

三、"协商一致"的特点分析

实务界和学界对"协商一致"特点的分析和评论较多。例如，认为"协商一致"有利于国际组织制度体系的稳定；[3]"协商一致"有利于保护国际组织中大国的意志；[4]"协商一致"注重的是协商的过程，避免了在公开场合的对抗；[5]"协

---

① Joseph. H. Weiler, "The Transformation of Europe", *Yale Law Journal*, Vol. 100, 1991, p. 2461.

② 参见王中美：《国际经济组织决策机制研究》，载《国际论坛》2005年第4期。

③ WTO秘书处认为，"协商一致"和国际组织传统的投票表决制度相比，在制度设计上倾向于现状维持，因为任何成员对WTO现有制度的任何改变都是十分困难的，这有助于保障WTO的"宪法性稳定"。

④ 杰克逊教授认为，"协商一致"的结果往往遵从大国的意志，因为"协商一致"包含着对经济实力的某种尊重，肯定会给国际组织中有重要权势的成员更多的考虑。参见John H. Jackson, "The Great 1994 Sovereignty Debate: United States Acceptance and Implementation of the Uruguay Round Results", 36 *Columbia Journal of Transnational Law*, 1997, pp. 157 – 188；傅星国也认为，如果"协商一致"没有大国的同意是不可思议的，这个体制终究是要保护大国的利益。大国在"协商一致"中的意见和表态，无论是正面还是反面，都是一种加权的表决权。参见傅星国著：《WTO决策机制的法律与实践》，上海人民出版社2009年版，第134页。但是Bernard Hoekman和Michel Kostecki认为"协商一致"让成员获得了否决权，增加了他们讨价还价的能，是一种对小国的一种保护。See Bernard Hoekman and Michel Kostecki, *The Political Economy of the World Trading System: the WTO and Beyond*, Oxford University Press, 2001, pp. 56 – 57.

⑤ 傅星国认为，"协商一致"强调的是过程，通过反复协商达成一致，避免在公开的场合进行反抗性投票。对于会议的主席而言，在没有获得大多数成员共识的情况下，不会冒险开会表决，否则会议将陷入僵局，达不成协议。参见傅星国著：《WTO决策机制的法律与实践》，上海人民出版社2009年版，第114页。

商一致”是不允许成员国“保留”的接受等。[①] 笔者在以上学者对“协商一致”特点分析的基础上,根据自己对“协商一致”的理解,认为“协商一致”还有如下两方面的特点。

1.“协商一致”充分展露成员的立场和决策偏好,有利于达成有拘束力的决策

“协商一致”决策方式最关键的环节是协商和谈判的过程。政府间国际组织的成员国在协商和谈判中需要详细地解释自己的观点,澄清本方立场,同时尽最大努力了解其他国家的立场和诉求,这个进程提供了查明各国在许多方面真实意图手段和机会。然而,需要看到的是,一方面,“协商一致”过程中记录的成员国意图非常错综复杂,没有提出反对意见不等于同意其他成员国的意见;另一方面,成员国的立场也会随着协商进程的推进而处于动态变化中。

2.“协商一致”能在协商和谈判中“消解”成员国的反对意见

“协商一致”中,成员国完全可以提出正式的反对意见阻止达成共识。但是“协商一致”这种特殊的决策机制提供了“消解”成员国反对意见的机会,其原因有两个:一是在充分协商和谈判中各方的意见经过折中基本上达成妥协;二是协商和谈判过程制造了成员国“愿意”接受案文的势头,即包含了成员国不提出反对的“心理诱因”。[②] 这种“心理诱因”在决议的执行阶段也起到同样作用。这种情势的力量或事实力量的确给成员国造成巨大的心理压力,间接地推动了“协商一致”下共识的达成。

四、国际组织实践“协商一致”概述

“协商一致”是一项在外交会议和国际组织拥有悠久历史并广为应用的决策方式。[③] 虽然《联合国宪章》规定联合国大会采取“一国一票,多数决”的表决

---

① 伍穗龙认为,“协商一致”是不允许进行保留的基本一致,否则应该被视为没有达成共识,这种特性契合 WTO 多边贸易谈判进程中“‘一揽子’接受”的实践,从而确保多边贸易体制不会成为一系列零碎的不成体系的双边或者诸边贸易协定。参见伍穗龙:《世界贸易组织协商一致决策机制的问题与改革》,载《求索》2012 年第 6 期。

② See G. J. H. van Hoof, *Rethinking the Sources of International Law*, Kluwer Law International, 1981, p. 232.

③ See Mary E. Footer, “The Role of Consensus in GATT/WTO Decision-making”, *Northwestern Journal of International Law and Business*, 1996 – 1997, p. 3.

制度,但是"协商一致"最早的起源也是在联合国的框架之下。① 第二次世界大战之后,"协商一致"开始在联合国主要机关及其主持的某些国际会议中流行。1962年联合国的辅助机构"和平利用外层空间委员会"最早采用"协商一致"。②而第一次定义"协商一致"的则是1974年世界人口会议内部规则的附录,其规定"协商一致指不经投票的一般合意,但并非必须全体一致"。③ 1973年至1982年联合国第三次海洋法会议的程序规则规定:"在就实质问题以2/3多数作出决定以前,应确保寻求达成一般合意的努力已经用尽。"④联合国大会也逐渐开始采纳"协商一致"的决策方式,《联合国大会议事规则》附件五的第104段中规定:"如根据协商一致通过的决定和决议可以助于有效并持久的解决分歧,从而加强联合国的权威,则这种做法是可取的",但是"各会员国充分表达意见的权利不能因采取这种做法而受到损害"。⑤ 联合国贸易与发展会议(UNCTAD)的基础协定要求采用投票多数决的方式来进行表决,但实践中UNCTAD很多决定都是采取的"协商一致"办法。⑥

上述的国际会议或者国际组织都没有将"协商一致"作为基本的决策方式,"协商一致"也没有被正式地条约化和制度化。WTO是迄今为止世界上第一个在其基础协议——《WTO协定》中对"协商一致"正式给出详细、可操作定义的国际组织。

---

① 联合国大会虽然采取投票表决制,但是从大会成立开始就有不经过投票表决的实践,但是主要是针对一些有关管理的非重要性问题。

② 当时美国和苏联在利用外层空间活动日益增加,联合国于1959年设置了"和平利用外层空间委员会",由24个成员国组成,为期2年。1961年联合国将该委员会改为常设委员会,成员国包括28个国家,苏联鉴于该委员会西方成员国的数量较多,强烈主张采取"协商一致"的决策程序。参见UN Doc. A/AC. 105/SR 2, at 5(1962)。

③ 1974年世界人口会议的内部规则第32条规定:"本会议对一切实质问题的决定以出席和表决的代表的三分之二多数作出。"但是其内部规则的附件则规定,按照不投票的协商一致原则作出决定是非常可取的。参见王军敏:《国际会议和国际组织的协商一致原则》,载《外国法译评》1998年第3期。

④ UN Doc. A/Conf. 62/30/Rev. I(1974).

⑤ 参见梁西著:《梁著国际组织法》,武汉大学出版社2011年版,第35页。

⑥ 参见王中美:《国际经济组织决策机制研究》,载《国际论坛》2005年第4期。

第二章　WTO 决策机制基本问题分析

2001 年“多哈发展回合”开启以来，GATT/WTO 多边贸易体制在新的国际经贸规则的制定上遭遇了前所未有的“瓶颈”期。人们将“多哈僵局”的原因归结于成员数量不断增加、贸易竞争逐渐升级、谈判议题的深度和广度不断触及各国国内的政治经济制度等因素。从 WTO 体制方面考察，多边贸易谈判和决策的困境是 WTO 决策机制已经不能适应成员数量和实力、谈判议题的深入、广泛等变化。因此，研究 WTO 决策机制的体系性问题对缓解“多哈僵局”有着重要意义。

第一节　WTO 决策机制的概念

一、现有文献对 WTO 决策机制概念的界定

迄今为止，学界从不同的角度界定了 WTO 决策机制的概念，具有代表性观点可以归纳为以下几种：

（一）WTO 决策机制即“协商一致”原则和投票表决制度，前者为主，后者为辅

韩立余教授认为，WTO 决策机制就是 WTO 在《WTO 协定》中明文规定的两种决策方式，即“协商一

致”和投票表决。[①] 林灵、陈彬认为,WTO体制中存在两种不同的决策机制:全体一致和投票表决。前者是原则,而后者作为例外存在。[②] 张磊认为,作为规则导向的国际组织,WTO的决策机制即《WTO协定》第9条规定:WTO应当继续遵循GATT奉行的由一致意见做出决定的实践。除另有规定外,若某一决定无法取得一致意见时,则由投票决定。[③] 余锋则认为,从国际组织的表决制度看,WTO的表决制度包含表决权的分配和集中规则,表决权的分配规则为“一国一票”,表决权的集中规则为“协商一致”和“多数决”。[④]

笔者认为,从《WTO协定》第9条的明文规定为依据来界定WTO决策机制的概念有其合理性,但是这种仅从文义角度界定概念的方式忽略了WTO决策实践尤其是多边贸易谈判回合中,成员之间进行协商和谈判应该遵循的程序和规则问题。也就是说,这种定义方式缺乏对“协商一致”的基本分析,使人不能够通过对概念的解读把握WTO决策机制的实质。

(二)WTO决策机制是WTO成员的一种谈判或者交易机制

《WTO的未来——阐释新千年中的体制性挑战》第269段谈道:“WTO在很大程度上就是谈判机器。与之前的GATT一样,WTO的设立就是为了通过谈判的方式解决全球贸易争端,通过有效的谈判和运用多边达成共识的方式来结束商谈并做出决定是WTO完成其使命的唯一方式。”[⑤]陈安教授认为,WTO多边贸易体制就是一个实力进行角力、斗争、平衡和合作的过程;[⑥]王新奎教授认为,WTO决策机制是“骡马大会”,是一个交易机制,是各方利益相互交易,形成交易方案的过程;[⑦]蒋红梅认为,WTO决策机制是WTO成员“为追求经济目

---

① 参见韩立余:《从总干事选择看WTO决策机制》,载《法学家》2008年第2期。

② 参见林灵、陈彬:《试析WTO决策机制及其对多哈回合的影响》,载《世界贸易组织动态与研究》2008年第2期。

③ 参见张磊:《中国参与世界贸易组织决策机制的实践与策略:以多哈回合谈判为例》,载《世界经济研究》2011年第12期。

④ 参见余锋:《WTO表决制度论:民主的视角》,载《厦门大学法律评论》2007年第2期。

⑤ [爱尔兰]彼得·萨瑟兰等著:《WTO的未来——阐释新千年中的体制性挑战》,刘敬东等译,中国财政经济出版社2005年版,第89页。

⑥ “陈安教授在中国法学会世界贸易组织法研究会2007年年会上的发言”,载中国法学会网http://www.chinalawsociety.org.cn/research/shownews.asp? id = 338&cpage = 1;最后访问日期:2014年12月5日。

⑦ “骡马大会”是指“地区间的定期交流骡马等牲口的集市”。

标集体选择的制度安排”;[①]傅星国认为,WTO决策机制通过谈判制定涉及成员权利与义务的规则时所适用的实体性决策机制。[②]

上述几种对WTO决策机制的定义主要是从WTO多边贸易谈判回合的角度出发,认为WTO决策机制主要是谈判和交易的机制。笔者认为,鉴于多边贸易谈判及其成果是WTO决策中最重要的组成部分,此类定义能够比较清楚地揭示WTO决策机制的实质。

(三)WTO决策机制由正式的决策机制和非正式的决策机制构成

WTO正式决策机制是指WTO明文规定的,且有官方记录的决策机制,如“协商一致”和投票表决;WTO非正式决策机制则是WTO法律没有规定也没有官方记录但在实践中存在和被使用的机制,如“绿屋会议”等小型部长级会议等。[③]

笔者认为,此种定义是从WTO法律和实践两个方面归纳WTO决策的方式,是一种比较务实的界定方法。但是,这种定义难免会让人割裂正式决策机制和非正式决策机制内在的联系,产生WTO决策机制是双轨制运行的误解。此外,将“绿屋会议”等小型部长级会议定义为“非正式决策机制”实有不妥,将其界定为非正式的“磋商机制”其实更加准确。

此外,还有学者进一步分析了影响WTO决策机制的主要因素。蒋红梅分析影响WTO决策机制的因素包括:一是美国国家利益和国内政治。美国利用WTO决策机制,通过乌拉圭回合产生的众多协议建立了世界自由市场,最终加强美国公司在全球贸易中的竞争优势,甚至连欧洲和日本都认为GATT和WTO是美国公司全球霸权的设计图。二是发展中国家参与决策的意识增强。一方面,发展中国家成员的数量和经济实力逐渐上升,他们产生有效参与WTO决策的强烈愿望;另一方面,长期以来WTO决策机制的不民主性和不透明性将大多数发展中国家成员排除在议事日程之外,而这些议程的结果又深刻地影响他们的经济发展和人民生活。三是跨国公司和商业利益集团因素。跨国公司

---

① 蒋红梅:《论WTO决策机制改革》,载《世界贸易组织动态与研究》2004年第8期。

② 罗伯特考克斯和哈罗德雅各布森认为,国际组织的决策按照内容和性质可以分为骐达类型:代表性决策,象征型决策,程序型决策,规则制定型决策,规则监督型决策和操作型决策。傅星国认为,GATT/WTO的决策内容大多数是规则制定型决策,故从决策内容的角度给WTO决策机制的界定即是通过谈判制定涉及成员权利和义务的规则时所适用的实体性决策机制。参见傅星国著:《WTO决策机制的法律与实践》,上海人民出版社2009年版,第46~47页。

③ 参见傅星国著:《WTO决策机制的法律与实践》,上海人民出版社2009年版,第47页。

和商业利益集团或贸易联盟一直是影响政府或/和 GATT/WTO 多边贸易体制贸易政策的强大利益群体,这些实体从国家和国际两个层次上对与自己利益紧密相关的贸易政策和规则的决策进行积极的游说和院外活动。四是非政府组织因素。各种非政府组织的示威和游行给 WTO 决策带来了重要影响,这些组织在许多国家中是一股强大的政治力量,他们关心贸易对环境、人权、社会文化和可持续发展的影响,往往代表了各国普通公民的意愿,受到国际社会的支持。①

国外学者杰弗里·索特(Jeffery J. Schott)认为,WTO 决策机制是成员解决贸易体制管理问题和贸易谈判问题的过程。② 理查德·坦伯格(Richard H. Steinberg)进一步指出,"WTO 决策机制虽然是基于主权平等而建立,但是具有程序上有组织的虚伪性,是倾向于欧美等大国的"。③

综上所述,笔者认为学界对 WTO 决策机制概念的界定都着力于 WTO 决策机制的某个方面或者角度,缺乏对 WTO 决策机制概念全方位和综合性的认识。笔者尝试在已有的研究的基础上,对 WTO 决策机制概念进行重新定义。

二、本书对 WTO 决策机制概念的界定

基于《WTO 协定》第 9 条第 1 款规定了 WTO 两种决策方式,即"协商一致"和投票表决,并就两者的主次关系做出明确的界定,"协商一致"无可争议的是 WTO 基本的决策方式,投票表决是辅助性表决方式。而在实践中,WTO 几乎将"协商一致"作为"唯一"的决策方式,投票表决制度几乎被虚置。因此,本书对 WTO 决策机制概念的界定着力于对 WTO"协商一致"决策方式的界定。

(一)狭义的 WTO 决策机制

狭义的 WTO 决策机制是指 WTO 成员在部长级会议和总理事会等决策机构上对决议草案表示赞成或反对的制度,即"协商一致"中的"表决"阶段的制度。《WTO 协定》第 9 条第 1 款"协商一致"的脚注中规定,出席会议的成员均未"正式反对"拟议的决定,则有关机构应视为经协商一致对提交其审议的事项

---

① 参见蒋红梅:《论 WTO 决策机制改革》,载《世界贸易组织动态与研究》2004 年第 8 期。

② See Jeffrey J. Schott and Jayashree Watal, "Decision Making in the WTO", in Jeffrey J. Schott (ed), *The WTO after Seattle*, Peterson Institute, 2000, pp. 283 – 293.

③ Richard H. Steinberg, "In the Shadow of Law and Power? Consensus-based Bargaining and Outcomes in the GATT/WTO", *International Organization*, Vol. 56, No. 2, Spring, 2002.

作出了决定。狭义的WTO决策机制类似于传统的投票表决制度，只不过成员对WTO决议草案表示赞同或者反对的方式不是“投票”，而是是否提出了“正式反对”。如果没有成员提出“正式反对”，就推定为出席会议的成员同意通过决议草案。具体而言，“协商一致”的“表决”规则如下：

1. 参与“表决”的主体只能是WTO正式成员

其他决策参与者，如WTO总干事、秘书处、各机构主席、WTO观察员等，都没有参与“表决”的资格，凸显了WTO“成员驱动”的特性。

2. “表决”的主体是出席会议的正式成员

如果正式成员没有派代表参加会议则视为缺席，而缺席和弃权均不能阻止“协商一致”通过议案。①

3. 出席会议的正式成员没有提出“正式反对”

如果出席会议的正式成员要阻止通过决议，则必须以正式的方式提出反对。按照WTO的惯例，表示反对的形式有：在大会现场发言和在会场散发书面意见，②且在发言和书面意见中要明确表示反对拟议的决定。其中发言人是成员授权的人，如驻WTO的大使、公使或者其他委派人员。如果仅仅是以肢体语言，如拍桌子、大声咳嗽、喧哗等方式表示反对，则不能作为“正式反对”。但是需要注意的是，提出正式反对也不必然导致决议通过失败，因为通常相关主席会宣布休会，开始联合其他成员与反对方进行磋商，寻求与反对方关系友好的成员方进行斡旋，不排除为达成“协商一致”进行“交易”。赵维田教授曾经对“协商一致”做出如下解读：缺席会议者不计在内；保持沉默者或者弃权无碍于达成共识；必须提出正式的反对意见，私下摇头或表达不满，均不构成反对。③

从现实的情况来看，成员几乎没有动用过“正式反对”机制来阻止决议草案的通过，因为经过成员在提交“表决”之前的谈判阶段已经就各方的利益进行了协调，能够提交到部长级会议和总理事会等决策机构上“表决”的决议草案已经是“半成品”，其通过往往是畅通无阻的。因而，有学者认为在部长级会议等机构上“表决”通过决议草案类似于“橡皮图章”的程序。WTO决策中更具有实

---

① 现实中，不是每个成员都可以派出代表参与WTO决策机构的所有会议，有大约19个最不发达国家成员在日内瓦没有常驻代表团。

② 需要注意的是，《WTO协定》第9条第1款脚注中的“正式反对”并没有指明必须是书面的。

③ 参见赵维田著：《世贸组织（WTO）的法律制度》，吉林人民出版社2000年版，第37页。

质性意义的阶段在于多边贸易的谈判过程。

(二)广义的WTO决策机制

本书所要研究的是广义的WTO决策机制。广义的WTO决策机制除了包含狭义的决策机制外,更包括在决议草案提交"表决"前WTO成员就谈判议题进行谈判的程序和规则。但是《WTO协定》除了明确规定"正式反对"的"表决"规则外,没有规定如何进行谈判,整体上缺乏WTO的谈判规则或者机制(negotiation rules or mechanism),这不能不说是WTO决策机制甚至WTO整个体制的"缺憾"。

1995年成立的WTO是一个正式的国际组织,该国际组织的正常运转和职能发挥必须依靠完整的决策机制、执行机制和争端解决机制的运行。目前,WTO的争端解决机制运行高效,是多边贸易制度得到维护的司法保障,《贸易政策评审机制》的运行确保各成员能够遵照执行多边贸易制度,但是决策机制的运行却不尽如人意,尤其是2001年多哈回合开启后,多边贸易谈判进展缓慢,除了成员多议题广深等外因,决策机制本身的缺陷也是重要的原因之一。当一个机制无法运行或者推进工作的时候,就可能事实上导致一些其他问题的产生,而这些问题本应该通过外交或者"立法的规则制定"程序予以解决,但却又被提交至司法,而其本身可能并不适合通过司法机制予以解决。

笔者认为,WTO决策机制的主要缺陷在于没有制定和建构公平合理的谈判规则或者机制(negotiation rules or mechanism),实践中"非正式"磋商机制——"绿屋会议"等小型会议大行其道,谈判过程呈现出明显的"权力导向"(power driven),贸易大国以自身的经济力量为后盾,凭借雄厚的谈判实力纳入对自己有利的谈判议题,主导起草法律文本,将自己的意志通过不合理的决策机制上升为WTO的意志,再通过无条件的"最惠国待遇"推行成为每个成员都需要遵循的多边贸易的纪律。此外,"立法"阶段"悬而未决"的问题或者为规避矛盾而"笼统"设定的规则成为后续司法的依据,给WTO的争端解决机制也带来了无穷的"后患"。因此,不能不说WTO决策机制的缺陷导致了WTO的体制性失衡,它是事关WTO体制健康发展的重大问题。

李浩培教授曾经指出,"协商一致"决定程序的形成和运用因为经过的时间不长,尚未完全定型。这种程序如果运用得当,则能够使各国对一个具体问题的解决达成实质上的意见一致,它也有可能演变成为国际法的一个新的渊源。笔者认为,完善WTO决策机制的关键在于在"协商一致"下制定和建构公平合理的谈判规则或者机制,这个问题将在本书的第三章展开论述。

第二节 GATT/WTO 决策机制的起源和嬗变

一、GATT 时代的决策机制

在最初国际贸易组织(ITO)的决策方式上,美国提议采取与新成立的国际货币基金组织(IMF)相同的表决方式,即加权表决制度。英国也提出了类似的建议,要求在确定投票的份额上考虑各国的经济分量和规模,但是斯洛伐克、土耳其、黎巴嫩、伊拉克、萨尔瓦多、委内瑞拉和墨西哥等强烈反对,最终国际国际贸易组织未采取加权表决制。

1947 年联合国贸易与就业会议通过的《哈瓦那宪章》第七章"国际贸易组织"(Havana Charter for International Trade Organization, Chapter Ⅶ: The International Trade Organization)对 ITO 权力机构规定如下:由成员组成大会,每一成员拥有一票,大会按照出席和投票成员的多数作出决定;大会拥有国际贸易组织的职权;大会可以根据多数成员的投票,将其权责委托给行政委员会。行政委员会由大会选出的 18 个成员组成,其中 8 个贸易大国,另有 10 个成员由出席成员 2/3 多数投票选出。行政委员会的每一成员拥有一票,按照投票多数作出决定。非行政委员会的其他成员,应被邀请参加行政委员会对特别关注的任何事项的讨论,享有除了行政委员会成员投票权之外的全部权利。

1947 年《关税与贸易总协定》第 25 条吸收了《哈瓦那宪章》关于投票表决的规定:每个缔约方拥有一票,一般情况下,决定以投票的简单多数通过。但是实践中,GATT 一直采用"协商一致"方式决策,鲜用投票表决,因为当时的 GATT 仅有 23 个创始缔约方,都是第二次世界大战的战胜国,其间形成了一种团结和信任。这些缔约方的共同点在于都是发达国家或者潜在的发达国家,因而 GATT 也被称为"富人俱乐部"。[①] 自 1959 年开始,GATT 的"协商一致"决策机制形成了。从此以后,无论遭遇多严重的分歧,无论达成一致有多大的困难,GATT 都没有采取过投票表决的方式作出决定。"协商一致"慢慢成为一种决策的惯例,尽管它并未规定在 GATT1947 中。此外,"协商一致"之所以能够被富国采纳,还因为反殖民运动于 20 世纪 60 年代兴起,越来越多的发展中国家加入 GATT,在缔约方的数量上,发达国家渐渐成为"少数派",因此,一缔约

---

① Rorden Wilkinson, "The WTO in Crisis: Exploring the Dimensions of Institutional Inertia", *Journal of World Trade*, 53(3), 2001, p. 403.

方一票、多数决的投票表决制度显然对其不利。因此，在发达国家主导下，“协商一致”在多边贸易体制下得到了加强和巩固。

二、WTO时代的决策机制

《WTO协定》第9条“决策”第1款规定：WTO应继续实行GATT1947年所遵循的经协商一致作出决定的做法。除非另有规定，否则，如无法协商一致作出决定，则争论中的事项应通过投票决定。这是到那时为止，国际组织第一次将“协商一致”决策方式以宪章条文的形式固定下来，WTO成为第一个对“协商一致”正式给出详细、可操作定义的国际组织。WTO在体系上继承了GATT的制度，这其中也包括了重要的决策机制在内。笔者从以下方面展开分析。

（一）WTO决策机制对GATT决策机制的路径依赖

从制度变迁角度来看，WTO决策机制继承GATT决策机制是一种路径依赖（Path Dependence）①的表现。诺斯指出，所有的制度发展过程都是相关的和连续性的，以前的制度影响着现在的制度，现在的制度也影响着以后的制度。在政治、经济、文化等因素的多重影响下，制度变迁比技术变迁要复杂很多。形成制度的路径依赖的原因，一方面是源于行动者的理性限度；另一方面是源于制度转换的高交易成本。② 制度不可能凭空产生，几乎所有的制度都是经由历史经验的提炼创造出来的。此种历史经验，一方面是制度产生的前提；另一方面，又以引发先例、共同预期等方式形成着路径依赖，阻挠着制度进一步的有效变迁。组织制度的变迁同样也是如此，总是会在其变迁的过程中，受制度初始状态的影响和约束，由于经验累积导致的自我强化本性，形成组织制度的路径依赖。③

---

① 路径依赖最早来自自然科学领域关于物种进化的研究，在物种进化的过程中，会有一部分取决于物种基因的等级序列控制，物种会依此产生进化路径，这是路径依赖最初的本意。从经济学的角度，路径依赖指的是前一步沿着特定方向的运动将导致进一步的行动也沿着该方向。在一个回报递增的过程中，沿着同一方向进一步行动的可能性随着在那条道路上每次行动的开展而不断提高。这是因为当前活动与其他可能选择相比，其相对收益随着时间在上升，所以，回报递增的过程也是自我增强与正反馈的过程。See Waddingtonh, *The strategy of genes*, Cambridge University Press, 1957, p. 25.

② See North DC, *Institutions, Institutional Change and Economic Performance*, Cambridge University Press, 1990.

③ 参见王青梅：《组织决策非正式规则研究》，吉林大学2012年管理学博士学位论文，第137页。

路径依赖性使 GATT/WTO 决策机制的演变成为一个连续的过程，GATT 时期形成的“协商一致”的惯例被 WTO 继承，成为 GATT/WTO 的一种决策文化，从后来 WTO 决策活动的实践来看，无论情况多么艰难，如 1999 年 WTO 总干事的选择问题，其始终在坚持协商来谋求共识。

（二）贸易大国出于自身利益考虑

从成员规模和类型看，WTO 决策机制对 GATT“协商一致”决策方式条约化和制度化是贸易大国出于自身利益考虑的结果。1947 年 GATT 23 个创始缔约方中仅有 10 个是发展中国家，占总数的 43%；1973 年 82 个缔约方中有 56 个发展中国家，占 68%；1986 年乌拉圭回合开启时，发展中国家的数量达到了 72 个，占 73%；1995 年 WTO 成立时，发展中国家成员数量为 92 个，占据 77%；2003 年发展中国家成员为 111 个，占据超过 77% 的比例。截至 2016 年 7 月 29 日，WTO 的正式成员数量已经达到了 164 个，其中绝大多数都是发展中国家成员。研究表明，随着成员国数量的增加，要求全体一致的可能性将会降低，而采纳多数通过的可能性将得到增加。① 虽然从 WTO 成员数量上来看，WTO 已经适合采取多数决的方式更能体现民主和兼顾效率，但是考虑到成员类型所占比例，发达国家成员仅占 1/4，发展中国家成员为绝大多数，采取多数决无疑会使发达国家成员丧失对 WTO 的“控制”。因此，虽然 WTO 规定，经“协商一致”仍无法达成共识时，可以启动多数决的投票方式做出决策，但实际上 WTO 自成立以来，投票表决方式一直被“束之高阁”，其原因在于 WTO 中，发达国家成员在数量上远少于发展中国家成员。

第三节　WTO 决策机制的主要内容

上文从狭义和广义的角度界定了 WTO 决策机制的概念。广义的 WTO 决策机制，即部长级会议和总理事会等决策机构的“表决”规则以及“协商一致”中的多边贸易谈判规则，其中多边贸易谈判规则是本书所要探讨和研究的重点。笔者将从 WTO 决策的法律和实践，系统梳理、归纳和分析 WTO 决策机制的主要内容。

---

① See Daniel J. Blake and Autumn L. Paylon. *Decision Making in International Organizations*: *An Interest Based Approach to Voting Rule Selection*, Ohio State University, 2009, p. 24.

一、决策主体和决策机构

(一)决策主体

与国际货币基金组织和世界银行不同,WTO为"成员驱动"或"以成员为导向"的国际经济组织,即WTO的决策主体是WTO的全体成员,WTO的所有规则和制度都是由全体成员通过协商和谈判的方式达成的共识。这里的成员是指WTO正式成员,其他主体如WTO观察员、WTO总干事和秘书处职员、WTO各机构主席、非政府国际组织(Non-Governmental Organization,NGO)、WTO成员方国内地方政府、法人、自然人等,则不具有正式成员的资格。截至2016年7月29日,WTO已有正式成员164个。

成员参与WTO决策的主要方式是在WTO总部日内瓦派驻代表团,参加WTO的各种会议。在WTO日常事务中,成员派驻的代表团扮演着十分积极主动的角色,他们是WTO资源中极为重要的组成部分。常驻代表团人员数量和规模、专业素养、参与WTO会议的频率和国内政府对代表团的支持等因素对WTO的正常运行至关重要。没有充足和高素质的代表人员就不能充分和全面地参与WTO的众多会议。以下为WTO成员代表团情况的总体分析。

第一,从目前常驻代表团人员的数量和规模来看,常驻代表团人数最多的成员分别是巴西、韩国、日本、欧盟、美国、中国、越南、泰国、土耳其、加拿大及中国台湾地区。WTO的大多数成员都在日内瓦设有常驻代表团,但是少数非洲国家,如伯利兹、中非共和国、多米尼克、斐济、冈比亚、巴布亚新几内亚、塞拉利昂、多哥等没有常驻日内瓦的机构,只有极少数人员代表本国参与相关会议。有的成员如圣基茨和尼维斯、亚美尼亚、保加利亚、吉布提、纳米比亚,则仅有1个代表(见表1)。

表 1　WTO 部分成员常驻日内瓦代表团人员数量表①

单位：人

	常驻日内瓦代表团人员数量	常驻日内瓦机构
澳大利亚	9	有
巴西	24	有
加拿大	12	有
中国	17	有
欧共体	17	有
法国	7	有
德国	9	有
印度	10	有
意大利	6	有
日本	21	有
韩国	20	有
西班牙	11	有
瑞士	15	有
英国	9	有
美国	16	有
越南	15	有
台澎金马单独关税区	15	有
泰国	14	有
土耳其	14	有
伯利兹	2	无
中非共和国	2	无
多米尼克	1	无
斐济	5	无

① 资料来源：WTO 秘书处。

续表

	常驻日内瓦代表团人员数量	常驻日内瓦机构
冈比亚	4	无
格林达纳	2	无
几内亚比绍	1	无
巴布亚新几内亚	4	无
塞拉利昂	3	无
多哥	4	无
圣基茨和尼维斯	1	无
亚美尼亚	1	有
保加利亚	1	有
吉布提	1	有
纳米比亚	1	有

第二,从代表团人员的专业水平来看,由于乌拉圭回合谈判扩大了 WTO 的职能范围,WTO 会议除了数量不断上升外,专业知识水平也在逐渐提高,这对代表团人员专业素质提出了更高要求。

第三,从 WTO 会议的频率来看,1995 年 WTO 召开了 454 次需要翻译的会议,这意味着平均每周有 11 次会议以讨论各种议题(考虑到约有 10 周时间几乎不召开会议);1996 年上半年,会议数量为 415 次,比 1995 年上半年增长了 47%;①2001 年 WTO 举行了 400 个正式和非正式会议;2005 年 WTO 谈判的事项多达 20 个领域,涉及 60 个 WTO 机构、委员会、特别谈判小组和工作组等。②

第四,从成员政府对代表团的支持力度来看,该支持度取决于成员政府(或当局)对 WTO 事务的重视程度、对 WTO 所需要的资源的估量以及政府自身可承受的能力。然而对于许多成员,尤其是发展中国家和最不发达国家成员而言,维持驻日内瓦官员及其家庭所需要的费用是非常昂贵的,因此,即使成员有

① 参见[美]安妮·O. 克鲁格编:《作为国际组织的 WTO》,黄理平等译,上海世纪出版集团 2002 年版,第 48 页。

② See Robert Wolfe,"Crossing the River by Feeling the Stones:Where the WTO is Going after Seattle,Doha and Cancun",*Review of International Political Economy*,11(3),2004,p. 582.

融入多边贸易体制的意愿,但囿于经济实力限制也无法对其投入更多的人力和物力资源。

总之,WTO 成员的态度和意见决定了 GATT/WTO 工作日程中的每一个步骤。成员派驻代表团的数量、规模和素质在“以成员为导向”的 WTO 将直接影响自身参与谈判和协商的质量和水平。最不发达国家成员经常无力参与所有 WTO 召开的会议,实际上是放弃了一些问题的决策权。WTO 法律上决策主体看似平等,但是囿于谈判实力和技术的差别而实质上存在严重的不平等。乌拉圭谈判的最后阶段便例证了参与 WTO 谈判和决策是以成员实力为导向的,因为该回合的谈判结果实际上是由 GATT 之外的两大贸易主体——美国和欧盟决定的,“一直都很明显,在最难解决的政治纷争中,只有美国和欧盟达成某种和解,才会取得一致性的突破”。①

(二)决策机构及其主席

1. 决策机构

决策机构是国际组织根据基础协定设立的最高权力机关。决策机构的构成单位为全体成员国,但是成员决策权的大小因不同的国际组织而不同。决策机构的主要功能是向全体成员国提供讨论相关事项的平台,并就重大问题作出决定。根据《WTO 协定》第 9 条,WTO 的决策机构是部长级会议(Ministerial Conference)和总理事会(General council)。其中部长级会议是最高权力机构,一般两年召开一次会议,可以就多边贸易协定涉及的所有问题作出决定。部长级会议由所有成员主管对外经贸的部长们组成的,他们代表各成员在部长级会议中对 WTO 的事项行使表决权。在两届部长级会议之间,由总理事会代表其处理 WTO 所有事务,向部长级会议报告。总理事会也是由全体成员组成。总理事会还有其他两项专门职能即争端解决机构和贸易政策审查机构。总理事会根据不同的职权范围召开会议。总理事会下设 3 个分理事会向总理事会报告工作,即货物贸易理事会、服务贸易理事会、与贸易有关的知识产权理事会,分别处理各贸易领域协定的工作,由全体 WTO 成员组成。总理事会还下设 5 个委员会处理贸易与环境、贸易与发展、区域贸易协定、国际收支限制、预算财务与行政等事务,由 WTO 全体成员组成。

上述为 WTO 的常设决策机构,2001 年启动的“多哈回合”于 2002 年 2 月 1

---

① [美]安妮·O. 克鲁格编:《作为国际组织的 WTO》,黄理平等译,上海世纪出版集团 2002 年版,第 151 页。

日设置了非常设决策机构——谈判委员会(Trade Negotiation Committee, TNC),隶属于总理事会并向其汇报谈判进展。《多哈部长宣言》第46段规定:“所有谈判活动应该在隶属于部长级会议下的贸易谈判委员会进行。该委员会应建立适当的谈判机制以及监督谈判的进程。”TNC下设3个谈判小组(Negotiation Groups),即非农产品的市场准入组、规则谈判组、贸易便利化组和6个特别会议(Special Sessions)即农业、服务贸易、TRIPs、争端解决、环境、发展特别会议。多哈回合TNC只是总理事会下设的一个临时谈判机构,不能超越总理事会,总理事会全权负责向部长级会议汇报。

WTO的所有决策机构(部长级会议、总理事会、各分理事会、各委员会、工作组等)是向全体成员开放的(只有专家组、上诉机构和诸边贸易委员会不是对全体成员开放)。所有成员有权参与这些机构或者委员会、工作组的谈判,表达自身的诉求,与其他成员进行协商、讨价还价,直到相互妥协达成共识。但是事实上,WTO在实践中的决策活动是通过另一套非正式的磋商机制开展的,如小型部长会议、总理事会非正式会议、谈判委员会非正式会议、大使早餐会、非正式磋商会、一对一恳谈会等,这些会议的共同在于只有有限成员参与且往往是贸易大国,秘密进行,不公开不透明,法律文本在经过这些非正式会议讨论后往往是无阻碍地在部长级会议或者总理事会上达成共识并予通过。笔者将在下文相关章节分析这些非正式的磋商机制。

2. 决策机构的主席

部长级会议、总理事会、分理事会、委员会、工作组、谈判委员会、谈判小组和特会等决策机构都设有主席职位。谈判机构的主席是在“WTO成员中调停、斡旋、协调,推进共识”的人。① 主席作为谈判的中间人,要了解、收集、总结各方诉求,在各方意见已经达成“基本一致”的适当时机,通过主席案文的方式提出各方可能接受的方案,以推进达成共识。没有各机构的主席,成员可能各自为政,一盘散沙,难以发现利益共同点和妥协一致的契机。因此,各机构主席虽然不是决策主体,但是主席及其主席案文在WTO决策活动中起到非常重要的沟通作用,因此主席又被称为决策机制的“助产士”。

担任主席的人是来自各成员常驻WTO代表团大使或者其他级别的外交官,他们不占用WTO的财政预算,充分体现了“成员驱动”的性质。一般来说,

---

① See Pascal Lamy's Ministerial Conference Diary, Accessed October 3rd, 2014. http://www.wto.org/english/thewto_e/dg_e/pl_visitors_e/min05_blog_e.htm.

各机构选举自己的主席，而总理事会（包括 TNC 及其下属机构）、货物贸易理事会及其下属机构、服务贸易理事会及其下属机构的主席通过成员“协商一致”产生。[①] 大多数主席的任期是 1 年，但是 TNC 及其下属机构例外，TNC 主席由 WTO 总干事兼任，TNC 下属机构的主席的任期是两届部长级会议期间。[②] WTO 成员都希望自己的官员担任决策机构的主席，发达国家成员希望由发达国家成员的人担任，发展中国家成员希望由发展中国家成员的人担任主席，“南北之别”在主席甄选问题上很突出。目前，现任 WTO 主要常设机构主席来源国如下：总理会主席（加拿大），争端解决机构（墨西哥），贸易政策评审机构（马来西亚），货物贸易理事会（瑞典），服务贸易理事会（韩国），TRIPs 理事会（博兹瓦纳），TNC（WTO 总干事）。（见表 2）从主席的来源国来看，来自发达国家成员的常设机构主席有 3 个，来自发展中国家成员有 11 个；TNC 下属机构中，来自发达国家成员有 4 个，发展中国家成员 6 个；（见表 3）货物贸易理事会下属机构，发达国家成员 5 个，发展中国家成员 7 个；（见表 4）服务贸易理事会中，发达国家成员 3 个，发展中国家成员 1 个。（见表 5）

表 2　总理事会及其下属机构主席一览表[③]

总理事会	Ambassador Jonathan T. FRIED（加拿大）
争端解决机构	Ambassador Fernando DE MATEO（墨西哥）
贸易政策评审机构	Ambassador Mariam MD SALLEH（马来西亚）
货物贸易理事会	Ambassador Joakim REITER（瑞典）
服务贸易理事会	Ambassador Seokyoung CHOI（韩国）
TRIPs 理事会	Mr. Palai MOTHUSI（博兹瓦纳）
贸易与环境委员会	Ambassador Esteban CONEJOS（菲律宾）
贸易与发展委员会	Ambassador Pierre CLAVER NDAYIRAGIJE（布隆迪）

① See “Current WTO Chairpersons”, Accessed October 3rd, 2014. http://www. wto. org/english/thewto_e/secre_e/current_chairs_e. htm#top.

② Ibid.

③ Ibid.

续表

国际收支限制委员会	Ambassador Martin EYJÓLFSSON(冰岛)
区域贸易协议委员会	Ambassador Francisco PIREZ GORDILLO(乌拉圭)
预算、财政和行政委员会	Ambassador Francisco Alberto LIMA MENA(萨尔瓦多)
贸易和技术转让工作组	Ambassador Abdolazeez AL – OTAIBI(沙特阿拉伯)
贸易、债务和金融工作组	Ambassador Faizel ISMAIL(南非)
贸易谈判委员会(TNC)	Director-General Roberto AZEVÊDO(WTO 总干事)

表 3　谈判委员会(TNC)下属机构主席一览表①

市场准入谈判组	Ambassador Remigi WINZAP(瑞士)
规则谈判组	Ambassador Wayne MCCOOK(牙买加)
贸易便利化谈判组	Ambassador Esteban B. CONEJOS(菲律宾)
服务贸易理事会特别会议	Ambassador Gabriel DUQUE(哥伦比亚)
知识产权理事会特别会议	Ambassador Dacio CASTILLO(洪都拉斯)
争端解决机构特别会议	Ambassador Ronald SABORÍO SOTO(哥斯达黎加)
农特委员会特别会议	Ambassador John ADANK(新西兰)
棉花议题	Ambassador John ADANK(新西兰)
贸易与环境委员会特别会议	Ambassador Wiboonlasana RUAMRAKSA(泰国)
贸易与发展委员会特别会议	Ambassador Harald NEPLE(挪威)

① See "Current WTO Chairpersons", Accessed October 3rd, 2014. http://www.wto.org/english/thewto_e/secre_e/current_chairs_e.htm#top.

表 4 货物贸易理事会下属机构主席一览表①

农业委员会	Ms. Miriam CHAVES(阿根廷)
反倾销委员会	Ms. Parima DAMRITHAMANIJ(泰国)
海关估价委员会	Ms. Joanna K. Y. CHEUNG(中国香港)
进口许可证委员会	Mr. Tsotetsi MAKONG(莱索托)
市场准入委员会	Mrs. Alana HUDSON(新西兰)
原产地规则委员会	Mr. Ken CHANG - KENG CHEN(中国台北)
保障措施委员会	Mr. Alex YUN - HSING NI(中国台北)
卫生与植物卫生委员会	Mrs. Lillian BWALYA(赞比亚)
补贴与反补贴措施委员会	Mr. Marcus BARTLEY JOHNS(澳大利亚)
技术贸易比列委员会	Mr. Filipe RAMALHEIRA(葡萄牙)
与贸易有关的投资措施委员会	Mr. Víctor ECHEVARRÍA UGARTE(西班牙)
国有贸易企业工作组	Mr. Mohamed AL - SAADI(阿曼)
ITA 委员会	Dr. Frédéric PAYOT(瑞士)

表 5 服务贸易理事会下属机构主席一览表②

金融服务贸易委员会	Mrs. Caroline MCCARTHY(澳大利亚)
国内监管规则工作组	Mr. Christian WEGENER(丹麦)
具体承诺委员会	Mr. Felipe SANDOVAL(智利)
GATS 规则工作组	Mr. Saqer ALMOQBEL(沙特阿拉伯)

2002 年 TNC 通过的谈判机制的规定,其中包括对各机构主席的要求。主席必须确保公正和客观,按照部长们授权履行职责;应确保决策和磋商过程中的透明度和包容性,充分考虑成员驱动的特征;推进成员之间达成共识,应通过谈判过程中推动达成反映成员共识的案文;在向上级谈判机构汇报工作时,既要反映成员有共识的一面,也要反映成员有分歧的一面;各机构主席间保持密

① See"Current WTO Chairpersons",Accessed October 3rd,2014. http://www.wto.org/english/thewto_e/secre_e/current_chairs_e.htm#top.

② Ibid.

切合作。① 实践中,一个有能力促成有效结果的主席需要具备多种素质:一是需要愿意超越其国家利益,为在谈判中创造共识所需要的让步做出公正的和没有偏私的判断;二是主席必须不受到强势集团,尤其是发达国家成员的影响,认真听取各方的声音,在一个自下而上的过程中树立各成员的信心并形成对谈判的掌控能力;三是需要有能力利用各种谈判工具逐步地解决谈判中的障碍。

主席案文在推动 WTO 谈判中的作用很大。根据秘书处的解释,主席案文不是主席的建议也不是 WTO 的建议,而是主席将各成员的意见汇总后,根据以往的经验,判断哪些能达成一致,哪些不能达成一致。主席案文往往会被成员接受,作为谈判的基础,也有可能被成员推翻或者抛弃。总之,主席案文是自下而上的法律文本,主席可以反复修改案文直到各成员都满意为止。

二、WTO 决策辅助机构:秘书处和 WTO 总干事

(一)WTO 秘书处

WTO 秘书处是为各种决策机构提供技术和专业支持的日常机构,共有 22 个具体的部门,都处于从属和协助的地位。秘书处的具体职能是为发展中国家成员提供技术援助;统计和分析世界贸易发展情况,为公众和媒体提供相关信息;组织举行部长级会议;为争端解决程序提供法律帮助;为希望加入 WTO 的政府提供意见等。WTO 秘书处目前拥有 639 名工作人员,来自 70 个国家或地区,多数为经济专家、律师和国际贸易政策方面的专业人士。同时,秘书处中有大量从事服务工作的人,如信息、财政、人力资源和语言翻译等事务。秘书处每个部门都拥有至少 1 名高级管理人员(见表 6)。② 目前,在秘书处职员中,法国人最多,共有 175 名,其次是西班牙 43 人,瑞士 36 人,英国 65 人和美国 28 人,发展中国家成员中,菲律宾和印度人数最多,分别有 12 人,而中国为 10 人。③

---

① See Statement by the Chairman of the General Council, TC/C/1, 2002, 2.4.

② See "Overview of the WTO Secretariat", Accessed October 4th, 2014. http://www.wto.org/english/thewto_e/secre_e/intro_e.htm.

③ Ibid.

表6　秘书处部门以及工作人员分布情况表(截至2012年3月)①

单位:人

具体分支 (Division)	人员数量 (Regular staff)	高级管理人员数量 (Senior management and directors)
总干事	1	1
总干事办公室	12	1
副总干事办公室	4	4
加入部门	11	1
行政管理和一般服务部门	71	1
农业和商品部门	15	2
各委员会和TNC部门	13	1
发展部门	16	1
经济研究和数据统计部门	40	2
人力资源部门	21	1
信息和对外关系部门	27	1
信息技术服务部门	45	1
培训和技术合作机构	34	1
知识产权部门	14	1
语言、文档和信息管理部门	148	1
法律事务部门	17	1
市场准入部门	11	1
内部审计部门	2	
规则部门	18	1
贸易与环境部门	9	1
服务贸易部门	17	1
贸易政策评审部门	53	2
上诉机构	13	1

① See "Overview of the WTO Secretariat", Accessed October 4th, 2014. http://www.wto.org/english/thewto_e/secre_e/intro_e.htm.

WTO的秘书处职员数量在当今主要的国际经济组织中的日常行政机构中是最少的。截至2005年,国际货币基金组织和世界银行分别雇用了3000和8600名职员。[①] 这种巨大的差异源于WTO成员驱动型组织的特性,秘书处没有任何实质性的决策权,其主要的职责在于为组织的运行提供基本的协助工作。一位资深的WTO代表将WTO描述为一个各代表团拥有平等权利,并由秘书处提供服务的社团组织。各成员代表是秘书处的委托人。成员代表参与WTO活动的主要方式是具体参加到各个委员会的活动中,而各个委员会又是以具体议题的谈判为核心,秘书处的主要工作之一即是为各个委员会的谈判提供协助。与之相反,在世界银行中,没有这种委员会的组织,其职员主要工作是计划、管理贷款项目和相应的金融业务。

根据《WTO协定》第6条"秘书处"规定:总干事和秘书处的职责纯属国际性质,不得寻求或者接受WTO之外任何政府或任何其他权力机关的指示。WTO成员应尊重总干事和秘书处职责的国际性质,不得寻求在他们履行职责时对其施加影响。WTO秘书处虽然没有决策权,但是它掌握着全球贸易发展的全面情况和信息,这些都是WTO决策的重要依据。现实中,秘书处来自发达国家成员的人数比例大,这客观上为发达国家成员参与决策提供了方便,因此发展中国家成员经常批评秘书处的立场不中立,偏向发达国家成员。

(二)总干事是秘书处的最高领导

根据《WTO协定》第6条,部长级会议任命总干事,总干事任命秘书处职员。部长级会议通过总干事的权力、职责、服务和任期的条例。总干事向预算、财政和行政委员会提交年度概算和预算,并就此向总理事会提出建议;在争端解决程序中,总干事提供斡旋、调解或调停,协助成员解决争端;在专家组设立之日起20天内,争端方未就专家组成员达成协议,总干事应与DSB主席和有关委员会、理事会、争端各方磋商后,任命最适当的成员组成专家组;总干事与DSB主席和上诉机构磋商后制定上诉机构工作程序;在必要时任命仲裁人对中止减让程度做出仲裁;总干事负责保管相关批准文书、退出文书等。[②] 总干事在WTO决策活动中领导秘书处,起到倡议者、推动者和协调人的作用。[③] 虽然

---

① 参见[爱尔兰]彼得·萨瑟兰等著:《WTO的未来——阐释新千年中的体制性挑战》,刘敬东译,中国财政经济出版社2005年版,第111页。

② 参见《WTO协定》第14条第3款、第4款、第15条第1款。

③ 参见韩立余:《从总干事的选任看WTO的决策机制》,载《法学家》2008年第2期。

《WTO 协定》明确规定了总干事和秘书处是中立的,任何成员都不能对其施加压力,但是在总干事的角逐上,无论是发达国家成员还是发展中国家成员都是不遗余力,从 WTO 历届总干事的选任之争中便可见一斑:首任总干事在 WTO 成立之时难产,GATT 最后一任总干事萨瑟兰一直留任 1995 年 3 月 27 日,最后任命了意大利人鲁杰罗;1998 年 12 月开始第二任总干事选任,发展中国家成员和发达国家成员各有人选,僵持不下,最后决定由来自新西兰的穆尔和来自泰国的素帕猜分期担任;第三次总干事选任,发展中国家成员推选出 3 名候选人(分别来自巴西、乌拉圭和毛里求斯),发达国家成员推选 1 名候选人,最终由来自法国的拉米胜出。2013 年 9 月 1 日,来自巴西的罗伯托·阿泽维多(Roberto Azevêdo)开始担任为期 4 年的总干事职位,这是来自发展中国家成员的人第一次独立担任 WTO 总干事,体现出发展中国家成员在 WTO 中分量和发言权的日益强大。(见表 7)

表 7　GATT/WTO 历任总干事一览表①

	人名	任期	国籍
GATT 第一任	Eric Wyndham White	1948～1968 年	英国
GATT 第二任	Olivier Long	1968～1980 年	瑞士
GATT 第三任	Arthur Dunkel	1980～1993 年	瑞士
GATT 第四任	Peter Sutherland	1993～1995 年	爱尔兰
WTO 第一任	Renato Ruggiero	1995～1999 年	意大利
WTO 第二任—1	Mike Moore	1999～2002 年	新西兰
WTO 第二任—2	Supachai Panitchpakdi	2002～2005 年	泰国
WTO 第三任	Pascal Lamy	2005～2013 年	法国
WTO 第四任	Roberto Azevêdo	2013 年至今	巴西

三、决策内容及其决策方式

Robert Cox 和 Harold Jacobson 认为,国际组织的决策按照内容和性质可以分为 7 大类:代表型决策(representational),即成员加入和退出、秘书处组成等

① See "WTO Director-General", Accessed November 9th, 2014. http://www.wto.org/english/thewto_e/dg_e/dg_e.htm.

事项;象征型决策(symbolic),即在某个方面做出原则性表述的决策,如反殖民化;涉外型决策(boundary),即涉及该组织和其他国际组织之间关系的决策;程序型决策(programmatic),即各下属机构分配预算等的决策等;规则制定型决策(rule-creating),即在该组织成员之间创设权利和义务的决策等;规则监督型决策(rule-supervisory),即涉及监督成员执行和履行组织规章的决策;操作型决策(operational),即涉及该组织某个具体执行的决定。① John H. Jackson 教授对 WTO 决策内容做了以下 5 个方面类型的划分:对日常事务的处理;WTO 法律解释;弃权;协议附件的制定;新多边协议的谈判。②

《WTO 协定》相关条款对 WTO 决策内容及其决策方式有明确的规定。

1. 制定新的法律规则的"决策"

《WTO 协定》第 9 条第 1 款规定,WTO 继承 GATT1947 协商一致的做法,在协商不能达成一致时进行投票表决。部长级会议和总理事会的决定以投票数的简单多数作出,除非本协定或有关多边贸易协定另有规定。这是关于"决策"的基本条款。

2. 解释《WTO 协定》和多边贸易协定的"决策"

《WTO 协定》第 9 条第 2 款规定,解释《WTO 协定》和多边贸易协定的机构为部长级会议和总理事会,决策方式是 3/4 多数决。

3. 豁免 WTO 成员在《WTO 协定》和多边贸易协定下义务的"决策"

《WTO 协定》第 9 条第 3 款规定,成员申请豁免《WTO 协定》义务的,需要部长级会议以"协商一致"做出决策,协商不能达成一致,以投票数的 3/4 多数做出决策;成员如果申请豁免附件 1A、1B、1C 及其附件下的义务则分别在货物贸易理事会、服务贸易理事会和 TRIPS 理事会中进行决策,应以投票数的 3/4 多数做出。③

---

① See Robert Cox and Harold K Jacobson:"The Framework for Enquiry", in Paul. F. Diehl, *The Politics of Global Governance*, Lynn Rienner publisher, 1997, pp. 75 – 90.

② See John H. Jackson, "The Evolution of the World Trading System-the Legal and Institutional Context", *The Oxford Handbook of International Trade Law*, Oxford University Press 2009, p. 44.

③ 1995 年 11 月 15 日总理事会通过《关于〈WTO 协定〉第 9 条和第 12 条项下决策程序的决定》规定,今后豁免 WTO 协定或者任何多边贸易协定,以及新成员的加入都采取协商一致的方式作出决定,只有在无法达成协商一致的情况下才投票表决。这一规定不啻修改了《WTO 协定》第 9 条和第 12 条的规定。Decision-making Procedures under Article IX and Article XII of the WTO Agreement Statement by the Chairman—As Agreed by the General Council on 15 November 1995, WT/L/93.

4. 修正《WTO协定》和附件1、附件2、附件3和诸边贸易协定的"决策"

《WTO协定》第10条规定,成员和各理事会可以提出修正《WTO协定》和附件1,由部长级会议以"协商一致"做出决策,如果经协商不能达成一致,以投票数的2/3多数决做出决策,但是修正《WTO协定》第9条("决策"),GATT1994第1条(最惠国待遇),第2条(国民待遇);GATS第2条第1款(最惠国待遇),TRIPs第4条(最惠国待遇)必须是全体一致同意;修正附件2和附件3的"决策"是部长级会议以"协商一致"做出决策;加入和删除附件4的诸边贸易协定,由部长级会议以"协商一致"做出决策。

5. 加入WTO的"决策"

《WTO协定》第12条规定,加入WTO的决策机构是部长级会议,决策方式是2/3多数决。①

此外,成员之间的争端由DSB以"反向协商一致"方式作出决定。

综上所述,目前除了解释WTO法律适用投票表决外,WTO新规则的制定、豁免WTO成员的义务、新成员的加入、修正WTO法律的基本决策方式为"协商一致"。本书主要研究的是在WTO成员之间创设权利和义务的决策,这种决策涉及WTO新规则的制定,都是在多边贸易谈判回合(Multilateral Trade Negotiations Rounds)中进行的。

四、多边贸易谈判的基本程序

截至目前,GATT/WTO多边贸易体制已经进行了9轮多边贸易谈判回合。随着成员数量的增加和谈判议题的扩展,GATT/WTO谈判回合从开启到结束需要的时间日益变长:第一回合(1947年4月至10月);第二回合(1949年4月至10月);第三回合(1950年9月至1951年4月);第四回合(1956年1月至5月);第五回合(1960年至1961年);第六回合(1964年至1967年,肯尼迪回合);第七回合(1973年至1979年,东京回合);第八回合(1986年至1994年,乌拉圭回合);第九回合(2001年至今,多哈回合)。多边贸易谈判的基本程序大

---

① 1995年11月15日总理事会通过《关于〈WTO协定〉第9条和第12条项下决策程序的决定》规定,今后豁免WTO协定或者任何多边贸易协定,以及新成员的加入都采取协商一致的方式作出决定,只有在无法达成协商一致的情况下才投票表决。这一规定不啻修改了《WTO协定》第9条和第12条的规定。Decision-making Procedures under Article IX and Article XII of the WTO Agreement Statement by the Chairman—As Agreed by the General Council on 15 November 1995, WT/L/93.

致可以划分为以下几个阶段。

(一)谈判发起阶段

谈判发起阶段的主要任务是拟定谈判的议程,包括确定新的一个谈判回合的启动,成员方有兴趣的议题、谈判的时间、地点等。其中最为重要的是设置谈判议题或者确定谈判授权范围。乌拉圭回合自从1982年部长级会议开始,经历了5年的时间才最终确定谈判议题。多边贸易谈判回合的议题来自成员可能的动议。国际组织的动议是指针对特定问题而作的可能导致产生某种决定的建议或提议。国际组织中享有动议权的通常是成员国政府、组织内各机构、其他国际组织以及一定程度上的利益集团或个人。就多边贸易谈判而言,有权向WTO提出动议的主体是正式成员,非正式成员无权提出。成员向WTO提出动议主要是受到其国内产业和利益集团的影响,这些产业和利益集团需要在本国政府向WTO提出动议之前做好游说工作。

正式成员有权利就相关问题提出任何动议,但并不是所有的动议都会被授权成为WTO的谈判议题(Negotiating Issues)。WTO的谈判议题是需要各方"协商一致"同意的。但是一般来说,直到所有成员的利益都被涵盖在谈判授权的范围内,谈判的文本足够模糊以至于任何谈判方都不会提出反对,也不会对谈判结果造成损害时,针对谈判授权范围的共识才宣告完成。① 成员的动议如果能够授权成为谈判议题,也就意味着可能会在该领域为WTO成员创设新的权利和义务。换句话说,即可能发展成为WTO法律体系中正式规则和制度。在这个过程之中最为简单的方式是协商达成比较模糊的谈判授权范围,这一范围包括几乎所有成员的动议。然而,同时也要看到,动议即便被授权成为谈判议题也不必然成为最终WTO"'一揽子'协定"的组成部分,经过谈判,有的议题谈判的结果是被降级为诸边贸易协定或者彻底被WTO制度所抛弃。

从WTO的实践来看,要使自己的动议被授权为谈判议题,该动议不仅要考虑自己的实际利益,还要注意是否和其他成员利益有交集。能否获得足够多成员的支持是一项动议生死的试金石。由于立场相同或者相似,在WTO谈判中成员间联署提案、进行战略和战术上的协调是司空见惯的事情,而且这是一个

---

① 参见[美]约翰·H.巴顿、朱迪思·L.戈尔斯坦、蒂莫西·E.乔斯林、理查德·R.斯坦伯格著:《贸易体制的演进——GATT与WTO体制中的政治学、法学和经济学》,廖诗评译,北京大学出版社2013年版,第66页。

重要的游戏规则。在多边谈判的博弈过程中，要想实现自己的利益，就必须最大程度联合一切可以联合的力量。例如，在多哈回合中，发展中国家成员以集团方式联署提案的现象普遍存在，这些集团的成员拥有共同的立场。联合提案方式比他们在之前的谈判中各自发声的分量更足，更有可能成为 WTO 的谈判议题。[①] 如 2003 年 8 月，布基纳法索、贝宁、乍得和马里成立棉花四国(Cotton 4)向农业委员会提出了“Poverty reduction：sectoral initiative in favor of cotton”(TN/AG/GEN/6)(“减少贫困：棉花部门先行改革方案”)，要求美国等成员减少对棉花的出口补贴，以解决这些中西非国家棉花出口问题。Cotton 4 的主张得到了 G20、G33、非洲集团的支持，最终被列为 2003 年坎昆部长级会议的重要议题。经过各方谈判，最终于 2005 年香港部长级会议解决该问题，香港部长级会议宣言规定，发达国家成员于 2006 年取消棉花出口补贴。

(二) 核心谈判阶段

核心谈判阶段具体包括三个过程，这三个过程彼此相互渗透：第一，提出和完善涉及新领域或者管制方式的议案；第二，起草和完善具体提案(即法律文本)，明确具体的规则、原则和程序；第三，将一系列提案深化为“最后文本”，以便在谈判回合结束时交付通过。[②] 在这个过程中将具体落实多边贸易谈判议题中的原则、规则、纪律等内容，成员之间需要经过一个漫长的过程来进行反复磋商、协调、斡旋，充斥着对提案内容的反复修改以最终推动达成共识。

多边贸易回合的谈判是在各个具体议题的委员会、工作组等中开展的。《多哈部长宣言》第 46 段规定：“所有谈判活动应该在隶属于部长级会议下的贸

---

① 据有关资料显示，以农业议题谈判为例，截至 2010 年 12 月 31 日，以集团联署方式提案有：Communication from the G20 (TN/AG/GEN/9); Committee on Agriculture-Special Session-Joint Communication from the G33, African Group, ACP, and LDCs on Special Products and the Special Safeguard Mechanism (TN/AG/GEN/17); Committee on Agriculture-Special Session-Negotiating Proposal by Recently Acceded Members (RAMs) (TN/AG/GEN/24); Sub-Committee on Cotton-High-Level Session on Cotton – 15 – 16 March 2007 – Communication from the G20 (TN/AG/SCC/GEN/9); Committee on Agriculture-Special Session-G33 Proposal on Special Products (TN/AG/GEN/27); Committee on Agriculture-Special Session-G33 Proposal on the Treatment of SSM Provided to the SVES (TN/AG/GEN/29); Committee on Agriculture-Special Session-Refocusing Discussions on the Special Safeguard Mechanism (SSM): Outstanding Issues and Concerns on its Design and Structure-Submission by the G33 (TN/AG/GEN/30) 等。

② 参见[美]约翰·H. 巴顿、朱迪思·L. 戈尔斯坦、蒂莫西·E. 乔斯林、理查德·R. 斯坦伯格著：《贸易体制的演进——GATT 与 WTO 体制中的政治学、法学和经济学》，廖诗评译，北京大学出版社 2013 年版，第 66 页。

易谈判委员会进行。该委员会应建立适当的谈判机制以及监督谈判的进程。”TNC下设3个谈判小组(Negotiation Groups),即非农产品的市场准入组、规则谈判组、贸易便利化组(新设)以及6个特别会议(Special Sessions)即农业、服务贸易、TRIPs、争端解决、环境、发展特别会议(常设的农业、服务贸易、TRIPs、争端解决、贸易与环境、贸易与发展委员会或者理事会的特别会议)。这些工作组、委员会和特会等都是开放给全体成员和观察员参与谈判的。实践中,WTO体制下谈判机制严重缺位,催生了一些非正式的磋商会议“主导”着谈判过程,如非正式部长会议(小型部长会议)、总理事会非正式会议(总理事召集主要方大使参加的大使绿屋会议)、谈判委员会非正式会议(TNC主席召集主要方团长参加的绿屋会议)、大使早餐会、谈判各机构主席召集的非正式磋商会以及谈判各机构主席举行的“一对一恳谈会”等。① 其中“绿屋会议”(Green room)最为典型,目前它由20~35个WTO主要成员参与。

在“绿屋会议”主导下的WTO多边贸易谈判的过程可以用图3来展示。各成员可就谈判议题提出议案,相关议题机构的主席汇集各方观点,根据个人的谈判经验,分析哪些问题可以达成一致,哪些问题不能达成一致,在此基础上起草“主席案文”,作为后续协商和谈判的基础。在此过程中,机构主席将会根据议题邀请主要贸易方和与议题有利益关系的成员进行各种形式的小范围磋商,通常是举行“绿屋会议”。如果与会方经过谈判可以达成一致,那么起草的提案将被提交TNC和部长级会议“表决”通过;如果与会方无法达成一致,那么将会产生以下几种结果:一是进过谈判,反对方放弃反对意见,议案最终提交TNC和部长级会议通过;二是反对方不放弃反对意见,主席案文经过反复修改直到各方接受,然后提交通过;三是反对方不放弃反对意见,各方没有办法达成一致,那么谈判结果最终降级为诸边贸易协定;四是各方的分歧无法弥合,谈判陷入“僵局”。

① 参见傅星国著:《WTO决策机制的法律与实践》,上海人民出版社2009年版,第91页。

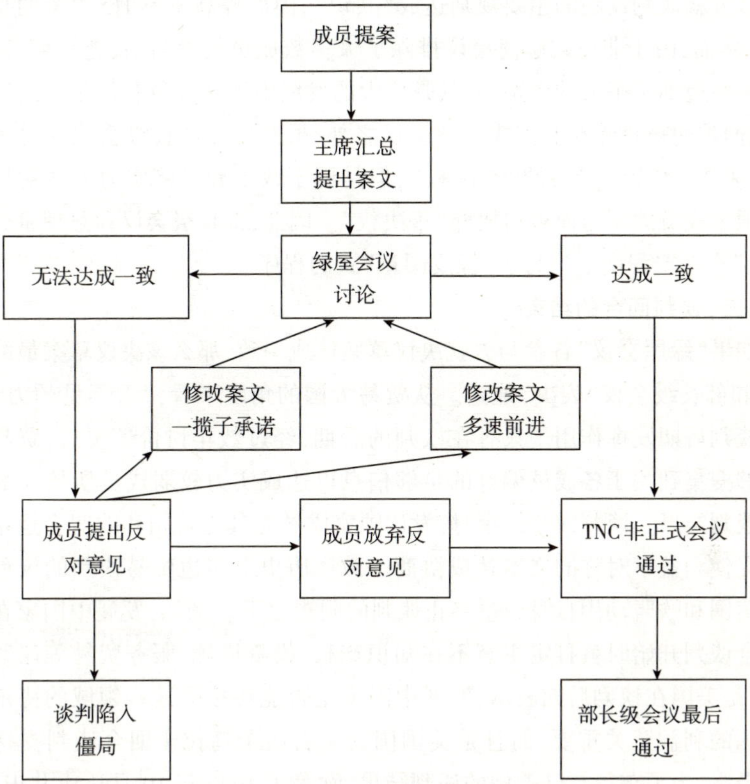

图 2　WTO 多边贸易谈判过程图①

按照开会的级别和开会的地点，"绿屋会议"可分为"团长级绿屋会议"(HOD,Head Of Delegates)和"部长级绿屋会议"。前者由约 20 个 WTO 成员常驻日内瓦代表团的大使参与；后者由少数成员的经贸部长参与，开会的时间和地点可在 WTO 部长级会议期间举行，也可在 WTO 之外，例如，在 OECD 部长理事会、APEC 贸易部长会议、达沃斯世界经济论坛等场合召开。②

发达国家成员普遍认为，"绿屋会议"等非正式磋商机制大大"方便"了主

---

① 参见傅星国著：《WTO 决策机制的法律与实践》，上海人民出版社 2009 年版，第 92 页。

② See "Whose WTO is it anyway?" Accessed March 2nd,2013. http:// www. wto. org/english/thewto_e/whatis_e/tif_e/org1_e. htm.

要成员方就谈判议题的主要规则达成“共识”，因而提高了 WTO 决策的整体效率。① 然而，由于非正式磋商会议排除了大多数成员的参与，其透明度、民主性和公平性遭到了很大的质疑，尤其是广大的发展中国家成员和最不发达国家成员，他们长期被排除在非正式磋商会议之外，虽然可在部长级会议和总理事会上的“表决”中享有最后的“否决权”，但是囿于政治和经济实力无法对抗来自发达国家成员的压力而被迫放弃“否决权”。因此，部长级会议和总理事会上的“表决”在一定程度上沦为了“橡皮图章”式的程序。

（三）谈判回合的结束

如果“绿屋会议”各参与方就决议草案达成一致，那么该决议草案最终提交 TNC 和部长级会议“表决”通过。从贸易大国的角度来看，“看不见的力量”可以在谈判后期发挥作用。只有在谈判的后期，经过数年讨价还价后，贸易大国才能够搜集到关于各成员偏好的足够信息以达成实力较弱成员所接受的不对称的谈判结果。谈判回合结束时，发达国家成员尤其是美国和欧盟会运用各种力量促使利益不对称的文本达成协商一致。历史上多边贸易谈判的议程始终处于美国和欧盟动用自身力量终止谈判的阴影之下。例如，发展中国家在乌拉圭回合谈判开始时就打定主意不在知识产权、投资措施、服务贸易等议题上让步，但是美国在谈判后期表示，发展中国家是否能够接受这些领域的协定不仅对美国的利益至关重要，而且是美国国会是否给予乌拉圭回合谈判支持的关键。最终，为了获得自己希望的谈判结果，欧美于 1990 年 10 月达成共识，承诺运用各自的市场力量，按照双方认可的条件，以“‘一揽子’承诺”方式终止乌拉圭回合的谈判。②

五、议案的“表决”

（一）“协商一致”表决方式

经过多边贸易谈判后，只要决议草案被提交到部长级会议和总理事会上“表决”，其通过往往是畅通无阻的，因为在谈判过程中各成员已经基本解决了

---

① See “Whose WTO is it anyway?” Accessed March 2nd, 2013. http:// www. wto. org/english/thewto_e/whatis_e/tif_e/org1_e. htm.

② 参见[美]约翰 · H. 巴顿、朱迪思 · L. 戈尔斯坦、蒂莫西 · E. 乔斯林、理查德 · R. 斯坦伯格著：《贸易体制的演进——GATT 与 WTO 体制中的政治学、法学和经济学》，廖诗评译，北京大学出版社 2013 年版，第 69 页。

分歧和争议,如果存在重大的冲突,机构主席将不会认为达成“基本一致”而提交给部长级会议。但是,“表决”是“协商一致”的最后一道“防火墙”,它赋予了任何成员在部长级会议提出正式反对意见以阻挠议案通过的权利。如果 WTO 成员感觉自己的诉求在多边贸易谈判的过程中被忽略了或者自己的利益没有得到满足,则完全可以使用“正式反对”的方式阻止决议通过和生效。

然而,这种“否决权”在实践中几乎没有被成员使用过。发展中国家成员和最不发达国家成员纵然感觉决议对自己不利也“保持沉默”。笔者认为,其原因有如下几方面:一是发展中国家成员或者弱小成员对谈判信息掌握不足,且在根本上缺乏谈判能力,无力有效的参与谈判,因此对谈判结果只能放任而为;二是他们一方面被发达国家成员通过“优惠待遇”而“贿买”,另一方面又惧怕发达国家成员的政治或者经济报复。① 实际上,发展中国家成员和最不发达国家成员并不是在“表决”阶段放弃了“否决权”,而是在前期的谈判阶段就已经游离于“游戏规则”之外,因为多边贸易谈判过程被发达国家成员和主要贸易方所主导,弱小成员“早已”失去了“话语权”。

(二)被虚置的投票表决制度

《WTO 协定》第 9 条规定,在协商不能一致的情况下进行投票表决。“协商一致”和投票表决是 WTO 决策的双保险。对于议案的反对者来说,“协商一致”下的“否决权”和协商不能下的投票表决为他们提供了“双重保证”。然而,如上文所述,“协商一致”下的“否决权”实际上很少被有效使用,决议总是畅通无阻的通过,这意味着 WTO 的投票表决制度在事实上更加形同虚设。从 WTO 成立至今,无论遭遇多么艰难的情况,决策总是以“协商一致”方式完成,如 1999 年总干事的任命,发达国家成员和发展中国家成员的重大分歧造成了 10 个月的僵局,即使在部分成员坚决要求投票表决的情况下,WTO 最终仍然没有进行投票。

从更深层次的原因分析,WTO 成立至今,成员数量增长了 6 倍,发展中国家成员在数量上占据绝对多数,发达国家成员仅占 1/4,“一成员一票,多数决”表决制无论如何都是使发达国家成员处于“少数派”地位。因此,发达国家成员绝对不会在其没有把握的事项上贸然进行投票表决。出于决策效率的考虑,虽

---

① See South Centre, “Comparative Assessment of Developing Country Participation in the Governance of Global Economic Institutions”, Accessed October 28th, 2013. http://www. g24. org/TGM/scen0806. pdf.

然投票表决制度是WTO决策的最后选择，但在现实中却变成了最不可能的选择。

第四节 WTO决策机制面临的主要挑战

GATT/WTO于2001年开启第九轮多边贸易谈判回合，与以前谈判回合最明显不同的是该轮回合被冠以“多哈发展回合”（Doha Development Agenda）。这种冠以一种倾向和趋势的命名方式在GATT/WTO谈判回合属于首次，也是第二次世界大战后第一次将发展问题置于谈判回合的中心位置。[①] 的确，解决好发展中国家成员的发展问题已经成为WTO多边贸易体制在当前的国际经贸政治和经济情势下面临的主要挑战。可以说只有解决了发展中国家成员的地位、待遇问题，WTO多边贸易体制才能被继续推进，否则只能故步自封。从发展中国家成员参与WTO规则制定的角度来看，从GATT世袭而来的WTO决策机制总体上仍然是大国主导的政治机制，发展中国家成员有效参与其中还面临着诸多制度障碍。

一、欠缺公正合理的谈判规则

虽然WTO成立仅有20年的历史，但是已经逐步形成一套自称体系的法治模式，如建立完善的组织结构，规定其职权范围，建立强而有力的争端解决机制，提出对各成员国内法治的深度要求等，在推进多边贸易法治进程中成就显

---

① 国内有不少学者据此认为，此轮回合主要是为了解决发展中国家成员的问题，甚至提出这是发展中国家成员在WTO中的一次重大胜利。例如，左海聪教授认为，若多哈回合能够解决WTO实践中所暴露出来的立法问题，填补必要的法律空白，有效平衡各方利益，尤其是对发展中国家利益能给予特别保护，那么这一回合的谈判在多边贸易体制的发展史上将是一座丰碑。参见左海聪：《发展中国家和中国在多哈回合的谈判目标和策略展望》，载《国际经济法学刊》2004年第10卷；黄志雄教授认为，多哈回合谈判作为战后多边贸易体制进入“WTO时代”以来发起的首轮多边贸易谈判，也是多边贸易体制历史上第一次以“发展”而不是“贸易自由化”为主题的谈判，奠定了其不可取代的历史地位。参见黄志雄：《效率与公平视角下的WTO多哈回合谈判和多边贸易体制完善》，载《武汉大学学报》（哲学社会科学版）2008年第5期。然而，也有学者指出多哈回合的议题过于广泛，不利已“发展”议题的解决。如曾令良教授认为，多哈回合必须从谈判议题的确定上突出“发展”这个主旨，必须精简谈判议题，也就是果断取消“新加坡”议题，保留分歧较小的议题和执行议题，从而保证发展问题在议程这个前提环节上能得到充分协商和最大限度的解决。参见曾令良：《多哈发展回合的困境和出路》，载《理论月刊》2004年第7期。

著。[1] 但是,目前WTO的法治远非完美。从WTO已经建立的决策机制、执行制度和争端解决机制的比较看,争端解决制度运行高效和规范,成为WTO体制有力的司法保障,是WTO法治中的一颗璀璨的"明珠",但是与之形成鲜明对比的是WTO决策机制运转低效,除了在药品专利和公共健康问题上和中国入世的决策中取得了成功外,迄今为止WTO多哈回合的谈判和决策进度缓慢,并一度陷入僵局,停滞不前。分析"多哈僵局"的原因主要有以下三方面:一是谈判议题错综复杂,从货物贸易到服务贸易再到知识产权保护,从单纯的边境措施到一国国内政策,从消极义务到积极义务;二是成员数量增加,从GATT最初的23个缔约方到如今164个成员,谈判议题涉及南北两类国家的实质性利益;三是WTO治理结构本身存在缺陷。虽然WTO规定了可操作性的"协商一致"决策方式,但是仅仅明确的是决议草案"表决"过程中的规则,属于狭义的决策机制。对谈判规则却没有明确的规定,这为主要贸易大国或者发达国家成员操纵和控制谈判进程提供了便利。

WTO制度体系上的失衡突出表现为谈判规则的缺位。在缺乏规则的情况下,权力像一只无形的手主导着谈判和决策过程。现实中,GATT/WTO的谈判进程严重依赖于一系列习惯性做法,如小型的、非正式的谈判会议。由于参与人数有限以及内容不公开透明,这些会议看起来像"密室会议"。WTO秘书处和发达国家成员认为"绿屋会议"在协调不同成员立场,最终促成共识上发挥了极其重要的作用:先在少数几个成员之间取得突破,然后推广到其余成员,最后通过协商一致达成共识。"绿屋会议"和正式会议是分不开的,是委员会、分理事会、总理事会乃至部长级会议达成共识必不可少的一个步骤。[2] 但是发展中国家和最不发达国家成员一直严重质疑"绿屋会议"的民主性和透明度。发达国家成员仰仗经济实力,利用"绿屋会议"设置有利于自己经贸利益的议题,并就议题的规则在小范围达成一致后再上升为整个多边贸易体制的纪律。他们不断地利用这一套失衡的体制,强化着对自己有利的贸易领域,弱化和压榨与发展中国家成员民生息息相关的农业和纺织品等领域。诺贝尔经济学奖得主斯蒂格利茨(Joseph E. Stiglitz)谈道:西方国家在过去推动全球化方案时,的确比较重视确保自己能攫取大部分的利益,而牺牲发展中国家。工业先进国一方

---

① 参见曾令良:《WTO法治面临的主要挑战及其应对》,载《法学杂志》2011年第9期。

② See "Whose WTO is it anyway?" Accessed October 8th, 2014. http://www.wto.org/english/thewto_e/whatis_e/tif_e/org1_e.htm.

面拒绝对发展中国家的商品开放市场，诸如对从纺织品到糖类等多种产品设定进口配额；另一方面却坚持对方为他们的商品敞开大门。此外，工业先进国家持续补贴本国农业，使发展中国家的农产品难以竞争，但却要求对方取消工业品补贴。①

国际经济秩序是否能够稳定与和平，关键在于能否在抑制霸权的基础上共享贸易带来的利益。② 鉴于被长期边缘化的状况，发展中国家成员近十几年来不断要求改革 WTO 决策机制，建立一套合理的谈判规则，改变 GATT/WTO 谈判“以权力为导向”的状况。如果没有一套规则约束，无疑将进一步加剧发达国家成员和发展中国家成员在谈判实力上原本既已悬殊的状况。

二、决策过程缺乏民主性和透明度

联合国前秘书长加利认为，在国家层次上建立民主体制有助于保证发展战略的制定考虑到不同社会群体的需要。在国际经济体系中，民主可以意味着发达国家和发展中国家的关系不是援助关系而是合作关系。所以民主化能够帮助保证最贫困的国家在国际体系中也会有一个日益强大的声音，它能够帮助保证国际体系不会置世界的一大部分于不顾，由它自生自灭，而会切实的推动所有国家的融合与参与。③ 既然目前没有比民主更好的制度，那么国际组织的制度构建也不应当背离民主而独行其道。国际组织的决策机制也应该遵循民主的轨迹。国际社会的决策民主的核心理念是决策能够满足最大多数成员的要求和体现最大多数成员的意志。④

考察狭义的 WTO 决策机制的民主性，韩立余教授认为，“协商一致”决策可能产生的结果是一国反对导致集体反对，因此在实质上是“一国否决制”。⑤还有学者认为“协商一致”重大缺陷在于不出席或者缺席的成员的意见不被包

---

① 参见[美]斯蒂格利茨：《全球化的许诺和失落》，李明译，台北大块文化出版股份有限公司2002年版，第26页。

② 参见余锋：《WTO决策法律制度的民主问题研究》，厦门大学2007年国际法博士学位论文。

③ 参见[埃及]加利：《联合国与民主化》，载刘军宁编：《民主与民主化》，商务印书馆1999年版，第328页。

④ 参见常景龙：《世界贸易组织DSU修正决策机制的变革》，载《国际经贸探索》2011年第8期。

⑤ 韩立余：《世界贸易组织制度中集体性与个体性的冲突与协调》，载《WTO法与中国论坛》文集——中国法学会世界贸易组织法研究会年会论文集，武汉，2007年5月1日。

含内，若成员的缺席是因为资源问题或没被通知等客观原因，那么成员将对获得通过的共识“懵然不知”。[①] 有学者建议，WTO 应该采取积极的协商一致，即“对于正在讨论的决议草案，应该需要得到成员方积极表示支持才能被认为是得到了通过，而不仅仅是成员方不反对或者保持沉默”。[②] 笔者认为，相较于其他国际经济组织，GATT/WTO“协商一致”决策方式总体上体现了国家主权平等的原则，任何国家在理论上均拥有同样的否决权，“协商一致”保护着每一个成员。但是从历史和现实的角度来考察，发达国家选择“协商一致”并不是出于尊重主权平等和实现决策民主的考虑，而是为了避免多数表决制造成的其位于少数派地位的劣势。而对于发展中国家而言，赞成“协商一致”的主要考虑是担心采取其他不被发达国家成员接受的表决机制，他们可能会离开 WTO 多边贸易体制而转向其他仅有少数或者根本没有发展中国家的国际组织。实践中，发展中国家成员也几乎没有在“表决”阶段使用否决权阻止达成共识。因此，狭义的 WTO 决策机制在理论上尊重了主权平等和民主决策，但是在现实中却不能充分实现民主决策。

但是从广义的决策机制来看，其民主性欠缺集中体现在“绿屋会议”等非正式磋商机制中。WTO 是成员驱动型组织，决策应该由所有成员做出，不能由少数成员做出。但是由少数成员参与的“绿屋会议”越权代为“决策”的现象却是不争的事实。新加坡会议的大多数谈判都是在“绿屋会议”中发生的，贸易与劳工标准、贸易与投资问题则在比“绿屋会议”更小的会议中进行谈判。西雅图部长级会议的失败就是“绿屋会议”危机爆发所导致的。虽然近年来“绿屋会议”有了新的发展，参与方不再集中于几个发达国家成员，而是根据所讨论的议题邀请相关的发展中国家成员和最不发达国家成员代表参加，但是大国主导仍然是其不变的轨迹。“绿屋会议”性质上仅为一个“磋商”程序，少数成员磋商的结果并不能代表全体成员的共同意志，尤其是参与方多为发达国家成员的情况下。

此外，《多哈部长宣言》第 49 段规定：“谈判应在参与方之间以透明的方式进行，以便利所有参与方的有效参与。”WTO 的正式会议在透明度和会议记录

---

① 参见伍穗龙：《世界贸易组织协商一致决策机制的问题与改革》，载《求索》2012 年第 6 期。

② Amrita Narlikar, “WTO Decision-making and Developing Countries”. Accessed March 2nd, 2013. http://www.southcentre.org/index.php?option=com_content&task=view&id=367&Itemid=67.

等诸方面有一套严格规范的程序,但是“绿屋会议”缺乏透明公正的会议规范:选择参与会议成员的标准无从知晓;会议讨论没有记录;会议决策不透明,尤其是发展中国家成员无法参与议题文本的起草。这种不透明导致了不公平的结果,即被排除在外的多数成员只能选择“同意”或者“不同意”由少数成员方通过的提案。例如,在乌拉圭回合期间,“GATT内部以正式或者非正式的活动方式推动谈判的方向,但是所有的活动都远不是秘书处所提供的会议服务和保持会议记录的基本功能”。①

缺乏民主参与和透明的谈判过程往往易被操控,使个别意志上升为集体意志,从而抹杀了民意。② 虽然WTO作为国际组织具有独立法律人格,但是这种独立人格在决策机制中被强大的贸易大国所滥用。民主结构的缺失导致不公正的贸易规则和其他规则的产生。③ 当今的国际贸易利益分配机制受旧有的国际经济格局支配,只有对国际贸易利益分配机制进行必要的改革才能真正共享贸易利益。在价值多元的背景下,对某种结果正当性的认同很大程度上只能依赖于对产生相关结果之程序的确定性与恰当性的认可。④

三、决策效率低下

随着国际组织规模的不断扩大,成员方不但数量增加且经济和文化差异也各有不同,达成全体一致就必须在这些利益各异的成员方之间进行“艰难困苦”的谈判、协商和磋商,决策成本无疑要比以往要高得多。⑤ 在国际组织的决策中,实现“协商一致”所需的协调成本比其他表决制度高,而且大部分时候,这些协调都会无功而返。⑥

WTO的决策效率问题在漫长的多哈回合中暴露无遗。“新加坡议题”的沉浮,贸易与劳工标准问题无功而返,农产品补贴上的激烈较量,该回合议题范围

---

① 参见[美]安妮·O.克鲁格编:《作为国际组织的WTO》,黄理平等译,上海世纪出版集团2002年版,第151页。

② 参见王中美:《国际经济组织的决策机制研究》,载《国际论坛》2005年第4期。

③ 参见[美]约瑟夫·斯蒂格利茨:《全球化与发展》,载[英]戴维·赫尔德著:《驯服全球化》,童新耕译,上海世纪出版集团2005年版,第34页。

④ 参见[美]夏皮罗:《民主理想的构成要素》,载[加]A.布莱顿等著:《理解民主——经济与政治的视角》,毛丹等译,学林出版社2000年版,第228~229页。

⑤ 参见余锋:《国际组织的多数决新解》,载《时代法学》2011年第1期。

⑥ See Daniel J. Blake and Autumn L. Payton, “Decision Making in International Organizations: An Interest Based Approach lo Voting Ride Selection”, Ohio State University, 2009, p. 26.

之广,南北矛盾之剧烈,超过了以前任何一个谈判回合。WTO 决策内容不断扩张,多边贸易纪律不断延伸,WTO 成员数量的逐渐上升,利益错综复杂等都是多哈谈判低效推进的重要原因。如果 WTO 不能解决决策低效的问题,那么成员转而发展区域贸易组织的趋向将更加明显,WTO 多边贸易体制可能会受到"冷落"。笔者认为,这需要 WTO 成员适度转变参与多边贸易体制的观念:作为发达国家成员应当首先摒弃霸权、强权旧模式,以保证 WTO 全体成员共同利益的实现前提,做出更多实质性让步,并坚持成员间的良性合作发展,从而为多边贸易体制的稳定和可持续发展做出更大贡献;而发展中国家成员在不断提高自身谈判实力的同时,应该努力去适应国际市场竞争规则,防止以极为保守的方式捍卫国家利益,减少过度的贸易保护。WTO 决策机制改革也必须适应成员数量和结构的新变化,建立一套兼顾公平和效率的谈判规则。目前学界和实务界就改革 WTO 决策机制问题有许多建议,例如,改革"绿屋会议"等非正式磋商机制,改进"'一揽子'承诺"和"主要供应国原则"谈判模式,建立和完善成员谈判集团等。

此外,WTO 决策的效率也与秘书处的人力资源有着直接关系。横向比较 IMF 和世界银行工作人员数量及其年度预算,可以发现 WTO 处于"三少"境地,即人力资源最少、年度总预算最少、人均年度预算最少。《WTO 的未来》报告认为秘书处所负担的提供技术援助的职责没有较好地发挥实际功效,因此建议提高 WTO 预算费用和增加人手。①

综上所述,WTO 决策机制目前面临的挑战集中表现为多边贸易谈判过程的民主性、透明度和效率问题,其中民主性和透明度问题主要是发展中国家成员有效参与谈判的问题。

---

① 参见[爱尔兰]彼得·萨瑟兰等著:《WTO 的未来——阐释新千年中的体制性挑战》,刘敬东等译,中国财政经济出版社 2005 年版,第 120 页。

第三章　WTO决策机制下多边贸易谈判规则问题

第二章中分析“多边贸易谈判基本程序”可以分为三个阶段：谈判发起阶段；核心谈判阶段；谈判回合结束阶段。无论从发起谈判阶段的议题设置，还是核心谈判阶段中各成员方就相关议题的决策草案讨价还价，抑或谈判结束阶段最终法律文本的达成，无不烙印着“权力导向”的痕迹。发达国家成员以自身市场力量为后盾，以中止或者终结谈判回合为威慑，让其他成员方不得不接受“失衡”的谈判结果，这一点显见于乌拉圭回合的谈判结果中。缺失合理公正的多边贸易谈判规则或机制是导致谈判过程“权力导向”的体制性因素。“多哈回合”开启以来，改革“权力导向”呼声越来越高，以下笔者就目前多边贸易谈判程序中的主要规则——“‘一揽子’承诺”“绿屋会议”和“主要供应国原则”及其改革进行分析，以期为多边贸易谈判从“权力导向”转变为“规则导向”提供一些参考和线索。

第一节　“‘一揽子’承诺”分析

一、“‘一揽子’承诺”的起源与发展

（一）东京回合：“菜单式的GATT”

“‘一揽子’承诺”的概念是由美国正式引入乌拉圭回合的，其原因是东京回合无法克服“菜单式”的对谈

判结果的选择性签署或加入。历时6年的东京回合谈判整体上由以美国等为首的发达国家所控制，各方最终就关税削减与非关税措施的规制达成了更多体现发达国家的根本利益的“守则”。东京回合的“守则”被数量占优势的绝大多数发展中国家拒绝。此外，发达国家把发展中国家具有重要利益的农业议题排除在谈判之外，这更加剧了两类成员的利益冲突。“守则”中的6个部分都是“独立”的条约，允许GATT缔约方选择接受，无须所有GATT缔约方参加，仅在接受的缔约方之间产生拘束力，①因此被称为“菜单式的GATT”（GATT á la carte）。② 此外，这6个部分中的有些规则相互之间存在矛盾，这些都从整体上损害了谈判最终结果的完整性和统一性。

（二）乌拉圭回合：“‘一揽子’承诺”谈判规则产生

乌拉圭回合开启时，发达国家和发展中国家在谈判议题上的分歧是催生“‘一揽子’承诺”的主要动因。20世纪80年代，在经济全球化大潮推动下，发达国家需要将自己具有优势的产业推向世界市场，故希望在多边贸易谈判中纳入国际投资、服务贸易和知识产权等议题，而发展中国家则希望在多边贸易谈判中纳入纺织品、农产品贸易等议题，例如，发展中国家和凯恩斯集团坚持，③他们将不会同意乌拉圭回合再次忽视他们关心的农业、纺织品贸易等议题。在此背景下，美国要求将“‘一揽子’承诺”（a single undertaking）模式引入乌拉圭回合谈判中。“‘一揽子’承诺”要求将所有谈判“一揽子”解决，缔约方需接受全部的谈判结果，放弃东京回合“菜单式”的谈判模式。欧洲共同体也同意引入“‘一揽子’承诺”，将所有领域的谈判相联，且谈判结果具有多边性，以最大限

---

① 事实上，在东京回合“守则”供100多个参加谈判的缔约方签署时，只有41个缔约方签署了“报告书”（procès-verbal），包括23个主要工业化国家，而发展中国家只有阿根廷决定接受最终的协定。东京回合谈判开始成为一个“破碎”和“衰弱”的机制（as a fragmented and debilitated mechanism）。See Carolyn Deere Birkbeck, *Making Global Trade Governance Working for Development*, Cambridge University Press, 2011, p. 487.

② ［美］约翰·H. 杰克逊著：《国家主权与WTO》，赵龙跃等译，社会科学文献出版社2009年版，第119页。“守则”所涉及的6项内容为：（1）补贴与反补贴措施；（2）贸易技术壁垒（技术标准）；（3）政府采购；（4）海关估价；（5）进口许可证程序；（6）修订肯尼迪回合反倾销守则。

③ 凯恩斯集团是一个由19个农业出口国建立的利益集团，由阿根廷、澳大利亚、玻利维亚、巴西、加拿大、智利、加伦比亚、哥斯达黎加、危地马拉、印度尼西亚、马来西亚、新西兰、巴基斯坦、巴拉圭、秘鲁、菲律宾、南非、泰国和乌拉圭组成。凯恩斯集团是在乌拉圭回合启动之前的几个星期前成立的，旨在迫切要求达成一个关于农业的重要协定，并在谈判中发挥至关重要的作用。

度地实现互惠,并阻止"搭便车"现象。① 发展中国家成员则坚决反对"'一揽子'承诺"谈判模式,认为这势必会加重其义务,如果后续执行不力的话将导致发达国家对他们交叉报复。双方各持己见,僵持不下,最后在发达国家同意将纺织品、服装贸易、削减农业补贴和实施"特殊和差别待遇"等议题纳入乌拉圭回合谈判后,发展中国家才妥协同意纳入"'一揽子'承诺"模式,并最终正式写入发起乌拉圭回合谈判的《埃斯特角部长宣言》之中。因此,在乌拉圭回合时,各缔约方就确定该回合达成的条约应当是个"'一揽子'协定"(a single package),也就是说,如果缔约方希望在谈判结束时成为WTO的创始成员,他们就必须一揽子接受所有协定的全部义务。② "'一揽子'承诺"与东京回合"菜单式"加入模式存在质的区别。

"'一揽子'承诺"作为一种新谈判规则适用于乌拉圭回合关于货物、知识产权、投资等议题的谈判中,发展中国家关心的农业、纺织品也成功地纳入其中,这确保了这些议题的谈判结果最终成为"'一揽子'协定",为所有成员所接受。从这个意义上来看,"'一揽子'承诺"谈判规则给发展中国家带来了福利。

二、"'一揽子'承诺"的概念和性质

(一)"'一揽子'承诺"的概念

根据WTO秘书处的解释,"'一揽子'承诺"(a single undertaking)③的含义是"几乎所有的谈判议题都是一个完整的和不可分割的部分,不能单独达成协议,只有所有问题达成协议才算最终达成协议"。④ "'一揽子'承诺"要求成员对WTO多边贸易协定要么全面接受,要么完全拒绝,而不能对众多协议进行挑挑捡捡,选择性接受。Sonia E. Rolland认为,严格的"'一揽子'承诺"需要具备三个要素:一是全体成员;二是接受所有协定;三是同时履行(All Members must agree on a package, they must agree to common rules on everything, and they must

---

① 发展中国家在GATT谈判中没有作出或者作出有限水平的承诺,常被视为意味着他们受益于通过成为GATT成员而赋予他们的权利,却不符合与义务相当的权利。

② 参见[美]约翰·H. 杰克逊著:《国家主权与WTO》,赵龙跃等译,社会科学文献出版社2009年版,第119页。

③ "A Single Undertaking",在有些文献中被直译为"单一承诺",本书采取"'一揽子'承诺"。参见王中美,《论WTO"单一承诺"之改革》,载《国际论坛》2012年第1期。

④ "Nothing is Agreed Until Everything Is Agreed", Accessed October 20th, 2014. http://www.wto.org/english/tratop_e/dda_e/work_organi_e.htm.

do so simultaneously)。[①] 学界和实务界对"'一揽子'承诺"的相关表述有"a single undertaking"和"a single package",前者更多地使用于乌拉圭回合谈判中,侧重于议题的选择;后者则使用于达成的协定,又被译为"'一揽子'协定"。笔者认为,"'一揽子'承诺"描述的是"一揽子"纳入所有议题和开展这些议题的谈判,"'一揽子'承诺"侧重于"一揽子"接受谈判的结果。在逻辑关系上,如果没有"一揽子"开展谈判议题就没有"一揽子"接受谈判结果,因此,"'一揽子'承诺"的谈判规则是达成"'一揽子'协议"的前提和基础。

(二)"'一揽子'承诺"的性质

1. 一项法律原则

《WTO 协定》第 2 条第 2 款规定:"附件 1、附件 2、附件 3 所列协定及相关法律文件为本协定的组成部分,对所有成员具有约束力。"[②]也就是说,货物贸易协定、服务贸易协定、与贸易有关的知识产权协定、《关于争端解决规则与程序的谅解》和《贸易政策评审机制》等协定都受到"'一揽子'承诺"的约束。《WTO 协定》第 2 条第 2 款确立了"'一揽子'承诺"作为一项法律原则的地位,它的存在确保不同多边贸易协定适用的统一性、连贯性,以及保证了多边贸易体系的完整性,对于维护 WTO 体系的权威性和稳定性至关重要。

"'一揽子'承诺"法律原则对 WTO 的争端解决机制的运行非常重要。1998 年上诉机构(Appellate Body, AB)在韩国奶制品案中指出,WTO 协定是"'一揽子'协定",因此 WTO 义务是总体累积的,全体成员必须同时遵守所有义务。[③] 1999 年 AB 在阿根廷鞋袜案的报告中也指明,《WTO 协定》第 2 条第 2 款中涉及的所有 WTO 协定"平等适用和约束全体 WTO 成员",是权利和纪律统一的"一揽子"协定。[④] 类似的阐述还出现在 2000 年美国羊羔案等中。[⑤]

---

① See Sonia E. Rolland, "Redesigning the Negotiation Process at the WTO", *Journal of International Economic Law*, Vol. 13, No. 1, p. 84.

② "The agreement and associated legal instruments included in Annexes 1, 2 and 3 (hereafter referred to as 'Multilateral Trade Agreement') are integral parts of this Agreement, binding on all Members". 该条款仅适用于多边贸易协定,不适用于诸边协定。

③ ...(members) must comply with all of them simultaneously. Korea-Definitive Safeguard Measure on Imports of Certain Dairy Products. WT/DS98/AB/R. 14 December, 1998.

④ See Argentina-Safeguard Measures on Imports of Footwear. WT/DS121/AB/R. 14 December, 1999.

⑤ See United States-Safeguard measures on imports of fresh, chilled or frozen lamb meat from New Zealand and Australia. WT/DS177/R and WT/DS178/R. 21 December, 2000.

2. 一项谈判规则

东京回合“守则”仅有41个缔约方签署报告书,其中包括23个发达国家,发展中国家中只有阿根廷接受。这种结果与当时缺乏谈判规则有着密切的关系。乌拉圭回合中,缔约方面对的主要问题之一就是改善东京回合诸多协议的一致性和兼容性。① “‘一揽子’承诺”的引入帮助GATT缔约方避免在乌拉圭回合中重蹈东京回合的覆辙,克服了“菜单式”加入的弊端,保持了谈判整体的统一性和多边性。WTO成立后,多哈回合在发达国家成员的主导下开启,该回合继续坚持“‘一揽子’承诺”谈判规则。该规则被规定在《多哈部长宣言》第47段中。“‘一揽子’承诺”在WTO官方网站上也被确立为多哈回合谈判的基本原则之一。②

三、对“‘一揽子’承诺”的评价和改革建议

(一)“‘一揽子’承诺”对促进多边贸易谈判的利弊分析

“‘一揽子’承诺”谈判规则在推动多边贸易谈判方面的功能主要是通过议题关联性(inter-linkages)发挥的。如果所有议题都分开谈判,在各方利益分歧严重的情况下,谈判容易陷入僵局。但是如果采取“‘一揽子’承诺”,谈判方可以跨议题进行利益交换,那么各方在议题之间的妥协将最终促成一揽子协议。议题关联性有助于谈判方进行互惠的交换,事实上,乌拉圭回合最后文本的形成和WTO得以成立部分要归功于“‘一揽子’承诺”谈判规则。③

“‘一揽子’承诺”在多边贸易谈判中是一把“双刃剑”,其最明显的功能在于成员可以将其作为一种谈判的工具或者筹码,设置对自己有利的议题以及在谈判中威慑中止或者终结某议题的谈判以换取其他议题的收益。以多哈回合为例,发达国家成员希望将对自己有利的“新加坡议题”放在该轮回合的首位,因为只有扩充WTO的管辖范围,他们才能获得新的收益。发展中国家成员对

---

① 参见[英]Amrita Narlikar著:《权力、政治与WTO》,陈泰锋等译,外语教学与研究出版社2007年版,第175页。

② 其他原则还有:透明度、参与度、可持续发展、发展中国家成员的特殊和差别待遇。See “How the Negotiations Are Organized”, Accessed February 8th, 2015. http://www. wto. org/english/tratop_e/dda_e/work_organi_e. htm.

③ 参见[英]Amrita Narlikar著:《权力、政治与WTO》,陈泰锋等译,外语教学与研究出版社2007年版,第203页。

新议题持坚决的抵制态度，认为乌拉圭回合“执行议题”①未能得到解决之前，启动新一轮谈判毫无必要。双方坚持己见，最终在2001年发起多哈回合谈判的《多哈部长宣言》中纳入了包括执行、农业、服务贸易、非农产品市场准入、与贸易有关的知识产权、贸易与投资、贸易与竞争政策、政府采购透明度、贸易便利化、规则、DSU、贸易与环境等约20个议题，议题范围之广，是以前的谈判回合所没有的现象。

多哈回合谈判的推进十分艰难，矛盾的焦点之一就是“新加坡议题”问题的存废问题。2003年9月坎昆部长会议期间，美国和欧盟等发达国家成员坚持将“新加坡议题”列入谈判议题，同时明确表示在农业议题谈判上不会对发展中国家成员的要求做出让步。在巴西、印度的领导下，发展中国家以组建谈判集团的方式抗衡欧美发达国家成员，最终导致坎昆会议无果而终。发展中国家成员一方面担心发达国家强行带入“新加坡议题”，最终导致新的“‘一揽子’协定”；另一方面，他们又利用“‘一揽子’承诺”规则对抗美国和欧盟在农业问题上的立场，主张发达国家成员如果在农业问题上不让步，他们将不会在任何其他议题的谈判上让步。由于双方在包括“新加坡议题”在内的诸多议题上的重大分歧，“新加坡议题”未能纳入最终谈判授权范围。2004年的“7月框架协议”将投资、竞争政策和政府采购3个议题剔除出多哈“‘一揽子’承诺”谈判，仅保留了其中关于贸易便利化。②

当然，“‘一揽子’承诺”在推动多边贸易谈判上也有其局限性，笔者归纳主要表现在以下两方面：一方面，尽管“‘一揽子’承诺”利用议题的关联性有助于达成一揽子协议，但是贸易强国可以利用这种手段从弱国获取不成比例的让步。例如，在乌拉圭回合谈判中，虽然发展中国家在农业、纺织品方面取得了一些成功，但却付出了接受服务贸易、知识产权、投资等议题的沉重代价。从乌拉圭回合最后协定的执行效果来看，发展中国家成员并没有得到他们在农产品方面所希望的收获，因此感到“得不偿失”。另一方面，“‘一揽子’承诺”容易导致谈判陷入僵局。如前文所述，谈判者将“‘一揽子’承诺”作为一种工具或者筹码，只要感觉到自身利益被忽视或者未被满足便可以中止其他议题的谈判作为威胁，这样无疑会在各方矛盾冲突激烈的情况下，使谈判陷入僵局。成员往往不希望在那些对己不利的议题上达成新的协定，他们相信只有当自己的全部目

① “执行议题”指的是乌拉圭回合中，发达国家没有对发展中国家兑现的承诺。

② 总理事会《多哈工作计划》，又称《7月框架协议》，于2004年8月1日通过。

标和愿望得到满足时,谈判才可能结束。[①] 因此,成员动辄挟持谈判,造成谈判的僵局。

(二)对"'一揽子'承诺"的改革建议

尽管多哈回合已经选择"'一揽子'承诺"规则,但是学界和实务界不乏对其质疑的声音,尤其是多哈回合开启十几载没有取得重大进展,改革"'一揽子'承诺"规则的呼声从来就没有间断过,有人认为"'一揽子'承诺"的大而全是对全体成员的集体绑架。围绕改革"'一揽子'承诺"规则有以下两种模式。

1."多速前进"模式

2005 年《WTO 的未来》提出"多速前进"(variable geometry)[②]模式以改善"'一揽子'承诺"模式。该报告中指出:"多速前进是一个术语,用以表示视 WTO 成员方的不同,其义务也就不同"。[③] 也就是说,将成员间的义务加以区分,让成员自行选择承担更多或更少的义务。"多速前进"在很大程度上一直或多或少地存在于 GATT 和 WTO 体制中,归纳起来有三种表现:一是诸边贸易协定,成员选择加入不具有普遍约束力的协定;二是"特殊和差别待遇",发展中国家成员可以享受实施承诺的过渡期;三是区域贸易协定。从多边贸易谈判规则的角度看,"多速前进"仅指"诸边贸易协定",即在成员分歧较大的议题上,允许采取诸边贸易协定形式,让愿意加入的成员先行一步。

2."临界数量"模式

"临界数量"(Critical Mass)[④]模式最早由 John H. Jackon 教授提出,是针对"协商一致"决策方式的改革措施。2007 年《华威委员会的报告》——《多边贸

---

① 参见徐泉:《WTO"'一揽子'承诺"法律问题阐微》,载《法律科学》(西北政法大学学报)2015 年第 1 期。

② "多速前进"是欧共体发展过程中的名词,指的是承认某些国家希望加深一体化进程,而其他国家不希望或者暂时没有能力推进一体化,因此不要求各国同时发展,而采取多种速度前进的方式。"variable geometry"亦可译为"区别对待"或者"几何可变路径",前者参见[爱尔兰]彼得·萨瑟兰等著:《WTO 的未来——阐释新千年中的体制性挑战》,刘敬东等译,中国财政经济出版社 2005 年版,第 96 页;后者参见王中美:《论 WTO"单一承诺"之变革》,载《国际论坛》2012 年第 1 期。

③ [爱尔兰]彼得·萨瑟兰等著:《WTO 的未来——阐释新千年中的体制性挑战》,刘敬东等译,中国财政经济出版社 2005 年版,第 97 页。

④ "临界数量"是指为维持链式反应所需要的裂变材料的最小质量,换言之,只有在裂变材料达到一个最低限度的质量才能发生核反应。参见夏征农主编:《辞海》,上海辞书出版社 1999 年版,第 1040 页。

易体制:路在何方?》[①]采纳了该措施。"临界数量"是指"当达到临界数量的国家支持一项被倡议的变革时,国家无须以协商一致作出决策。所谓'临界数量'是占压倒性多数的国家和世界贸易份额比例"。[②] 因此,从表决方式的角度来看,"临界数量"的本质就是"加权表决制"。

就多边贸易谈判而言,"'一揽子'承诺"和谈判议题有着密切的关系,而谈判议题的设置又是通过"协商一致"达成的,因此,"临界数量"措施对改革议题设置上的"协商一致"具有借鉴意义。采取"临界数量"模式的具体做法是成员只有占据世界贸易的一定份额才有权对议题进行选择,进而推动谈判进行。这种措施的好处是在议题的选择上能够及时解决敏感议题上久拖不决的现象,进而提升谈判的效率。也就是说,赋予在某些议题上具有重大利益的成员更多的发言权,避免利益较小的成员以这些议题为筹码来换取其他议题的对价而造成对所有议题决出的拖延。[③] 然而,其缺陷也是显而易见的,即造成了对WTO成员进行区别对待,剥夺了部分成员对议题的发言权。

(三)对"'一揽子'承诺"改革建议的评析

"'一揽子'承诺"的改革是关系WTO法律体系完整性和统一性的重大问题。严格的"'一揽子'承诺"要求"全体成员""接受所有协定"并"同时履行",能够有效地使多边贸易纪律得到全面的遵循,是一种极为理性的模式或者规则。但是,多哈回合谈判的曲折前进充分暴露了"'一揽子'承诺"作为谈判规则的缺陷。"多速前进"措施是对"接受所有协定"的修正,"临界数量"是对"全体成员"的修正。如果WTO多边贸易谈判规则引入"多速前进"和"临界数量",实质上就是放弃了全体成员遵守所有协定,成员可以按照自己的"分量"提出自己感兴趣的议题,达成一致后"先行一步"。这种做法无疑又回到了东京回合"守则"时代"破碎"的体系路径。

无论是哪种对"'一揽子'承诺"的改革措施都不能让多边贸易体制重蹈覆辙,出现制度文明的倒退。"'一揽子'承诺"除了在谈判结果上确保了多边贸易体系的统一性,更重要的是它是多边贸易重要的谈判规则。如果没有这样的

---

① See Warwick Commission, "The Multilateral Trade Regime: Which Way Forward?" Accessed December 4th, 2014. http://www2.warwick.ac.uk/newsandevents/pressreleases/wcreport/uw_warcomm_tradereport_07.pdf.

② John H. Jackson, "The WTO 'Constitution' and Proposed Reform: Seven 'Mantras' Revisited", *Journal of International Economic Law*, 4(1), 2001, p. 74.

③ Ibid., pp. 67–68.

规则,多边贸易谈判将会重回到GATT时代纯粹"权力导向"的老路上去,发展中国家成员无法设置和自身利益密切联系的议题以及"挟持"谈判以争取更合理的对待。因此,"'一揽子'承诺"从其产生到进一步发展仍有强大的制度价值与活力,更是发达国家成员与发展中国成员家利益反复博弈的结果。它"一直被认为是WTO最具有特色也是最成功的谈判机制"。①

WTO曾提出将谈判规则由"'一揽子'承诺"转向"早期收获"(early harvest)。前任WTO总干事拉米提出,即使整个回合谈判没有结束,也至少可以希望在某些议题上进行"早期收获"。② 同时,拉米又提出"快速—中速—慢速"法:"快速"是指与关系到最不发达国家成员的议题,如"双关税、免配额"措施等,应当快速达成共识;"中速"是指截至2011年年底,还有一些可以备选成为相关最不发达成员的议题,可以进行谈判并达成共识;"慢速"则指分歧较大的议题,如农业、服务业、贸易救济、知识产权等,在2011年底前暂时不讨论③。这表明无论是WTO成员还是秘书处都没有大幅度改革"'一揽子'承诺"规则的意愿。笔者认为,坚持"'一揽子'承诺"规则十分必要,因为它既是WTO法律体制完整性和一致性的保证,又是多边贸易谈判回合"规则导向"的象征。动辄将多哈困境全部归结于"'一揽子'承诺"规则是有失公允的。多哈谈判停滞的根本症结在于WTO成员数量的不断增加,尤其是发展中国家成员整体实力增加,GATT/WTO传统的决策机制无法适应成员权力结构的新变化。解决多哈困境最有效的办法,首先是欧美国家为WTO的可持续发展做出实质性让步,要摒弃霸权旧思想,建立共赢的思维模式,坚持成员间合作发展。唯有如此,WTO才能真正摆脱所面临的现实问题与发展困境。

第二节 "绿屋会议"分析

一、"绿屋会议"的源起与发展

《WTO法律大辞典》对"绿屋会议"(Green Room)的解释是WTO总干事在

---

① 参见王中美:《论WTO"单一承诺"之变革》,载《国际论坛》2012年第1期。

② 参见徐泉:《WTO"一揽子承诺"法律问题阐微》,载《法律科学》(西北政法大学学报)2015年第1期。

③ See "Chairman's Opening Remarks by WTO Director-General Pascal Lamy in an Informal Meeting of the Trade Negotiations Committee (TNC) on 31, May, 2011". Accessed November 3rd, 2014. http://www.wto.org/english/news_e/news11_e/tne_infstat_31may_e.htn#statement.

日内瓦的会议室为绿色。① 一些多边谈判会议的主要利益相关方经常被WTO总干事或者部长会议的主席邀请集中在这个房间开会,以协调各方矛盾,再将达成的共识提交给部长级会议通过。这种具有协调性质,实质性影响甚至决定多边谈判走向的会议被称为"绿屋会议"。②

"绿屋会议"与《哈瓦那宪章》(Havana Charter)设定的行政委员会在组成、运行和职责都如出一辙。1947年《哈瓦那宪章》第七章"国际贸易组织"(以下简称ITO)第三部分具体规定了行政委员会的成员选取、投票方式、人事结构等。行政委员会由18个成员组成,其中8个为贸易大国,另外10个由出席成员2/3多数投票选出。行政委员会每个成员拥有一票,遵循投票多数作出决定。非行政委员会成员,应被邀讨论特别关注的事项,享有除委员会成员投票权之外的所有权利。③《哈瓦那宪章》第78条提出了选择行政委员会成员的5个标准:经济重要性;一定的国际贸易份额;广泛地理代表性;不同经济体制;不同经济发展水平。④

国际贸易组织流产后,GATT1947第25条吸收了《哈瓦那宪章》关于表决的规定,实行一缔约方一票,多数决制度。然而在实践中,GATT多采用"协商一致"方式决策,鲜用投票表决制。"协商一致"慢慢成为一种决策惯例,尽管它并未被规定在GATT1947中。1975年时任GATT总干事的奥利维尔·朗(Olivier Long)创立了一个GATT临时机构——"十八国磋商集团"(the Consultative Group of Eighteen,G18),该机构在1979年成为GATT常设机构,直到1986年乌拉圭回合才停止活动。该机构是IMF执行董事会模式在GATT多边贸易体制中的一次有意识的尝试。⑤ 该机构的18个缔约方具有较为广泛的地域代表性,有发达国家、发展中国家、计划经济国家,其中有10个是发展中国

---

① 关于"绿屋会议"(Green Room)的称谓有以下几种看法:一是WTO总干事会议室的绿色墙壁;二是WTO总干事会议室的绿色地毯;三是WTO总干事会议室的绿色天花板。见Chakravarthi Raghavan, "The Return of the 'Green Room'", South-North Development Monitor, Accessed November 3rd, 2014. http://www.twnside.org.sg/title/green2 - cn.htm。

② 参见张玉卿编:《WTO法律大辞典》,法律出版社2006年版,第445~446页。

③ See Havana Charter For an International Trade Organization, Article 81(2).

④ See Havana Charter For an International Trade Organization, Article 78.

⑤ 参见余锋:《WTO决策法律制度的民主问题研究》,厦门大学国际法2007年博士学位论文,第60页。

家成员。[①] G18有三项职责:预测GATT的发展和潜在问题并提出对策;处理国际贸易出现的问题;协调与其他国际组织的关系。G18没有决策权和执行权,每年开3~4次会议就国际贸易重大问题进行协商,参会的都是各方高级官员。每年向GATT理事会提交一份报告,理事会向缔约方全体提交报告汇报G18报告的内容。[②] G18产生的主要动力是由于20世纪60年代,GATT的缔约方快速增加,缔约方全体大会决策的效率日益低下,需要一个有限缔约方参与的会议对贸易体制中的重大问题进行讨论。乌拉圭开启后,G18停止活动,部分原因是由于其在缔约方的选择上出现了分歧,还有就是当时各方的注意力放在了新开启的回合中的具体谈判中。G18于1989年正式停止开会。WTO成立之后,国际贸易组织"行政委员会"和GATT的G18的"精神"仍旧存在于正式的多边贸易体制中。WTO拥有123个创始成员方,随着加入成员的增加,"协商一致"的难度越发增大。为了避免谈判僵局的出现,WTO总干事召集主要利益方开展的"绿屋会议"开始正式地进入WTO谈判活动中。这些主要利益集团类似于国际贸易组织"行政委员会"和GATT的G18的成员,其中美国、欧盟、日本和加拿大是常驻贸易大国,几乎所有的"绿屋会议"都有他们的参与,因此被称为"四方国"("QUAD")。

从其发展趋势来看,最早的"绿屋会议"肇始于东京回合,正式得名于乌拉圭回合。20世纪80年代,时任GATT总干事邓克尔为了推进发动乌拉圭回合,以个人身份召集少数缔约方在他的"绿屋"召开了非正式会议,开启了"绿屋会议"传统的先河。参加早期"绿屋会议"的主要是"四方国"以及澳大利亚、挪威、瑞士等,不超过10个国家,鲜有发展中国家成员参与。由于"绿屋会议"的排他性,发展中国家缔约方极力反对。WTO成立后到多哈回合开启后,"绿屋会议"参与方不断增多,参与方随着谈判议题的变化而变化,始终保持在25个至30个成员方,其中20个是基本不变的核心成员(美国、欧共体、巴西、印度、日本、澳大利亚、加拿大、中国、南非、肯尼亚、牙买加、毛里求斯等),10个是根据议题变化邀请的非核心成员,例如,讨论棉花议题的时候,邀请贝宁代表棉花四国(Cotton 4)参与磋商。

根据参与谈判代表的级别,WTO官方网归纳了以下几种类型的"绿屋会

---

① 参见[瑞士]奥利维尔·朗著:《关税与贸易总协定(GATT)概论》,张杰等译,中国对外经济贸易出版社1989年版,第60~62页。

② 同上。

议”:一是“团长级绿屋会议”:由WTO总干事召集20个左右成员常驻WTO的代表团团长(Heads of Delegation)在日内瓦开会。二是“部长级绿屋会议”,其又分为两种会议:在部长级会议召开期间进行的非正式磋商;在OECD部长会议、APEC部长会议、达沃斯世界经济论坛等期间,由某个WTO成员召集的小型部长会议,专题讨论WTO问题。①

此外,比“绿屋会议”更小范围的磋商是G4、G7等小型会议,被认为是WTO最为核心的决策圈。G4原本为“四方国”,后来美国、欧盟、巴西、印度成为“新四方国”。G7是在2008年7月形成的小型谈判组合,包括“新四方国”和中国、日本、澳大利亚。G4和G7的成员始终是“绿屋会议”的主要参与方。在“绿屋会议”25～30个成员磋商不果的情况下,“绿屋会议”将被暂停,转为G4或者G7等小范围磋商,经过最核心决策圈磋商后的结果再提交给“绿屋会议”,最终提交给TNC全体通过。这个过程被称为决策活动的“同心圆”程序(concentric-circle model)。

二、“绿屋会议”的概念和性质

“绿屋会议”是一种由20～30个WTO成员部长或者代表团团长参加的非正式磋商机制。学界和实务界普遍将“绿屋会议”界定为WTO决策机制中的非正式决策机制或者非正式的磋商机制。② 虽然“绿屋会议”在WTO体系中并没有相应的法律依据,是在实践中形成的一套做法,但是它对GATT/WTO多边贸易谈判的各个环节都起到至关重要的实质性影响。

---

① See “Whose WTO is it anyway?” Accessed December 1st, 2014. http://www. wto. org/english/thewto_e/whatis_e/tif_e/org1_e. htm.

② WTO秘书处认为“绿屋”只是借喻,本身为英国戏剧里演员上台前的“休息室”。在2008年7月小型部长会议的官方主页中,秘书处解释到“绿屋”并不是一个具体地点,而是一种寻求共识的非正式磋商程序。WTO Secretariat, World Trade Report 2007. Accessed December 1st, 2014 http://www. wto. org/english/tratop_e/dda_e/meet08_org_e. htm#green_room; Dmitri V. Verenyov. 认为,“绿屋会议”是为了避免WTO在决策中产生困境,首先在小范围内进行的排他性的协商,以便就待决问题达成一致,进而再扩大到全体成员的机制。Dmitri V. Verenyov, “Vote or Lose: An Analysis of Decision-making Alternatives for the World Trade Organization”, *Buffalo law Review*, Vol. 51, Spring, 2003, p. 458.

笔者认为,将“绿屋会议”定性为非正式的决策机制值得商榷。① 根据学者的描述,正式和“非正式”的界分依据是有没有在WTO法律体系中予以明确的规定,由于“绿屋会议”在《WTO协定》等协议中并没有规定,因此被界定为“非正式”,而“正式”的决策机制则是指“协商一致”和“投票表决”。正式和“非正式”看似平行的关系,也就是说,“绿屋会议”是和“协商一致”及“投票表决”并行的决策方式。这显然不符合“绿屋会议”在实践中的定位。笔者认为,“绿屋会议”并不是“非正式的决策方式”,它的本质是在实践中形成的多边贸易谈判的规则或者磋商机制。WTO作为成员驱动型组织,决策机构和谈判活动是由全体成员共同参与的。但是随着成员数量的增加和谈判议题的深入广泛,成员利益越来越多元化,矛盾错综复杂并难以调和,因此,“绿屋会议”是为了避免全体成员都参与多边贸易谈判而可能陷入僵局的变通做法。由于在实践中经常被使用,故逐渐演变成为一种惯例或者潜在谈判规则。“绿屋会议”择选有限成员就相关议题在小范围内进行磋商,经过反复协商和利益的交易,最终达成一致,形成提交给部长级会议或者总理事会通过的决策草案。多边贸易谈判的结果是否能够被决策机构通过依旧取决于“协商一致”下有没有成员在部长级会议或者总理事会上提出“正式的反对”意见。从更深层次分析,“绿屋会议”的产生一方面是主要成员出于谈判效率的考虑,更重要的是发达国家成员希望借此在谈判中推行自己意志并实现自身的利益。

三、对“绿屋会议”的评价和改革建议

(一)“绿屋会议”对多边贸易谈判作用的利弊分析

1. 支持“绿屋会议”的意见

WTO秘书处和发达国家对“绿屋会议”的作用持积极态度。② 学者在提高

---

① 参见傅星国:《WTO非正式决策机制“绿屋会议”研究》,载《世界贸易组织动态与研究》2010年第2期;李璐骅:《论WTO非正式决策机制“绿屋会议”的改革》,载《经济视角》2013年第11期。

② WTO秘书处对“绿屋会议”的作用持积极态度,认为“绿屋会议”在协调WTO不同成员立场,最终促进共识达成方面发挥了积极作用,奥妙就在于“先在少数几个成员之间取得突破,然后再推广到其余成员,最后通过协商一致达成共识”。发达国家成员认为“绿屋会议”的高效率无疑对于因成员数目大幅增加而越显冗长的WTO决策机制有巨大的推动作用。参见[爱尔兰]彼得·萨瑟兰著:《WTO的未来——阐释新千年中的体制性挑战》,刘敬东译,中国财政经济出版社2005年版,第110页。

多边贸易谈判的效率方面也给予了“绿屋会议”充分的肯定。① 实践中,“绿屋会议”一般是在多边贸易谈判回合开启之前和谈判过程中召集,WTO总干事和机构主席根据谈判情况决定召开“绿屋会议”的频繁程度。“绿屋会议”在开启多边贸易谈判、推进谈判进程和最终达成谈判结果等方面起到了积极作用。WTO成立之后,“绿屋会议”成为WTO决策活动中不可缺少的重要组成部分。WTO多边贸易谈判中最重要的正式会议的议程,如发起谈判的部长级会议、中期审议部长级会议和结束谈判的部长级会议等,都是在“绿屋会议”中确定的。这类会议通常在正式会议前几周或者在正式会议期间举行。事实证明,西雅图会议之后,“绿屋会议”并没有被废除,在香港会议期间,在正式开会的6天内共召开了大小450次会议,进行了200多场协调与磋商,举行了6次重大会议,在其中“绿屋会议”占到了相当比例。② 从客观效果上观之,“绿屋会议”作为一种前置性协调、磋商机制,其存在非但没有构成对多方一致之达成的现实阻碍,反而对决策效率之提高做出了相应贡献。③

2. 反对“绿屋会议”的意见

对“绿屋会议”质疑的呼声主要来自发展中国家成员,质疑的理由是“绿屋会议”合法性、参与度和透明度上存在明显缺陷。

合法性是“绿屋会议”首当其冲面临的体制性问题。④ 合法性指的是符合

---

① 例如,Sungjoon Cho认为,有鉴于东京回合与乌拉圭回合的成功经验,发达成员坚信,在小范围内就待决问题达成共识是WTO正常运转的基础,成员过多是WTO无法作出决策和徘徊不前的重要原因。参见Sungjoon Cho,“A Bridge Too Far:the Fall of the Fifth WTO Ministerial Conference in Cancun and the Future of Trade Constitution”,*Journal of International Economic Law*,Vol. 7,2004,p. 241。

② 参见陈安:《南南联合自强五十年的国际经济立法反思——从万隆、多哈、坎昆到香港》,载《中国法学》2006年第2期。

③ 参见翁里、唐卓然:《绿屋会议改革研究——构建WTO决策机制中的“埃俄罗斯之风”与“忒弥斯之秤”》,载《时代法学》2013年第6期。

④ 如Bhagirath Lal Das认为对于“绿屋会议”的广泛质疑主要因为其游离于WTO决策制度的法律规定之外,未能在WTO协议中得到正式明确,其次在于其实际运行中的巨大影响,但同时却缺乏透明度保障与对发展中国家与最不发达国家利益的维护。参见Bhagirath Lal Das,“Why the WTO Decision-making System of ‘Consensus’ Works Against the South”, Accessed December 1st, 2014. http://www.markosweb.com/www/twnside.org.sg/analytics/;傅星国认为,尽管时常有新闻报道“绿屋会议”的召开,也有大量关于“绿屋会议”的实况记录,但是遍览WTO协议文本与法律条款以及其官方公布的决策机制与组织构架,都未能发现其对于“绿屋会议”:法律地位、决策效果的阐明。参见傅星国著:《WTO决策机制的法律与实践》,上海人民出版社2009年版,第139页。

现有法律的规定,具有确定性和可见性。尽管“绿屋会议”在谈判实践中发挥着关键性作用,但是在 WTO 正式的法律制度中却没有相应的规定。在没有明确法律地位和制度的规制下,“绿屋会议”完全被发达国家成员所掌握。早期的“绿屋会议”的参与方为“四方国”、澳大利亚等发达国家,这些成员在没有法律“授权”的情况下,代表 GATT/WTO 上百个缔约方或者成员谈判多边贸易的规则,在最惠国待遇的基础上上升为各方都要遵循的普遍义务。谁赋予他们这种权利,为什么赋予这种权利等,都是“悬而不决”的问题。

与合法性缺陷密切相关的是“绿屋会议”的参与度问题。① “绿屋会议”的特点和优势是有限成员参与,也就是具有“排他性”。如前所述,早期“绿屋会议”的参与者集中在“四方国”,并选择澳大利亚、瑞士、新西兰、挪威等参加。发展中国家成员被完全排除在“绿屋会议”之外。可见早期的“绿屋会议”参与方的代表性极为有限,没有发展中国家成员的声音。WTO 成立后,“绿屋会议”的参与度有所改善,开始出现发展中国家成员的身影,较大的发展中国家成员如巴西、阿根廷、智利、哥伦比亚、墨西哥、中国、印度、南非、韩国、埃及、巴基斯坦,还会择选至少一个东盟国家,但是最不发达国家成员仍然较少列席。② 2000 年 4 月发展中国家曾经联名提交了一份建议,要求改进 WTO 多边贸易谈判和部长级会议的透明度、参与性和可预见性。③ 2002 年 5 月 15 个发展中国家成员联

---

① Amrita Narlikar 认为,发达国家成员通过筛选与会成员,将“协商一致”原则变为了“有限代表制”,弱小成员被排除在外。参见 Amrita Narlikar,“Fairness in International Trade Negotiations: Developing Countries in the GATT and WTO”, 29 *The World Economy*, 25, 2006, pp. 105 – 111. Sonia E. Rolland 认为,“绿屋会议”虽然是为了让与会成员就决议草案达成一致,但是实际上磋商过程中充满了赤裸裸的权力政治,规则和制度被弃之一旁。参见 Sonia E. Rolland,“Developing Countries Coalitions at the WTO: In Search of Legal Support”, *Harvard International Law Journal*, Vol. 48, Summer, 2007, pp. 527 – 528. Jeffrey J. Schott 认为,“绿屋会议”形成的决议草案一旦被提交到决策机构上,经常一字不差的“强加”给其他发展中国家成员。参见 Jeffrey J. Schott,“The WTO after Seattle”, in Jeffrey J. Schott (ed), *The WTO after Seattle*, Peterson Institute, 2000, p. 33. Richard H. Steinberg 也认为,“绿屋会议”形成的决议草案在部长级会议上常常仅作微幅的修改后即得到通过。参见 Richard H. Steinberg,“In the Shadow of Law or Power? Consensus-based Bargaining and Outcomes in the GATT/WTO”, *International Organization*, Vol. 56, Spring, 2002, p. 355.

② See Jeffrey J. Schott and Jayashree Watal,“Decision-making in the WTO”, in Jeffrey J. Schott (ed), *The WTO after Seattle*, Peterson Institute, 2000, pp. 283 – 293.

③ See Preparatory Process in Geneva and Negating Procedure at the Ministerial Conference, Communication from Cuba, Dominica Republic, Egypt, Honduras, India, Indonesia, Jamaica, Kenya, Malaysia, Mauritius, , Pakistan, Sri Lanka, Tanzania, Uganda, and Zimbabwe, WTO, WT/GC/W/471, 24 April 2002.

合提案,批评 WTO 缺乏透明度,要求 WTO 体制公正。2003 年一些支持和同情发展中国家成员的非政府组织向 WTO 总干事和各成员分别提交了一份《关于提高 WTO 内部透明度和参与性的必要性的备忘录》。该备忘录对“绿屋会议”提出三条意见:一是不民主;二是不透明;三是不公平。①

“绿屋会议”不透明也是其饱受诟病的原因之一。② WTO 的常设决策机构和多哈回合设立的决策机构在会议的参与度、透明度和会议记录方面有严格的规范,如 WTO 机构正式会议前两周需要用英语、法语、西班牙语散发会议通知和议程,会后有简报和会议记录,均可在 WTO 的官网上查阅。但是,“绿屋会议”既不公开如何选择参与方,也没有开会前的通知程序,还缺乏会后的内容通报程序,严重损害了非与会方的知情权。缺乏透明度的“绿屋会议”对 WTO 决策活动的稳定性和可预见性也有影响,因为非与会方缺乏对拟议的决议的了解,很有可能在部长级会议和总理事会等“协商一致”通过的阶段提出反对意见,阻碍决议的通过。2002 年总理事会通过了一项主席声明,作为 TNC 的文件散发,其中在谈判透明度方面要求 TNC 及其下属机构的会议记录要迅速以 3 种官方语言发散,秘书处必须向未在日内瓦设有常驻机构的成员提供信息。

(二)对“绿屋会议”改革建议及其评价

如同“‘一揽子’承诺”一样,“绿屋会议”也是一把“双刃剑”。一方面,它的“排他性”和非透明性增加了多边贸易谈判的灵活度,并显著提高了谈判的效率;但是另一方面,它限制和排除广大成员的参与,尤其是发展中国家成员,故其谈判结果的合法性受到了很大程度的质疑。但是除了洪都拉斯外,没有发展

---

① See Memorandum in the Need to Improve the Internal Transparency and Participation in the WTO, Prepared by TWN, Oxfam, PSI, WWF, CIEL, Focus on the Global South, LAPT, African Trade Network, IGTN an Tebtebba.

② 伯纳德·豪克曼(Bernard Hoekman)指出“绿屋会议”长期被 WTO 成员质疑不透明,因为会议的内容往往很难被排除的成员知晓。这种呼声促使在 2000 年以后召开的部长级会议建立咨询程序,此类磋商机制的透明度被大幅提高。参见 Bernard Hoekman, “Proposals for WTO Reform: A Synthesis and Assessment”, *Minnesota Journal of International Law*, Summer 2011, pp. 8 - 9. 翁里、唐卓然认为,正是“绿屋会议”透明度欠缺,迫使被“遗忘”和“边缘化”的成员转而寻求区域贸易协定确保自身贸易利益。参见翁里、唐卓然:《绿屋会议改革研究——构建 WTO 决策机制中的“埃俄罗斯之风”与“忒弥斯之秤”》,载《时代法学》2013 年第 6 期。但是傅星国认为,在增加透明度方面也有一个尺度问题,透明度过多会使谈判暴露于相关成员国内的利益集团的视野中,反而让谈判代表没有回旋的余地。因此,在尽可能增加透明的同时,保持谈判者的灵活性和回旋余地,这有利于兼顾透明和效率的关系。参见傅星国著:《WTO 决策机制的法律与实践》,上海人民出版社 2009 年版,第 174 页。

中国家成员要求完全废除“绿屋会议”,而是更多地建议在参与度和透明度上对其进行改革。① 实务界和学界对改革“绿屋会议”提出了诸多建议,例如,《WTO的未来》报告主张将“绿屋会议”机制化;②美国学者杰弗里·索特(Jeffrey J. Schott)和迦亚斯里·沃特尔(Jayashree Watal)没有明确提出“绿屋会议”机制化,但是主张要以“绿屋会议”为基础,建立“非正式指导委员会”;③奥地利学者

① 参见傅星国著:《WTO决策机制的法律与实践》,上海人民出版社2009年版,第155页。

② 例如,《WTO的未来》建议将“绿屋会议”机制化,建立一个“高级官员咨询委员会”(“Senior Officer's Consultative Body”),由WTO总干事召集,该机构每季度或者每年召开一次会议。该机构没有决策权和执行权,应限制参与机构成员数量,部分成员采取轮值的方式产生。参见[爱尔兰]彼得·萨瑟兰等著:《WTO的未来——阐释新千年中的体制性挑战》,刘敬东等译,中国财政经济出版社2005年版,第173页。还有学者对这种正式的“绿屋会议”机制提出了更为详细的建议:第一,“绿屋会议”的成员数量恒定,维持在25~30个以保持会议的稳定性和严肃性;第二,与会成员选择上,应参考IMF和联合国安全理事会的“大国一致为主,民主制衡为辅”的原则,由WTO总干事根据成员的地理位置、贸易份额、发展水平等因素进行选取;第三,在透明度方面,确保非与会成员全面了解“绿屋会议”的议程和谈判文本资料;第四,对达成的共识中存在的“利益受损方”进行补偿,考虑到任何一个多边协定都不可能惠及所有人,对那些“委曲求全”的“利益受损方”适当的补偿能够确保其积极地参与,最重要的是保证会议的成果能够在部长级会议上“安全”通过。参见翁里、唐卓然:《绿屋会议改革研究——构建WTO决策机制中的“埃俄罗斯之风”与“忒弥斯之秤”》,载《时代法学》2013年第6期。Richard Blackhurst也建议成立一个正式的常设机构——“WTO咨询董事会”(WTO Consultative Board):共设24个席位,常任席位分配给贸易量排名前4的成员,非常任席位分配给议题集团(成员根据谈判议题而组建的利益集团)。在涉及“咨询董事会”的“透明度”问题上,他提出“咨询董事会”开会期间,非与会成员可以通过观看同步电视直播的方式了解会议内容;“咨询董事会”应为圆桌会议,常任和非常任成员就座该圆桌,非咨询董事会的成员可以在该圆桌外围的一些座位旁听会议内容,但无权进行发言和介入会议。最后,Richard Blackhurst指出“WTO咨询董事会”没有权利作出对全体成员有拘束力的决议,它是一个谈判、磋商、辩论的场所。See Richard Blackhurst, “Reforming WTO Decision Making: Lessons from Singapore and Seattle”, in Klaus Gunter Deutsch and Bernhard Speyer (eds), *The World Trade Organization Millennium Round: Freer Trade in the Twenty First Century*, Routledge, 2001, pp. 295 - 311.

③ Informal Steering Committee:由约20个几个席位组成,以在世界贸易总量中所占比例和所处地理区位为标准选择成员,确保主要贸易方和所有大地区至少有两名代表。See Jeffrey J. Schott and Jayashree Watal, “Decision Making in the WTO”, in Jeffrey J. Schott (ed), *The WTO after Seattle*, Peterson Institute, 2000, pp. 283 - 293.

肯特·琼斯(Kent Jones)提出设置"议题集团及代理人制度";[①]还有的学者提出改革"绿屋会议"的"三个十年计划"。[②] 从发达国家成员角度考察,日本主张建立一个正式的"咨询理事会",对与会成员进行资格限制。加拿大也主张成立一个有成员资格限制正式的"执行委员会"或"执行董事会",由常任委员和非常任委员组成,非常任委员按照地理位置代表和轮换原则进行更替。欧盟则主张从短期目标和长期目标来改革"绿屋会议":短期目标为设立一个"名人小组"帮助WTO总干事分析WTO的制度问题以及为WTO成员提供建议;长期目标是建立一个具有成员资格限制的"磋商小组",其组成人员可以是成员常驻WTO的代表,也可以是成员国内的官员等。"磋商小组"可以向总干事提出建议,没有决策权利。[③]

综上所述,学界和实务界都普遍认为"绿屋会议"不应该被取消,它是WTO"协商一致"基本决策方式的衍生物,是WTO多边贸易谈判的助推器,在实践中具有强大的生命力。学界争论的焦点是如何改革"绿屋会议"的合法性、参与性和透明度问题。在合法性方面,有两种截然相反的态度,即机制化"绿屋会议"的建议和非机制化"绿屋会议"的建议。发达国家成员及其学者趋向于主张赋予"绿屋会议"正式的法律地位,彻底解决"绿屋会议"的"尴尬"境况,同时指出它没有决策权力,应该作为WTO多边贸易谈判中正式的磋商机制,其功能在

---

① 在此模式中,各成员方以议题为基础组成不同的利益集团,各集团推选协调人参加"绿屋会议"。协调人代表成员行使在"绿屋会议"中的权利。此种模式下参加"绿屋会议"的基本单位不是各个成员而是各个集团。实际上,此种集团在事实上已经存在于WTO决策实践中,如凯恩斯集团、志同道合集团、最不发达国家成员集团、非洲集团等。Kent Jones强调参加"绿屋会议"议题集团总数也应控制在一定的范围之内,否则就失去设置该模式必要性。他认为该模式至少具有三个优点:一是提高了WTO决策的整体效率;二是发展中国家成员,尤其是最不发达国家成员通过参加议题集团可以有效提高他们的谈判实力;三是成员可以在集团中充分交流和分享信息,增加互信。参见Kent Jones, "Green Room Politics and the WTO's Crisis of Representation", in John-ren Chen(ed), *Cooperative Global Governance by International Institutions: Principles and Challenges*, Edward Elgar, 2009, pp. 118 - 126.

② 余锋建议,第一个"十年"旨在提高发展中国家认识相关议题的水平;第二个"十年"发展中国家成员学会联合起来与发达国家在"绿屋会议"内进行抗衡;第三个"十年"进一步扩大"绿屋会议"的参与度,将其演变成能够吸纳全体成员方意见的"全体成员会议"。该学者还强调"绿屋会议"始终不应享有正式的决策权利,只能是"非正式的小范围协商会议"。参见余锋:《WTO决策机制的民主问题研究》,厦门大学2007年博士学位论文,第68~69页。

③ See Claus-Dieter Ehlermann and Lothar Ehring, "Is the Consensus Practice of the WTO Adequate for Making, Revising and Implementing Rules on International Trade?" *Journal of International Economic Law*, Vol. 8, 2005, p. 73.

于为部长级会议和总理事会等决策机构提供建议。笔者认为，这种改革方案有悖于WTO“成员驱动”的组织特性，因为它正式排除了大多数成员的参与，虽然“绿屋会议”并没与决策权力，但是其对决策结果的影响甚大，是整个过程中具有实质性影响的一个重要环节。发展中国家成员则趋向于保持“绿屋会议”的现状，反对将其进行机制化。笔者站在发展中国家成员的立场上，认为“绿屋会议”机制化建议不妥，为了确保全体成员都逐渐有效地参与到谈判和决策的过程中，避免广大发展中国家成员尤其是弱小国家会因“绿屋会议”机制化而被正式地在决策机制中被“边缘化”，故建议维持“绿屋会议”法律地位的现状，使其在实践中继续发挥总用。而改革“绿屋会议”的方向应该集中在其参与度和透明度的改善方面。为此，笔者结合相关学者的建议，具体提出参与度和透明度的改革方案。

1.“绿屋会议”的参与度完善

多哈谈判开启后，“绿屋会议”参与方维持在25～30个成员，其中20个成员恒定（核心成员），10个成员机动（非核心成员），根据议题的变化而邀请参加。这种“准常态化”的开会模式虽然遭到很多非议，但是基本上在当前能够维持WTO决策活动的稳定性。笔者认为，在保存“绿屋会议”的前提下需要解决好两个问题：一是与会成员数量如何确定；二是如何具体甄选与会成员的标准。

在“绿屋会议”与会成员方的数量方面，笔者倾向于认为，“绿屋会议”应该抛弃G4或者G7的极小范围磋商，始终维持现在的25～30个成员方的规模，使成员方参与数量成为一种常态化的趋势，这样有助于全体成员对“绿屋会议”开会的形式和规模有一定的预见性。

在具体甄选与会成员方面，目前“绿屋会议”参与方是WTO总干事或者决策机构主席根据成员地理位置、贸易份额、发展水平等因素进行选取。例如，2007年1月，世界经济论坛期间，24个WTO成员部长召开“绿屋会议”，讨论如何推进多哈谈判事宜。① 从地域代表性来看，亚洲有8方（中国、中国香港地区、印度、印度尼西亚、日本、韩国、巴基斯坦、马来西亚），非洲5方（贝宁、肯尼亚、毛里求斯、南非、埃及），欧洲3方（欧盟、挪威、瑞士），北美洲2方（美国、加拿大），南美洲2方（巴西、秘鲁），中美洲2方（墨西哥、牙买加），大洋洲2方（澳

① 24个成员分别是澳大利亚、贝宁、巴西、加拿大、中国、埃及、欧盟、中国香港地区、印度、印度尼西亚、牙买加、日本、肯尼亚、韩国、马来西亚、毛里求斯、墨西哥、新西兰、挪威、巴基斯坦、秘鲁、南非、瑞士、美国。

大利亚、新西兰);从贸易份额来看,这些成员中包括全球主要贸易方,WTO前10名贸易方中有7名在这次会议中(欧盟、美国、中国、日本、加拿大、韩国、中国香港地区);从发展水平来看,有14个发展中国家成员(巴西、韩国、中国、埃及、印度、印度尼西亚、马来西亚、墨西哥、秘鲁、南非、肯尼亚、牙买加、巴基斯坦、毛里求斯),其中2个为最不发达成员(贝宁、塞内加尔),9个发达国家(美国、澳大利亚、欧盟、日本、新西兰、挪威、瑞士、加拿大、中国香港地区),发展中国家成员占据60%。[①] 笔者同意在"绿屋会议"参与方甄选上采取以上标准,但是还需要在以下两方面进行完善:一是成员贸易份额标准以5年为周期(或者其他合适的周期)建立标准,选择贸易份额名列前茅的成员参加;二是增加相关议题对成员国内相关产业的重要程度标准,若议题涉及成员的经济命脉,该成员应该被邀请参加会议,以确保其核心利益受到保护。例如,2005年贝宁就以棉花四国代表的身份被邀请参加"绿屋会议"讨论棉花和发展问题。

需要特别关注的是,多哈回合前后发展中国家成员为了提高对WTO决策活动的参与度,开始组建谈判集团并以推选代表的方式出席"绿屋会议"。上述的2007年在世界经济论坛召开的"绿屋会议"中,24个与会成员要么是某个或者某几个谈判集团的成员,要么代表某个谈判集团,如中国、印度、巴基斯坦、墨西哥、埃及、南非是G20成员,印尼、马来西亚、牙买加、肯尼亚、毛里求斯是G33成员,加拿大、澳大利亚、新西兰是凯恩斯集团成员,瑞士、挪威、日本、韩国为G10成员,欧盟代表27个成员国。其中牙买加、肯尼亚同时是G33、G90的成员,毛里求斯同时是G33、G90、弱小经济体集团成员。贝宁是棉花四国的代言人,巴西是G20的代言人、印尼是G33的代言人。这种谈判集团的实践大大提升了发展中国家成员在"绿屋会议"中的存在感,他们的诉求通过其代言人传达到会议上,代言人在谈判中的立场转变都需要和自己所在集团的成员协商确定。应该说,集团的出现和发展,尤其是发展中国家成员集团的繁茂对改善WTO决策机制的民主性和合法性起到了极大的正面作用。奥地利学者肯特·琼斯(Kent Jones)提出,"议题集团和代理人"模式就是建立在WTO体制中成员集团化实践的基础上。笔者将在第五章"WTO决策机制中的谈判集团问题"中对此问题进行详细的分析和讨论。

---

① 参见傅星国著:《WTO决策机制的法律与实践》,上海人民出版社2009年版,第166~172页。

2."绿屋会议"的透明度完善

保障"绿屋会议"的透明度在很大程度上决定了WTO决策的公信力。《多哈部长宣言》规定,谈判应在参与方之间以透明的方式进行,以便所有参加方有效参与。经过了西雅图会议的失败,WTO制定和实行了多种措施来改善"绿屋会议"的透明度,例如,2001年根据总理事会提交的改善WTO决策机制的建议,非正式磋商前必须通知成员,磋商的结果也要向全体成员通报;2002年总理事会决定加快取消各种文件的限制;多边协议和与之相关的解释性资料都在WTO的网站上等。WTO谈判集团的兴起也有助于改善"绿屋会议"的透明度,因为集团发言人在会前要与集团成员磋商,共谋对策,会后及时传达会议的内容。以谈判集团为依托,发展中国家成员参与"绿屋会议"的力度在加大,直接导致"绿屋会议"参会范围的扩大和透明度的增加。

GATT/WTO多边贸易体制属于第二次世界大战后的"雅尔塔体系",与同时代的其他重要国际组织如联合国、世界银行和IMF一样,都具有明显的大国"权力导向"的特点。联合国、IMF和世界银行在决策机制的设计上是一种"显性"的"大国一致"或者"大国加权",如联合国安理会5个常任理事国、IMF中的执行董事会等。WTO决策方式虽然采取"协商一致"决策方式,但是在实践中贸易大国通过"绿屋会议"实现对WTO多边贸易谈判和决策的控制。因此,无论是制度的设计还是现实的需要,无论是执行董事会、常任理事国还是"绿屋会议",这些国际组织都似乎遵循着"权力导向"的路径。发展中国家成员要在WTO体制实现自我利益,必须重视参与和改革现有的"绿屋会议",力图建立公平合理的谈判规则,确保"绿屋会议"向"规则导向"转变。

第三节 "主要供应国原则"分析

一、"主要供应国原则"概念、起源和发展

"主要供应国原则"(Principal Supplier Principle, SPS)是指谈判双方就某项产品进行谈判时候,一方如果是另一方在某一时期该产品最大数额的出口国,即该产品的第一位或第二位或第三位供应国,该方即有权向另一方提出关税谈判的要求,而其他出口国无权申请进行关税谈判。这些第一位、第二位、第三位

的供应国统称为“主要供应国”。①

在ITO拟议的关税谈判中，许多国家倾向于基于公式的议价系统，即全面的关税谈判，英国支持这一方式，因为这将有助于降低美国的高关税。但是美国国会却暗示无法接受，美国代表团要求对特定税号采取“一货一议”的互惠议价系统，也要求在关税谈判中应用“主要供应国原则”，即主要供应国有权要求进口该商品的那个国家实施一定的关税减让。② GATT第28条规定关税谈判可以在有选择的产品对产品（selective product-by-product）基础上进行或者通过适用有关缔约方可接受的多边程序（multilateral procedures）进行。但是在美国等发达国家的坚持下，“主要供应国原则”成为GATT时期工业品关税减让的主要谈判规则。

1956年GATT第四次日内瓦谈判时，这一原则才得到修改，允许缔约方在要求其他缔约方让步时可以采取“集团谈判”的方式，具体内容为：（1）有出口利益的缔约方可以“集体的”作为一项特定产品的“主要供应国”；（2）在“主要供应国”不是GATT缔约方或者未参加多边贸易谈判的情况下，非主要供应者的参加国也可以向主要进口国提出开展关税谈判的请求，被请求方可视具体情形及自身利益对该请求予以接受或依据“主要供应国原则”加以拒绝。1962年美国国会通过了《美国贸易扩展法》（US Trade Expansion Act）同意美国采取以公式为基础的全面减让的谈判方式。因此，从1962年肯尼迪回合开始，关税谈判采取了“全面关税减让”的“现代式多边关税谈判方式”，即对所有产品或所选定的产品，不论税率高低，全体成员按照某一议定的百分比或按某一公式全面削减关税。③ 然而实际上，美国选择了混合式谈判法，即公式结合大量的例外清单双边谈判，大量产品依旧在主要供应国之间进行。因此，肯尼迪回合落入前几轮谈判的窠臼，采用公式减让模式的缔约方有16个，而采用传统“主要供应国原则”模式的缔约方有36个。④ 为了避免肯尼迪回合的弊病，东京回合采取了“瑞士公式”（Swiss Formula）。该公式结合了线性公式和各种协调因素，在实施的效果上能让关税越高者减让得越多，关税越低者减让得越少。然而如同

---

① 参见傅星国著：《WTO决策机制的法律与实践》，上海人民出版社2009年版，第165页。

② See Rorden Wilkinson and James Scott, “Developing Country Participation in the GATT: A Reassessment”, *World Trade Review*, 3 July, 2008, pp. 1 – 18.

③ 同上。

④ 参见王毅：《关税与贸易总协定谈判规则》，载《国际贸易问题》1988年第1期。

肯尼迪回合,“瑞士公式”和传统的“主要供应国原则”模式在关税谈判中仍然平行进行,其中有18个工业国采用了新公式,而31个国家采用传统谈判方式。[①] 乌拉圭回合期间,美国坚持在产品分类的基础上展开谈判,以取代以往的平均减税谈判模式,也就是说,在美国的主导下,谈判又开始恢复采取“主要供应国原则”。多哈回合开启后,关税谈判历史上第一次采用了统一瑞士公式,参与方都适用相同的公式,逐一税目削减,没有例外,极大提高了透明度,谈判各方很清楚某谈判方具体产品的削减幅度和最终税率。[②]

二、对“主要供应国原则”的评析

(一)“主要供应国原则”的积极作用

对20世纪30年代经济危机的反思认为,造成战争的主要原因是各国的货物贸易中的关税壁垒高筑。因此,在ITO失败后,脱胎于ITO的GATT就自然把主要精力放在制定货物贸易的国际规则上,[③]尤其是关税削减的谈判上。关税削减的谈判成就了“主要供应国原则”的诞生和发展。

“主要供应国原则”作为GATT前几轮多边贸易谈判的基本规则之一,其理论基础在于:一如经济学中关于“理性人”的基本假设,即“每个人都是自身利益的最佳判断者”。若将其置换于国家经贸利益上,则同样成立。关于关税减让的幅度以及此幅度下对应所需承担的“对价”,唯有在进口国与主要供应国之间面对面进行博弈的过程中方可能合理确定。据此,主要供应国如果希望最大进口国做出理想的关税减让,须付出一定代价,而最大进口国为了从最大供应国获得比从其他供应国更多的经济利益,也更倾向于满足其关税减让的要求。例如,葡萄酒的主要供应国法国要想获得葡萄酒进口国英国的关税减让,就应该以较高代价作为回报,即对于英国感兴趣的某项产品关税给予相应的减让。[④]

---

① 参见王毅:《关税与贸易总协定谈判规则》,载《国际贸易问题》1988年第1期。

② 参见王晓东:《WTO新一轮多边工业品关税谈判研究》,载《国际经济合作》2008年第10期。

③ 早期GATT谈判是在ITO失败的基础上产生的。原本作为国际组织的ITO其内容相当丰富,包含了国内法与国际法的关系,国内贸易政策决策与国际规则的协调,特别是国内立法机构如何转化接受国际贸易规则。

④ 参见《主要供应国原则》,载商务部培训网:http://training.mofcom.gov.cn/jsp/sites/site?action = show2&name = %B9%D8%C3%B3%D7%DC%D0%AD%B6%A8&id = 124213,最后访问日期:2014年2月13日。

“主要供应国原则”最初只是解决国际贸易中的货物贸易的关税削减谈判。这种简便的谈判方式的确得到了意想不到的效果,甚至可以说是直接加速了货物贸易国际规则的制定,进而整体推进了 GATT 谈判的开展,居功甚伟。

(二)“主要供应国原则”的消极作用

根据“主要供应国原则”,若一缔约方在国际贸易中是某项特定产品的主要供应国,那么该方即拥有了要求进口国进行关税减让谈判的资格和权利。换句话说,进口国在税率谈判的选择权上是被动从属于主要供应国的,它只能与主要供应国而不是与这个产品所有的供应国谈判。因此,关税减让的主要受益者是实际的最大供应国。①

在此规则的束缚下,多边贸易谈判的产品范围仅由少数发达国家确定,因为他们往往是工业品的主要供应国。而发展中国家在 GATT 时期,除了以免税方式进入工业化国家的原料外,很少成为哪种商品的主要供应国,因而在 GATT 前几轮的关税谈判中,发展中国家往往被排除在关税谈判之外。发达国家经常选择不重要或者非敏感的产品提出减让,而对发展中国家重视的农产品和纺织品等则不进行减让谈判。虽然“主要供应国原则”在 1956 年 GATT 第 4 轮日内瓦回合才得到修改,GATT 允许采取“集团谈判”的方式,但是在那些尚未大量生产的商品上,发展中国家实际上仍然无法要求其他成员让步。② 到了 20 世纪 60 年代,GATT 的自由化使工业化国家的制成品、半成品和工业品贸易的规模和价值明显上升;同时,GATT 又为这些国家提供了用于保护农产品市场和纺织品市场的豁免条款和例外条款,使工业化国家在大力发展工业品市场的同时成功地保护了农产品和纺织品等部门。对于发展中国家而言,关切自己利益的领域被排除在自由化范围之外。肯尼迪回合中,在公式结合大量的例外清单双边谈判中,发达国家在关系切身利益的出口商品上取得的让步远远比发展中国家大得多:发达国家对制造业的关税减让幅度平均约 35%,相比之下,美国和欧共体棉纺织品关税减让的幅度分别只有 18% 和 22%。更有甚者,美国和欧共体都规定纺织品关税减让必须以《长期安排协定》的延期为前提,该协定

---

① 参见《主要供应国原则》,载商务部培训网:http://training. mofcom. gov. cn/jsp/sites/site?action = show2&name = % B9% D8% C3% B3% D7% DC% D0% AD% B6% A8&id = 124213,最后访问日期:2014 年 2 月 13 日。

② 参见[南非]法扎尔·伊斯梅尔:《改革世界贸易组织:多哈回合中的发展中成员》,贺平、凌云志等译,上海人民出版社 2011 年版,第 167 页。

规定了几个发达国家对几个最大的发展中供应国的进口配额,从而使关税减让变得无足轻重。东京回合和肯尼迪回合一样,"瑞士公式"模式和传统的"产品对产品"模式在关税谈判中仍然平行进行,农产品和敏感工业品等再次被排除在"全面减税"公式之外,发达国家对关系到发展中国家切身利益的农产品、纺织品和服装的保护主义愈演愈烈。因此,无论是GATT早期的谈判回合还是肯尼迪回合或者东京回合,发展中国家始终被排除于谈判进程外,这一方面是因为"主要供应国原则"的谈判模式,另一方面是因为欧美发达国家不愿意讨论发展中国家关注的议题,如农产品、服装、纺织品、国内税和数量限制等。

WTO成立之后,虽然多哈回合实现了历史突破性,关税减让采取统一的"瑞士公式"模式,但是"主要供应国原则"极强的惯性使其"沉渣泛起"。鉴于"主要供应国原则"促进了GATT的发展和国际贸易交易内容的丰富,新的贸易回合呈现出将"主要供应国原则"的谈判模式移植到了服务贸易、知识产权、国际投资等领域谈判中的现象。这种模式在多边贸易谈判议题中"全面开花",其导致的后果是大国操纵几乎出现于所有议题的谈判进程中。随着发展中国家成员谈判实力的整体提高,反对"主要供应国原则"的呼声增长,因此"主要供应国原则"的每一次出现都导致了谈判进程的破裂,例如,2003年将大部分成员排除在"绿屋会议"之外的坎昆部长级会议的破裂,2006年7月导致多哈回合中止的六国集团部长会议的失败以及2007年6月的四国集团波茨坦会议等。①

① 参见[南非]法扎尔·伊斯梅尔:《改革世界贸易组织:多哈回合中的发展中成员》,贺平、凌云志等译,上海人民出版社2011年版,第8页。

第四章 发展中国家成员参与 WTO 决策机制问题

1947 年 GATT 23 个创始缔约方中仅有 10 个是发展中国家,[①]占总数的 43%;1973 年 82 个缔约方中有 56 个发展中国家,占 68%;1986 年乌拉圭回合开启时,发展中国家的数量达到了 72 个,占 73%;1995 年 WTO 成立时,发展中国家成员数量为 92 个,占据 77%;2003 年,发展中国家成员为 111 个,占据超过 77% 的比重。[②]截至 2016 年 7 月 29 日,WTO 的正式成员数量已经达到了 164 个,其中绝大多数都是发展中国家成员。

广义的"发展中国家成员"可以分为"发展中国家"和"最不发达国家"两种类型。WTO 并没有关于"发展中国家"和"发达国家"的界定标准,而是通过 WTO 成员自己声明的方式认定属于发达国家还是发展中国家。然而,其他成员可以对一个成员援用适用于"发展中国家"条款的决定提出异议。在 WTO 拥有"发展中国家"身份将获得特殊的权利,例如,一些 WTO 协议规定发展中国家成员在完全的履行自己的承诺之前有相对较长的过渡期(Transition period),并且发展中国

① 它们是巴西、智利、古巴、中国、印度、黎巴嫩、缅甸、巴基斯坦、斯里兰卡、叙利亚。其中中国、叙利亚和黎巴嫩几年后退出 GATT。

② 参见张斌:《多边贸易体制的变迁:一个国际机制理论的解释》,载《世界经济研究》2003 年第 7 期。

家成员可以获得技术上的援助(Technical assistance)。① WTO对“最不发达国家”的界定依据的是联合国贸易与发展会议的标准。目前联合国认定过了48个最不发达国家,其中34个是WTO的成员。②

发展中国家成员有效参与WTO决策机制的问题是WTO体制需要解决的重要问题之一。多哈回合几经波折并一度停滞不前,与发展中国家成员的发展壮大有着直接关系。发展中国家成员不愿在WTO决策机制中被长期边缘化,其要求改革WTO决策机制的呼声越来越高。如何在“协商一致”的基本决策方式下,照顾发展中国家成员的利益,帮助他们有效参与多边贸易谈判,不仅和发展中国家成员本身的利益密切相关,更影响到多边贸易体制的向前推进。

第一节 发展中国家参与GATT决策机制情况述评

在GATT时代,发展中国家是否在多边贸易谈判中“有所作为”,是一个学界比较有争议的问题。国外学者对此有较多的研究,一些学者认为发展中国家成员在GATT决策机制中基本上是防御型角色,不愿作出关税减让的承诺,而仅仅关注争取“特殊和差别待遇”。③ 总体而言,在乌拉圭回合之前,发展中国

① See “Who Are the Developing Countries in the WTO? ” Aceessed November 20th, 2014. http://www.wto.org/english/tratop_e/devel_e/d1who_e.htm.

② See “Least-developed Countries”, Aceessed November 20th, 2014. http://www.wto.org/english/thewto_e/whatis_e/tif_e/org7_e.htm.

③ 例如,Micheak Finger指出,在1978年结束的整个东京回合,发展中国家的参与都是被动的,大多数是谈判的旁观者。See Micheak Finger, “Implication and Imbalances: Dealing With Hangover From the Uruguay Round”, *Oxford Review of Economic Policy* 3, 2007, pp. 440 – 460. Bhagirath Das认为发展中国家在GATT中是受困于“陷阱和圈套”和“纷扰”中的受害者。Bhagirath Das, “The WTO and the Multilateral Trading System: Past, Present and Future. ” Third World Networks and Zed Books. 2003. Sylvia Ostry认为,发展中国家在乌拉圭回合的准备阶段是扮演着积极的角色,但是最终发展中国家在该回合得不偿失,因为发展中国家对协议的影响缺乏评估,未能很好地理解和进一步量化分析协议的内容。See Sylvia Ostry, “The Uruguay Round North-South Grand Bargain: Implications for Future Generations, in D. M Kennedy and J. D South Wick(eds), *The Political Economy of International Trade Law: Essays in Honor of Robert E. Hudec*, Cambridge University Press, 2002. Fatoumata Jawara and Aileen Kwa认为,发展中国家由于对相关议题的无知或者对发达国家的恐惧而默不作声,至多是僵化的抵抗并突然崩溃。See Fatoumata Jawara and Aileen Kwa, *Behind the Scene at the WTO: The Real World of International Trade Negations.*, Zed Books, 2003.

家拒绝接受互惠自由化和非歧视原则等 GATT 的核心理念。[1] 但是,事实上发展中国家未能在 GATT 多边贸易谈判中争取到整体上对自己有利的谈判结果,并不仅仅因为发展中国家单方面拒绝自由竞争规则,而是受限于当时复杂的国内和国际境况,例如,其多有长期被殖民的历史,综合经济实力和谈判能力较差,还有就是 GATT 决策机制本身的体制性因素,如坚持"主要供应国原则"谈判模式、互惠原则等。

一、发展中国家参与创立国际贸易组织的谈判

1947 年建立 GATT 时期,绝大多数的发展中国家成员仍然遭受殖民统治,因此,这些国家的利益由其"宗主国"代言。即便是在 20 世纪 50 年代到 60 年代末,发展中国家纷纷取得独立,发达国家依然从以往的经验出发对待新近独立国家的特殊发展需要。

参与 ITO 谈判的各国意识到一旦 ITO 建立,GATT 将会被纳入其中,因而事关 GATT 的大部分争论都是建立在 ITO 谈判中的。各国在 ITO 中进行了关于多边贸易体系基本治理原则的讨论,发展中国家有力地介入谈判并提交了大量的议案。例如,在讨论互惠原则时候,发展中国家表示他们缺乏讨价还价的谈判能力,无法在互惠基础上在发达国家那里得到有价值的让步,自己不可能作出与发达国家同等价值的关税减让。巴西代表团的提案表示同意美国提出的"最惠国待遇原则",但是认为该原则仅仅适用于较发达的发展中国家,此外,巴西呼吁有必要采取措施保护最不发达国家的利益。[2] 美国等发达国家基于强大的谈判实力,对发展中国家的要求几乎不予采纳,互惠原则还是作为核心原则被写入了 GATT 的序言中。但是对最不发达国家特殊利益的保护却没有被纳入 ITO 宪章中。

---

① Will Martin and Patrick Messerlin 认为发展中国家未能积极参与肯尼迪回合和东京回合,导致工业化国家较容易的针对发展中国家的出口建立了《多种纤维协定》等机制,将农产品和其他劳动密集型产品排除在以公式为基础的全面自由化之外。在乌拉圭回合之前,绝大部分发展中国家力图主要通过特殊和优惠待遇来实现目标,一定程度是因为发展中国家内进口替代企业等利益集团的力量。发展中国家拒绝使用对等自由化和非歧视原则等 GATT 的核心理念。See Will Martin and Patrick Messerlin,"Why Is It So Difficult? Trade Liberalization under the Doha Agenda",23 *Oxford Review of Economic Policy* 3,2007,pp. 347 – 366.

② See Rorden Wilkinson. and James Scott,"Developing Country Participation in the GATT: A Reassessment",*World Trade Review*,3, July 2008,pp. 1 – 18.

发展中国家成员在ITO谈判中取得的成功是在ITO的决策方式上的。美国和英国提议ITO采取与IMF一样的加权表决制,发展中国家表示强烈反对,支持"协商一致"决策方式。最终ITO没有采纳加权表决制,而是采纳了"一国一票,多数决"方式。

综上可见,发展中国家在早期的ITO谈判中并非完全被动,发展中国家的部分关切在ITO的谈判中得以体现,但是由于ITO宪章最终没完全体现美国的一己私利而被美国国会否决,发展中国家的努力也随之被掩盖。

二、发展中国家参与GATT贸易回合的谈判

(一)GATT早期几轮贸易回合

总体而言,GATT早期几轮谈判回合中发展中国家是被排除在谈判之外,互惠原则、"主要供应国原则"和关税关注等是发展中国家难以有效参与谈判的体制性障碍。互惠原则在ITO谈判中就被确立为GATT的核心原则,它意味着一个缔约方对其他缔约方的任何关税减让都必须获得对方相应的互惠减让。发展中国家的工业状况不可能达到在关税谈判上和发达国家"平起平坐"的地位,因此,互惠原则使发展中国家不敢轻易和发达国家进行关税谈判。美国主导下的"主要供应国原则"要求进口国只能和主要供应国就相应产品的关税税率谈判,而不是与该产品的所有供应国谈判。当时发展中国家很少成为哪种产品的主要供应国,只有一些原材料可以以免税的方式进入工业化国家。该原则实际上将发展中国家排除在关税谈判的范围之外。此外,GATT早期的几轮贸易回合只关注工业品的关税问题,但是对于一些和发展中国家成员利益密切相关的产品,其出口的障碍并不在于关税而是其他非关税措施。例如,热带产品的出口障碍在于国内税,糖等产品的国内税有的高达500%。然而,国内税并不是GATT早期的谈判议题,因此,发展中国家没有办法在GATT机制内就国内税和配额等非关税措施进行谈判。

(二)狄龙回合、肯尼迪回合和东京回合

1960年开启的狄龙回合,在印度、巴西等发展中国家的努力下,国内税被纳入了谈判议程,GATT开始从仅仅关注关税转向对非关税的关注。美国和欧共体对纳入国内税议题表示强烈的反对,结果越来越多地使用非关税壁垒保护国内农产品市场。此外,在该回合依然沿用"主要供应国原则"。种种因素导致谈

判结果对发展中国家不利。①

1962年启动的肯尼迪回合被认为是对发展中国家要求发达国家扩大市场开放的呼吁做出了期待已久的回应。该时期的宏观背景是发展中国家开始登上国际政治经济舞台,1964年召开了联合国贸易与发展大会,关注贸易与发展的问题。发达国家开始关注发展中国家的特殊需要,如降低热带产品的关税,将农产品和纺织品作为优先考虑的问题等。1962年美国国会通过了《美国贸易扩展法》,虽然同意采取以公式为基础的全面的关税减让的谈判规则,但是在实践中谈判依旧结合了大量例外清单双边谈判。这些谈判往往是在相关产品的主要供应国之间进行。发展中国家依旧受制于谈判实力而无力提供互惠的让步。尽管如此,发展中国家积极参与关税减让谈判,至少有23个国家宣布进行关税削减,其中14个国家在各自的GATT减让表中进行了关税的约束或者减让。②

东京回合中,关税谈判仍然沿用"主要供应国原则",发展中国家成员相对羸弱的谈判实力使其即便在关税减让上做出了更大的让步,也不太可能取得令人满意的发达国家的关税减让结果。尽管如此,发展中国家还是积极地做出关税减让,在《东京回合关税减让表》及其增补议定书中可以看到发展中国家作出了关税约束承诺。该回合的议题不单是关税谈判,还有非关税壁垒的谈判。发展中国家也就这些非关税壁垒提出了许多提案,如棉花出口国对自愿出口限制(VERs)的意见,巴西等国家要求逐步消除配额措施,巴西和尼日利亚代表大部分发展中国家对保障机制的提案,以及发展中国家在海关估价、补贴和反补贴税等方面的意见等。③ 虽然很多提案被发达国家忽略,但是发展中国家在不断融入多边贸易谈判,并发出自身的声音。在此期间,"绿屋会议"的雏形开始出现,美国和欧共体先行谈判达成一个结果,随后又将日本和加拿大吸纳进去,形成"四方国",然后通过"最惠国待遇原则"将其达成的一致转化为多边贸易的纪律。发展中国家根本无力企及GATT最核心决策圈,只能接受既定的事实。

(三)启动乌拉圭回合

和前几轮回合的谈判相比,发展中国家在启动乌拉圭回合中扮演着"积极

---

① See Rorden Wilkinson. and James Scott, "Developing Country Participation in the GATT: A Reassessment", *World Trade Review*, 3, July 2008, pp. 1 – 18.

② Ibid.

③ 参见[南非]法扎尔·伊斯梅尔著:《改革世界贸易组织:多哈回合中的发展中成员》,上海人民出版社2011年版,第27~28页。

角色”。东京回合结束后两年,美国提议开启新一轮谈判回合。发达国家提议开始服务贸易、知识产权和投资措施等新议题的谈判,而大部分发展中国家强烈反对,认为新一轮谈判应该首先解决《多种纤维协定》、农产品限制和自愿出口限制措施等问题。[①] 1982 年原本计划启动新一轮谈判回合的部长级会议在发展中国家的反对声中破裂。之后在美国威胁使用《美国贸易法案》301 条款情况下,部分发展中国家转而同意开启新回合,但是依旧有 24 个发展中国家坚决反对新回合的新议题,[②]坚持谈判议题应该局限在工业品、农产品等传统领域。后来,在巴西、印度与美国的长时间协商下,终于就开启新一轮贸易谈判回合的内容达成了一致,同意开启新一轮谈判,但是新议题的谈判和货物贸易的谈判分轨进行:一是传统的货物贸易谈判,再加上两个新议题,即与贸易相关的知识产权和与贸易相关的投资措施,该谈判由缔约方集体启动;二是服务贸易谈判,由出席埃斯特角会议的代表其政府启动。

综上所述,发展中国家在 GATT 时期曾经积极参与多边贸易谈判并争取制定对自己有利的规则和谈判结果。然而,从客观效果和谈判结果来看,发展中国家始终被认为“要么是被动的,要么是防御性的”,或者“其中大多数只是谈判的旁观者”。[③] 从决策制度层面上分析,GATT 早期回合和狄龙回合、肯尼迪回合、东京回合中,发展中国家之所以被排除于多边谈判之外,主要有两大原因:一是当时多边贸易的谈判规则是“主要供应国原则”和互惠原则;二是美国和欧盟等发达国家将和发展中国家利益密切相关的农产品、纺织品、国内税和配额等领域排除在谈判议题之外。乌拉圭回合开启后,随着发展中国家数量的增加和综合谈判实力的增强,他们开始积极地影响谈判的议程,最终将长期游离在多边贸易体系的农产品和纺织品放到了谈判桌上。

---

① See John Croome, *Reshaping the World Trading System: A History of the Uruguay Round*, Kluwer Law International, 1999, p. 278.

② 这些国家是阿根廷、孟加拉国、巴西、缅甸、喀麦隆、哥伦比亚、科特迪瓦、古巴、塞浦路斯、埃及、加纳、印度、牙买加、尼加拉瓜、巴基斯坦、秘鲁、罗马尼亚、斯里兰卡、坦桑尼亚、特立尼达和多巴哥、乌拉圭、南斯拉夫、扎伊尔。参见[南非]法扎尔·伊斯梅著:《改革世界贸易组织:多哈回合中的发展中成员》,贺平等译,上海人民出版社 2011 年版,第 36 页。

③ Micheal Finger, “Implication and Imbalance: Dealing with Hangover From Uruguay Round”, *Oxford Review of Economic Policy* 3, 2007, pp. 440 - 460.

第二节　发展中国家成员参与 WTO 决策机制

WTO 成立之后,多边贸易体系从一个临时的协议演变为一个正式的国际组织。WTO 决策机制在《WTO 协定》中得以确立。该协定规定,WTO 决策机制继承 GATT 时期"协商一致"基本决策方式,在协商不能达成一致的情况下才采取"一成员一票多数决"的投票方式。实践中,GATT 的决策方式和谈判规则依然深深地影响着 WTO 决策和谈判进程,但是随着发展中国家成员的综合实力大为增加,WTO 决策机制中的"权力结构"逐渐开始变化,完全的"权力导向"开始不能在 WTO 谈判和决策中畅行无阻。以下是笔者就发展中国家参与 WTO 决策机制的基本情况和变化进行的分析。

一、发展中国家成员参与 WTO 决策机构

WTO 作为一个正式和永久性的国际组织建立了一套完整的组织机构。基于成员驱动型组织的特点,WTO 的决策机构是开放给所有成员共同参与的(部长级会议、总理事会、3 大分理事会和 5 个委员会、3 大分理事会下的 13 个委员会和 3 个工作组)。如果 WTO 成员想参与 WTO 谈判和决策活动,就必须以参与决策机构的活动为途径。但是 WTO 成员参与决策机构的活动是出于自愿,而非强制性义务,也就是说,参与 WTO 的谈判和决策是成员的权利而非义务。2011 年多哈回合开启,设立 TNC,隶属于总理事会,并以授权谈判的议题为此基础,在 TNC 之下建立了市场准入、规则、贸易便利化谈判组和服务贸易、知识产权、农业、争端解决、贸易与发展、贸易与环境特会。多哈回合的各议题的谈判分别在相关的谈判组和特会中开展。

(一)发展中国家成员代表团参与 WTO 决策机构

WTO 成员参与 WTO 决策机构活动是通过向 WTO 总部派驻常设代表团(Delegates)的方式开展的。WTO 成员自行决定派驻代表团的规模和人员素质。这些代表通过参与各个决策机构的活动表达成员的利益诉求,应该说,代表团的规模和素质直接影响着成员参与 WTO 的谈判和决策活动的质量。总体而言,和发达国家成员相比,发展中国家成员参与 WTO 决策机构活动水平较低,以下笔者对此进行分析。

乌拉圭回合开启时,共有 72 个发展中国家,但是其中只有 20 个国家有常

设代表团。而当时的 29 个最不发达国家中仅有 11 个国家有常设代表团。发展中国家中只有 12 个国家的代表团人数超过 3 人，其中代表团人数最多的是墨西哥、坦桑尼亚以及韩国，都是 7 人。而当时发达国家常驻日内瓦代表团的情况是：美国代表团为 10 人，日本为 15 人，欧共体为 10 人，但其成员国的代表团共有 57 人。[①] 随着乌拉圭回合议程的推进，美国代表团的人员增长到 400 人，远远高于所有最不发达国家代表团人数总和。2000 年 WTO 中仍有 24 个发展中国家成员或者最不发达国家成员在日内瓦没有常设代表团。发展中国家成员代表团的平均人数为 3.51 个，发达国家成员代表团平均人数是 7.38 个。[②] 据统计，2004 年“四方国”（美国、日本、欧盟、加拿大）的谈判专家有 183 个，OECD 国家共计 222 个，而发展中国家成员总共仅有 406 个。[③] 2005 年日本在日内瓦长期驻有 20 个左右的官员，如果参与特定的议题谈判，日本还会增加费用再派出专家补充，但是像吉布提、纳米比亚、莱索托等这些小国则在日内瓦只有 1 个谈判代表。[④]

在没有常驻代表团的情况下，发展中国家或者最不发达国家成员是很难通过有效途径影响 WTO 各决策机构的日常活动的。即便是对那些有常驻代表团的发展中国家成员来说，有的代表团规模过小，例如，目前圣基茨和尼维斯、亚美尼亚、保加利亚、吉布提、纳米比亚等仅有 1 个代表，他们对参加 WTO 频繁的会议常感到力不从心。例如，2001 年 WTO 举行了 400 个正式和非正式会议，2005 年 WTO 谈判的事项多达 20 个领域，涉及 60 个 WTO 机构、委员会、特别谈判小组和工作组等。[⑤] 此外，由于这些常驻 WTO 总部的发展中国家成员的代表团还要承担参与其他在日内瓦的国际组织的会议，如联合国贸易与发展会议、国际劳工组织、世界知识产权组织、联合国工业发展组织、联合国难民组织等，导致他们很难全心全意地参加 WTO 所有的会议。

---

① 参见胡北平：《发展中国家如何有效利用 WTO 决策机制》，载《世界经济研究》2003 年第 11 期。

② See Amrita Narlikar, “WTO Decision-Making and Developing Countries”, Accessed November 20th, 2014. http://www.southcentre.org/publications/wtodecis/toc.htm.

③ See Carolyn Deere, *International Trade Technical Assistance and Capacity Building*, Background Paper for the UNDP Human Development Report, 2005. p. 50.

④ See Patel Mayur, “New Faces in the Green Room: Developing Country Coalitions and Decision-making in the WTO”, GEG Working Paper Series, 2007/WP33, p. 11.

⑤ See Robert Wolfe, “Crossing the River by Feeling the Stones: Where the WTO is Going After Seattle, Doha and Cancun”, *Review of International Political Economy*, 11(3), 2004, p. 582.

参会人员的专业知识、谈判能力和技术水平也会影响成员参与决策和谈判的质量。随着谈判议题的增多,多边贸易谈判的议程更加专业化和复杂化。派遣专门领域的人才并有效参与相关技术问题的谈判成为关键,如熟知多边贸易规则的律师、经济学家和谈判专家等。然而,现实是只有发达国家成员可以为既定的谈判派遣充足的专业人才,发展中国家成员往往缺乏充足的专业人才储备,只能在相关议题中充当旁听者,不能有效参与协商,提出建议以维护自身利益。

综上所述,总体上发展中国家成员囿于人力资源、财力资源的限制,难以像发达国家成员那样派出庞大的代表团广泛地参与到 WTO 决策机构的各种会议中。为了缓解 WTO 成员参与决策机构活动的现实困境,WTO 秘书处有义务为发展中国家成员提供有关研究、技术、信息、资料等方面的支持。这对发展中国家成员有效地参与协商和谈判具有重要意义。例如,2002 年总理事会通过了一项主席声明,该声明规定了多哈回合谈判的原则和惯例,其中要求秘书处必须向那些没有在日内瓦设有常驻机构的成员及时反映 TNC 及下属机构的谈判进程和信息,同时要求 WTO 召开会议必须照顾弱小成员人力资源不足的情况,尽量不在同一时间召开多个会议。发展中国家成员可要求 WTO 和发达国家提供更多的技术援助,帮助发展中国家成员尤其是最不发达国家成员提高制定、理解、解释、监督、实施 WTO 规则的能力。

(二)发展中国家成员参与决策机构的主席选任

WTO 决策活动的谈判过程中,各个决策机构的主席起着非常重要的作用。主席分为两类:一是常设决策机构的主席(部长级会议、总理事会、各分理事会和委员或、工作组等的主席);二是非常设决策机构主席(TNC 及其下属谈判组和特会的主席)。各决策机构的会议的议程、开会的时间频率、邀请与会者等内容通常都是由主席来安排的。决策机构主席在会议期间,还要兼任利益调停者和议程推动者的重要角色。需要特别强调的是,决策机构主席的作用绝对不仅仅是程序性质的,而且其对谈判的实质内容具有重大影响,如影响谈判共识达成的效率、共识导致的得失分配及其合法性。① 主席通常采用三种"调停手段"协调成员的僵局:一是观察、诊断和交流;二是表述策略;三是控制策略。目前,各成员对主席在谈判和决策中的作用争议很大:一是主席不公正;二是主席案

① See John S. Odell, "Chairing A WTO Negotiation", *Journal of International Economic Law*, 2005. 8(2), pp. 425 - 448.

文没有征求他们的意见。GATT/WTO 谈判最终得出偏颇的结果,往往可以归因于主席未能认真听取成员的意见或者出于自身国家利益的考虑而无法客观中立,抑或错误的判断导致其无法在正确的时机用正确的方法行使权力以凝聚成共识。

WTO 总理事会于 2002 年通过了任命决策机构主席的指导原则。① 主席任命的条件为:(1)只有 WTO 成员的代表才有资格被任命为主席;(2)连续 1 年欠缴会费的成员,其代表不得担任主席;(3)主席必须公正、客观地确保 WTO 决策机制和磋商机制的透明度和包容度;(4)主席以个人能力和全勤出任为基本标准,任何主席的任命必须由全体成员经协商一致通过,不被任何区域或者集团左右;(5)三大机构和三大分理事会的主席必须是成员常驻日内瓦的代表团团长(大使级),其下属机构可以是大使也可以是外交官;(6)在日内瓦未设立常驻机构的成员如果要担任主席,可从该成员首都的专家中选派。常设机构的主席任期均为 1 年,非常设机构的主席为 2 年或者在两届部长级会议之间。虽然 WTO 决策机构的主席的作用会受到"协商一致"决策方式和选举规则等的限制,但是他们依然有极大的空间影响谈判,使谈判仅仅得到偏颇的结果,从而达成不公平的协议或者导致谈判的破裂。

对 WTO 成员来说,源自本国的代表成为谈判或者决策机构的主席无疑对本国有利,实践中,各方也都积极争取参与主席的选拔,首选自己的代表成为机构的主席。但是上述指导原则中的部分限制性条件成为许多发展中国家成员尤其是最不发达国家成员代表参选机构主席的障碍,例如,在日内瓦没有常驻代表团的成员就不能派代表参选三大机构和三大理事会的主席,而且连续 1 年欠缴会费的贫穷成员也丧失了竞选资格等。迄今为止,WTO 仍然缺乏明确的选举和任命决策机构主席的程序。这导致主席资格任命的不平等,进而影响到不同实力的成员维护利益方面的不平等。当前 WTO 主要的常设机构现任主席来源国如下:总理会主席(加拿大)、货物贸易理事会(瑞典)、服务贸易理事会(韩国)、TRIPs 理事会(博兹瓦纳)、TNC(WTO 总干事,巴西)、争端解决机构(墨西哥)、贸易政策评审机构(马来西亚)。自 1995 年 WTO 成立至 2010 年,三大机构历任主席来源国家及地区情况参见表 8。

① See "Guidelines for Appointment of Officers to WTO Bodies", WT/L/510.

表 8　三大主要机构历任主席来源国家及地区情况表(1995 ~ 2010 年)①

年度	总理事会	争端解决机构	贸易政策评审机构
1995	新加坡	澳大利亚	哥伦比亚
1996	瑞士	巴西	爱尔兰
1997	巴西	新西兰	巴基斯坦
1998	加拿大	突尼斯	坦桑尼亚
1999	坦桑尼亚	日本	比利时
2000	挪威	中国香港地区	孟加拉国
2001	中国香港地区	新西兰、挪威	芬兰
2002	加拿大	乌拉圭	肯尼亚
2003	乌拉圭	日本	爱尔兰
2004	日本	肯尼亚	泰国
2005	肯尼亚	挪威	加拿大
2006	挪威	马来西亚	哥伦比亚
2007	马来西亚	澳大利亚	芬兰
2008	澳大利亚	智利	尼日利亚
2009	智利	加拿大	匈牙利
2010	加拿大	尼日利亚	土耳其

从表 8 分析可见,1995 年至 2010 年的 16 年期间,发展中国家及地区成员 6 次担任总理事会主席一职,占 37.5%;7 次担任争端解决机构的主席,占 43.8%;9 次担任贸易政策评审机构主席,占 56.2%。因此,发展中国家及地区成员在总理事会主席的选任上不占据优势,这也从一个侧面反映出发展中国家及地区成员对 WTO 决策机构的参与度和影响力依然有待进一步提高。

① See "Current WTO Chairpersons", Accessed October 27th, 2014. http://www.wto.org/english/thewto_e/secre_e/current_chairs_e.htm.

二、发展中国家成员与"'一揽子'承诺"

(一)"'一揽子'承诺"对发展中国家成员的消极影响

"'一揽子'承诺"作为一项谈判规则是由美国引入多边贸易谈判中的。此模式类似于美国特有的贸易谈判快轨授权(贸易促进授权,Trade Promotion Authority,TPA),即根据《1974年美国贸易法》授权,美国政府对外谈判达成的贸易协定提交给国会通过采取快轨(Fast-track)程序,国会只能"'一揽子'批准"或者否决协定,不能修改协定的内容。发展中国家极力反对美国将"'一揽子'承诺"模式引入乌拉圭回合,因为这意味着他们必将承受更多的国际义务。之前东京回合的"守则"以及乌拉圭回合的"新议题"显然是西方工业化国家意志的体现,而发展中国家所关心的产品、纺织品等领域还游离在GATT谈判桌之外。

值得注意的是,发达国家提议的投资和知识产权谈判以"与贸易有关"的名义成为谈判议题,但是没有任何人可以准确地界定"与贸易有关"的含义和范围,发展中国家成员惶恐今后会有更多的议题打着"与贸易有关"的旗号登堂入室。发达国家和发展中国家最终达成妥协,发达国家同意在乌拉圭回合中纳入农业和纺织品谈判,并在执行部分新协议上给予发展中国家成员特殊和差别待遇,发展中国家同意接受新议题、"'一揽子'承诺"和创建争端解决机制的建议。乌拉圭回合被认为是"英雄回合",硕果累累,其决议范围几乎覆盖国际贸易的所有问题,有的甚至超出了国际贸易的领域。然而,该回合为发展中国家成员留下的后遗症也很多,例如,修改和更新东京回合"守则"的谈判遭到不断的批判,严重影响了开启多哈回合谈判的讨论。多哈回合启动之前,发展中国家成员对发达国家成员提出的几乎所有建议都持抵制态度,主张在解决好乌拉圭回合"执行议题"之前,完全没有必要启动新一轮谈判。1996年在新加坡举行的WTO第一次部长级会议上,美国和欧盟试图将"新加坡议题"(投资、竞争政策、政府采购和贸易便利化)作为首选议题纳入新一轮谈判范围,但是新加坡会议和之后的日内瓦会议(1998年)都没有决议纳入此新议题。2001年第四次WTO部长级会议期间,美国和欧盟再次要求将"新加坡议题"捆绑纳入"多哈发展回合"谈判初选议题中。如果新加坡议题被正式授权,则发展中国家成员所面临的潜在国际义务将大大增加,且这些义务与发展中国家国内的社会和经济秩序紧密联系,势必会产生影响国家经济和社会安全的连锁反应。总之,由于许多发展中国家成员的工业不发达,政策空间小,为小农经济模式,让他们接受"'一揽子'承诺"和履行"'一揽子'协定"还存在很大的障碍。因此,在 GATT/WTO 谈判和决策过程中,发展中国家成员极力反对发达国家成员提出的"超前"议题。

(二)"'一揽子'承诺"对发展中国家成员的积极影响

"'一揽子'承诺"也为发展中国家成员提供了谈判工具和获利的契机。"'一揽子'承诺"要求谈判应当作为一个整体进行和结束,基于此,这些国家借助于"'一揽子'承诺"谈判工具,不同意其要求即中止谈判。应该说,乌拉圭回合中将农产品和纺织品纳入 WTO 谈判是发展中国家利用"'一揽子'承诺"取得的最大的成功。

这种谈判工具和契机也出现在多哈回合中。在 2003 年坎昆第四次 WTO 部长级会议上,发展中国家成员和发达国家成员在"新加坡议题"的去留问题上产生了激烈的冲突,发展中国家成员坚决反对"新加坡议题"成为"'一揽子'承诺"的谈判议题。而发达国家成员则坚持保留"新加坡议题",并且表示不对发展中国家成员提出的农业议题的要求做出妥协。发展中国家成员在巴西和印度的领导下,以集团化的方式抵制欧盟和美国提出的所有动议,最终导致坎昆会议失败。2004 年出于推进多哈回合进程的考虑,美国致函 WTO 多数贸易部部长,表示愿意考虑放弃贸易和竞争政策议题。同时,欧盟也表示同意放弃这两项议题,希望将谈判的主要精力放在非农产品市场和服务贸易的开放上。最终"新加坡议题"中的投资、竞争政策和政府采购被剔除于多哈"'一揽子'承诺"的谈判范围,只留下了贸易便利化议题。在"新加坡议题"上,发展中国家成员将"'一揽子'承诺"作为谈判筹码,威胁发达国家成员不放弃"新加坡议题"就中止谈判,并最终取得了成功。此外,发展中国家成员通过在贸易与环境议题上的妥协,换取了知识产权保护和公共健康议题授权,并于 2005 年将在公共健康危机下强制许可生产、使用、销售或者从其他实施强制许可的成员进口廉价专利药品的规定纳入了 TRIPs,这是发展中国家成员取得的又一个重要的成就。

综上所述,"'一揽子'承诺"对发展中国家成员而言是一把"双刃剑"。一方面,"'一揽子'承诺"谈判模式大而全,对成员的发展水平进行"一刀切",其最大受益者是美国、欧盟等发达国家成员,他们可以利用这种手段从弱国获取不成比例的让步。另一方面,发展中国家成员在被动适用"'一揽子'承诺"的过程中也取得了一些成效,它为发展中国家成员提供了阻碍谈判的工具,防止在那些最不愿意的问题上达成新的协议。发展中国家逐渐认识到"'一揽子'承诺"可以为其谈判提供一种"保护",所以在改革"'一揽子'承诺"的建议中也不轻言放弃。

三、发展中国家成员与“绿屋会议

(一)发展中国家成员参与“绿屋会议”的历史进程

WTO决策机制下的“绿屋会议”传统开始于GATT乌拉圭回合,完全由“四方国”主导,后来逐渐吸纳了澳大利亚、新西兰、瑞士、挪威等发达国家成员,鲜有发展中国家被邀请参与。当时发展中国家对“绿屋会议”的意见很大,发起“绿屋会议”的时任GATT总干事邓克尔只好将其搬到自己的私人住所,以晚餐会的形式继续。[①] WTO成立之后,“绿屋会议”成为WTO决策活动中不可缺少的重要组成部分,从新加坡部长级会议到西雅图部长级会议,从多哈回合谈判到坎昆会议的召开,“绿屋会议”似乎已成为WTO正式决策机制的影子。

多哈回合开启后,“绿屋会议”得到扩充,阿根廷、巴西、智利、中国、哥伦比亚、埃及、印度、韩国、墨西哥、巴基斯坦、南非等成为“绿屋会议”的发展中国家成员的代表,而最不发达国成员家则较少列席“绿屋会议”。目前,“绿屋会议”的参与方随着谈判议题的变化而变化,其中20个是基本不变的核心成员(如美国、欧共体、巴西、印度、日本、澳大利亚、加拿大、中国、南非、肯尼亚、牙买加、毛里求斯等),10个是根据议题变化邀请的非核心成员。

(二)发展中国家成员对“绿屋会议”的态度与评价

发展中国家成员“绿屋会议”的态度比较接近,认为“绿屋会议”越权代为决策的现象已经严重侵害了他们的决策权。对“绿屋会议”的合法性、参与度和透明度方面的反对呼声在1999年西雅图会议期间达到了顶峰。2002年4月,发展中国家成员曾经联名提交了一份建议,要求改进WTO多边贸易谈判和部长级会议的透明度、参与性和可预见性。[②] 2002年5月,15个发展中国家成员联合提案,批评WTO缺乏透明度,要求WTO体制公正。2003年一些支持和同情发展中国家成员的非政府组织向WTO总干事和各成员分别提交了一份《关于提高WTO内部透明度和参与性的必要性的备忘录》。该备忘录对“绿屋会议”提出三条意见:一是不民主;二是不透明;三是不公平。该备忘录建议停止

---

① See Richard Balckhurst and David Hartrige, “Improving the Capacity of Institutions to Fulfill Their Mandate”, *Journal of International Economic Law*, September, 2004. p. 121.

② See “Preparatory Process in Geneva and Negating Procedure at the Ministerial Conference”, Communication from Cuba, Dominica republic, Egypt, Honduras, India, Indonesia, Jamaica, Kenya, Malaysia, Mauritius, , Pakistan, Sri Lanka, Tanzania, Uganda, and Zimbabwe, WTO, WT/GC/W/471, 24 April 2002.

召开排他性的“绿屋会议”,所有会议向全体成员召开;保留所有谈判记录向全体成员公开;总理事会和贸易谈判委员会为主要的决策场所等。①

发展中国家对“绿屋会议”的反对意见具体如下。在“绿屋会议”的作用方面,巴西强调,“绿屋会议”应该少开,不能替代全体成员做出决策;牙买加认为,“绿屋会议”磋商是有必要的,对解决那些有困难和有争议的问题有积极作用,但是该磋商机制不应该是一个决策机构,其只能对相关委员会或者理事会提出建议;秘鲁和巴拿马认为,一般情况下应该召开大会讨论,在例外情况下可以举行“绿屋会议”,但是会后应该向大会汇报;墨西哥认为,“绿屋会议”不能替代正式的决策机制,其目的是促进决策,而不是剥夺全体成员的决策权;巴基斯坦、埃及、津巴布韦、古巴、乌干达等认为,“绿屋会议”的缺陷在于决策在“绿屋会议”内部作出,没有参加的成员无法提出反对意见;圣卢西亚认为,“绿屋会议”不是决策机制,它不是安理会,不能把“绿屋会议”的东西强加给其他成员;洪都拉斯认为,应该完全取消“绿屋会议”;非洲集团认为,“绿屋会议”是 GATT 遗留下来的产物,缺乏透明度,使大部分成员边缘化。

就“绿屋会议”的参与度方面,印度认为,应该有集团的代表参加,这些集团不仅要有区域集团,还要有议题集团;牙买加认为,“绿屋会议”的参与方应该包括各种区域贸易集团的代表、议题所涉及的主要利益方成员、发达国家和发展中国家成员的主要贸易方以及有兴趣参加的成员等;巴基斯坦、埃及、津巴布韦、古巴、乌干达等认为,不能按照选区来确定“绿屋会议”的参与方,每个成员均有权参加,只有成员自己能够代表自己的利益;东盟认为,参与“绿屋会议”的成员不应固定,参加方代表不同的集团的利益。

就“绿屋会议”的透明度问题,2000 年之后的部长级会议建立了咨询程序,大幅提高了此类会议的透明度。牙买加和马耳他认为,“绿屋会议”应向全体成员公布参加成员的名单;印度认为,应在“绿屋会议”后的次日举行会议内容的通报会;东盟认为,“绿屋会议”的结果应该向全体成员及时通报;墨西哥认为,“绿屋会议”应该是“玻璃屋”模式,采取完全透明的方式开会。②

---

① See “Memorandum in the Need to Improve the Internal Transparency and Participation in the WTO”, Prepared by TWN, Oxfam, PSI, WWF, CIEL, Focus on the Global South, LAPT, African trade network, IGTN an Tebtebba.

② 参见傅星国著:《WTO 决策机制的法律与实践》,上海人民出版社 2009 年版,第 155 ~ 159 页。

对于《WTO 的未来》提出的"绿屋会议"机制化建议，发展中国家成员也持消极的态度。巴基斯坦、古巴、乌干达和津巴布韦认为，建立一个常设的咨询委员会是对现状的机制化，进一步使广大成员被边缘化；乌拉圭认为，任何建立咨询机构的想法都将会使 WTO 决策机制变得僵化和失去效率；非洲集团认为，透明度和决策是 WTO 全体成员的责任，决策不能外包给任何其他机构；古巴认为，采取任何代表制都是不妥的，只有成员自己能够代表自己行使决策权。

(三)发展中国家参与"绿屋会议"的现实进路

多哈回合开启后，"绿屋会议"得到扩充，巴西、阿根廷、智利、中国、墨西哥、南非、哥伦比亚、韩国、埃及、印度、巴基斯坦等成为"绿屋会议"的发展中国家成员的代表，而最不发达国成员家则较少列席"绿屋会议"。目前，"绿屋会议"始终保持在 25 ~ 30 个成员，参与方随着谈判议题的变化而变化，其中 20 个是基本不变的核心成员(美国、欧共体、巴西、印度、日本、澳大利亚、加拿大、中国、南非、肯尼亚、牙买加、毛里求斯等)，10 个是根据议题变化邀请的非核心成员，例如，讨论棉花议题的时候，邀请贝宁代表"棉花四国"(Cotton 4)参与磋商。

发展中大国参加"绿屋会议"已经成为一种惯例，其他较小的发展中国家和最不发达国家成员目前是以加入谈判集团的方式，由集团的协调人代表他们参与"绿屋会议"的磋商。"绿屋会议"与谈判集团的相互"配合"成为 WTO 决策机制在实践中的两个非常重要的机制，对改善整个决策机制的参与度、透明度和提高效率有着重大的意义。

2007 年 1 月在世界经济论坛召开的"绿屋会议"，25 个与会成员中要么是某个或者某几个谈判集团的成员，要么是代表谈判集团，例如，中国、印度、巴基斯坦、墨西哥、埃及、南非是 G20 成员，印尼、马来西亚、牙买加、肯尼亚、毛里求斯是 G33 成员，加拿大、澳大利亚、新西兰是凯恩斯集团成员，瑞士、挪威、日本、韩国为 G10 成员，欧共体代表 27 个成员国，牙买加同时是 G33、G90 和岛国集团成员，肯尼亚同时是 G33、G90 成员，毛里求斯同时是 G33、G90、弱小经济体集团和岛国集团成员，贝宁是棉花四国的代言人，巴西是 G20 的代言人，印尼是 G33 的代言人等。[①] 这种谈判集团的实践大大提升了发展中国家成员在"绿屋会议"中的存在感，他们的诉求通过其代言人传达到会议上，代言人在谈判中的立场转变都需要和自己所在集团的成员协商确定。应该说，谈判集团的出现和

① 参见傅星国著：《WTO 决策机制的法律与实践》，上海人民出版社 2009 年版，第 165 页。

发展,尤其是发展中国家成员集团的繁茂对改善“绿屋会议”的合法性和参与度起到了极大的正面作用。

四、发展中国家成员与 WTO 总干事和秘书处

(一)发展中国家成员人员在秘书处任职情况

秘书处不是决策机构,没有立法权。《WTO 协定》第 6 条规定,WTO 总干事和秘书处工作人员的职责属于国际性质,其履行的职责时不能寻求或接受任何政府的指示。秘书处的职责范围是:(1)为各个理事会和委员会提供专业和技术的支持;(2)为发展中国家成员提供技术支持;(3)监控和分析世界贸易形势;(4)为公众和媒体提供信息;(5)组织部长级会议。此外,秘书处还为争端解决程序提供法律支持并为希望入世的国家或者地区提供建议。①

虽然秘书处不具有立法权,同时《WTO 协定》第 6 条第 4 款明确规定,“在履行他们的职责时,总干事和秘书处工作人员不得寻求或接受 WTO 之外的任何政府或任何其他当局的指示”,但是在现实中秘书处对会议的行政管理中,协助主席制定被邀请与会者名单,公布会议的笔录,提供技术支持等工作都明显会对决策的方向产生重要影响。在整个多边贸易回合谈判的过程中,从其行政职能到帮助制定进入“绿屋会议”的名单,从会议的议程设置到会后散发会议记录,从为发展中国家提供技术援助到提供法律支持,秘书处一直都未能中立,而是偏向发达国家。② GATT 秘书处一位高级退休官员说道:“WTO 官员自豪地说他们是唯一保持中立的国际官僚。他们不发表意见,没有自己的立场。他们仅仅讨论和提供反映事实的文件,以及向大家提供成员方在讨论过程中的主要观点和立场。他们反映观点时的态度完全是中立的。当然,这是虚假的。它之所以得以流传,是因为‘中立性’符合秘书处及其成员的利益。在实践中,因为秘书处是一个协调机构,也是一个为解决分歧负责的机构,所以秘书处的官员们倾向于更为小心地发表意见。秘书处的高层领导总是不发表与主要国家意见相反的文章。秘书处人员可能会勉强按照其高层领导的想法行事,因为他们担心不这样做会影响其长远的职业前途。此外,经验表明,如果任何秘书处官

---

① See “Overview of the WTO Secretariat”, Accessed October 27th, 2014. http://www.wto.org/english/thewto_e/secre_e/intro_e.htm.

② See Amrita Nalikar, “WTO Decision-Making and Developing Countries” Accessed October 27th, 2014. http://www.southcentre.org/publications/wtodecis/toc.htm.

员坚持发表那些支持或反映弱势国家利益的文章,而不是那些大国支持的问题领域,那么大国将会施加压力给秘书处高层领导,要求将他们调换到其他部门去。”最后,总干事和秘书处还利用在部长会议上发言之程序规则的缺乏,来达到“协商一致”的目的。例如,“在最后一天,他们(总干事和秘书处)利用安排发言顺序的技巧,使大家认为似乎在新议题上达成了协商一致。印度和一些成员想在新议题上发言,并因此而安排了发言人。尽管印度首先举起了发言牌,但是首先发言的却是六七个支持新议题的发言人。并且在一个国家发完言之后,有些人会鼓掌。此后,一些国家准备站起来反对新议题,但当他们发现被前面几个发言人怂恿起来的支持新议题的浪潮时,他们要么退却了,要么放低了音调。在那种环境下,你会觉得自己是会议进程的破坏者。这种做法是很普遍的,即安排特定的观点事先发言,以显示其是主导观点。因此,他们如此地安排发言顺序,使得尽管有很多人赞同印度的立场,但表面上似乎只有印度孤身一人而已”。①

目前总干事领导下的WTO秘书处共有639名正式人员,来自70个不同的成员。秘书处的高级管理职位分别为总干事、副总干事和上诉机构人员(上诉机构另设有一个秘书处,成员均系在法律及国际贸易声誉卓著之人,任期为4年一任,得连任一次)。专业员工主要是律师、经济学家和贸易政策方面的专家,其职责包括准备各种报告、研究及分析、担任议事工作、与成员代表共事等。秘书处还有相当一部分非专业员工从事服务工作,如信息、财政、人力资源和翻译等。从表9中分析,来自发展中国家和最不发达国家成员的人员约170人,仅占总人数的26.6%,其中来自中国的人员仅有10人。而发达国家成员的人员在秘书处中占据绝大多数,其中法国175人、英国65人、西班牙43人、瑞士36人、美国28人、加拿大21人。笔者分析,由于WTO的官方语言是英语、法学和西班牙语,因此,来自法国、西班牙、英国、美国和加拿大人数众多。而由于总部处于日内瓦,因此,瑞士当地员工也比较多。发展中国家成员人员稀少,除了在语言方面不具有优势外,还有两个重要原因:一是GATT/WTO的行政机构已经形成了被几个发达国家成员把持的传统;二是发展中国家成员缺少具有从事多边贸易体制管理工作经验并被国际社会公认的律师、经济学家和贸易政策方面的专家。

---

① 余锋:《WTO决策法律制度的民主问题研究》,厦门大学2007年博士学位论文,第137页。

表9　WTO秘书处正式人员的来源国情况表(截至2012年12月31日)①

单位:人

国别	女	男	总数
阿尔巴尼亚	1	0	1
阿根廷	4	6	10
澳大利亚	5	5	10
奥地利	2	3	5
孟加拉国	0	1	1
巴巴多斯	0	1	1
比利时	3	2	5
贝宁	0	1	1
玻利维亚	1	2	3
巴西	3	5	8
保加利亚	0	3	3
加拿大	6	15	21
乍得	0	1	1
智利	3	1	4
中国	6	4	10
哥伦比亚	4	6	10
刚果	0	1	1
哥斯达黎加	1	1	2
科特迪瓦	0	1	1
克罗地亚	1	0	1
古巴	1	1	2
丹麦	1	1	2

① See "Overview of the WTO Secretariat", Accessed October 27th, 2014. http://www.wto.org/english/thewto_e/secre_e/intro_e.htm.

续表

国别	女	男	总数
厄瓜多尔	1	1	2
埃及	3	2	5
爱沙尼亚	1	0	1
芬兰	2	3	5
法国	101	74	175
德国	7	12	19
加纳	0	1	1
几内亚	1	1	2
希腊	3	2	5
危地马拉	1	0	1
洪都拉斯	1	0	1
匈牙利	0	1	1
印度	2	10	12
爱尔兰	10	1	11
意大利	7	9	16
日本	2	2	4
约旦	1	0	1
肯尼亚	1	0	1
韩国	4	1	5
马拉维	0	1	1
马来西亚	1	2	3
毛里求斯	0	2	2
墨西哥	2	4	6
摩洛哥	1	2	3
荷兰	2	4	6

续表

国别	女	男	总数
新西兰	1	1	2
尼日利亚	0	1	1
挪威	0	2	2
巴拉圭	1	0	1
巴基斯坦	0	2	2
秘鲁	3	4	7
菲律宾	5	7	12
波兰	2	2	4
葡萄牙	0	2	2
罗马尼亚	2	0	2
卢旺达	1	1	2
圣卢西亚	1	0	1
塞内加尔	0	1	1
南非	0	1	1
西班牙	29	14	43
斯里南卡	1	2	3
瑞典	1	2	3
瑞士	22	14	36
坦桑尼亚	1	0	1
泰国	0	1	1
特立尼达和多巴哥	1	0	1
突尼斯	2	3	5
土耳其	3	1	4
乌干达	3	0	3
英国	50	15	65

续表

国别	女	男	总数
美国	19	9	28
乌拉圭	1	6	7
委内瑞拉	1	4	5
赞比亚	1	0	1
津巴布韦	1	0	1
总计	349	290	639

（二）发展中国家成员与 WTO 总干事选任

WTO 总干事的法定职权是主管 WTO 的运作并管理秘书处，其人选的决定不但对于领导 WTO 发展方向具有重要的影响力，亦对多边贸易谈判的过程与结果扮演着举足轻重的角色。回顾 GATT/WTO 总干事的选任，历经了 GATT 时期的“大国共识”阶段。在 1968 年首任 GATT 总干事怀特（Wyndham-Whit）任职 20 年退休时，GATT 主要缔约国曾达成一项非正式的协议，同意续任的总干事由小型工业国家的代表来担任，副总干事美国与发展中国家选出。根据这项协议，之后的两位 GATT 总干事由瑞士籍的奥利弗·朗格（Olivier Long）（1968 ~ 1980）与阿瑟·邓克尔（Arthur Dunkel）（1980 ~ 1993）来出任，而“大国共识”也成为 GATT45 年间总干事选任的最重要依据。1995 年 WTO 成立之后，随着新成员的陆续加入，对总干事的专业能力与形象的要求逐渐提高，而发展中国家成员也开始透过组织结盟的方式积极投入选举，希望能深入参与 WTO 组织的运作，此一发展态势使总干事的选任成为区域贸易集团的竞争。不过在 WTO 成立初期，尽管面对发展中国家成员候选人的挑战，由美、欧等主要国仍就挟其强大的政经实力赢得胜利，最终 WTO 总干事的产生还是“大国共识”与政治运作的结果，这也是 GATT/WTO 多边贸易体制 50 年间（含其前身 GATT 时期），除了素帕猜（Supachai Panitchpakdi）来自发展中国家成员（泰国）之外，其余皆由发达国家成员担任的原因。

发展中国家成员参与 WTO 总干事选任的契机。贸易大国主导总干事选任的情况在 1999 年继任者的选任上首次受到挑战，欧盟国家没有共同的支持对象，美国与欧盟等主要国家较难发挥影响力，成员无法在最终人选上达成共识，使得继任人选在总干事鲁杰罗（Ruggiero）于 4 月 30 日卸任后，仍迟迟无法顺利产生。最后,在征得当时 134 个 WTO 成员的同意之下,于 1999 年 7 月 22 日达成史无前例的《任期分享安排》(Term Sharing Arrangement),由新西兰的穆尔(Mike Moore)自 1999 年 9 月 1 日起担任总干事任期 3 年,届满后由泰国的素帕猜(Supachai Panitchpakdi)接任,任期自 2002 年 9 月 1 日起 3 年。总理事会亦同意两人皆不得连任秘书长一职,其任期亦不再延长。"任期分享安排"对 WTO"协商一致"的决策文化伤害极大。1999 年总干事的选任僵局被视为 WTO 自成立以来成员最严重的分裂,许多人将西雅图部长级会议的失败归咎于谈判关键时期缺乏够分量的组织领袖所致。为了避免 1999 年的总干事人选争议情况可能再次发生,总理事会于 2002 年 12 月 10 日通过《总干事选任程序》(Procedures for the Appointment of Directors-General),为总干事的选任程序提供了更多的规范。该选任程序的精神在于顾及 WTO 之最大利益,并强调在选任的过程中应完全透明化,而其首要目标则为在决策时达成共识。[①]《总干事选任程序》之主要规定如下。

(1)候选人资格(Qualifications of candidates)。总干事候选人必须具备丰富的国际关系、国际经济、贸易或政治经验;对达成 WTO 工作与其目标有强烈的承诺;具备领导与管理能力;并展现良好之沟通能力。在选任总干事人选时,应将符合 WTO 多元化特性列入考虑因素之中,且仅会员具有提名该国国民成为候选人的权利。

(2)选任程序的时间架构(Time-frames for the process)。根据选任程序的规定,选任程序应于现任总干事任期届满 9 个月前开始,选任的过程长达 6 个月。程序开始后,成员有 1 个月的时间来提名候选人;提名期间结束后,被提名之候选人有 3 个月的时间让自己被会员国认识,并且致力于各项有关 WTO 组织议题之讨论;接下来的 2 个月内各成员应致力于选择与任命其中一位候选人为总干事。整个程序最迟应于本届总干事任期届满 3 个月前,经总理事会召开会议后结束。

(3)提名程序(Nomination procedure)。提名与相关数据应于程序开始后 1 个月内提交总理事会主席,收到相关的文件后应分送各成员;提名期限结束后,主席应立即将确认的候选人名单送交各成员。现任总干事亦具候选资格,如现任秘书长寻求连任,他/她应于程序开始前告知总理事会主席,并将因此被视为

---

① See "Procedure for the Appointment of Directors-General", WT/L/509, 10 December, 2002.

候选人;然后由主席通知各成员,方便各国于提名时将之列入考虑。

(4)与候选人会面(Meeting with the candidates)。在1个月之提名期间结束后,总理事会主席应尽早邀请各候选人于总理事会正式会议中与成员代表见面;并且应由候选人发表简短演说,内容应包含其对WTO之愿景,并与成员代表进行问答沟通。

(5)咨询过程(Consultation process)。总理事会主席在争端解决机构主席与贸易政策审查小组主席两位促进者(Facilitators)的协助下,[①]征询所有成员,其中包括非常驻日内瓦成员的意见,以便了解其偏好及对各候选人之支持度;各阶段之咨询结果将向成员报告,较无法获致成员共识的候选人将退出(withdraw)。在咨询过程的最后阶段,主席将在促进者的支持下,提交最可能获得共识的候选人名单,并推荐总理事会任命之。

(6)投票选任为最后手段(Recourse to voting as a last resort)。上述程序皆完成后,若总理事会在任命最后期限前仍无法达成共识时,成员应考虑以投票方式作为最后的手段。但《选任程序》也特别强调,以投票方式任命总干事,应视为"协商一致"的例外方式,不应视为惯例沿用,且对未来任何的WTO决策过程皆不成为先例。

(7)总干事任期(Term of office)。任期4年,得连任一次,但非为自动连任;为了确保高级管理阶层之连贯性,总干事和副总干事之任期应错开,副总干事任期届满时间安排应于秘书长任期届满之后。

总体而言,WTO总干事的选任是通过咨询过程,在成员达成共识后产生。虽然发展中国家成员对于参与WTO总干事的选举已日益重视,但是欧美主要国家基于其国际政治经济的实力与主导议题的能力,其支持态度仍是影响总干事选举结果的重要因素。从整体的经贸实力考虑,美国与欧盟国家的态度与动向是影响WTO总干事产生的关键。从过去历届选任经验分析,尽管美国从未主动提出候选人,但在每次的选任过程中,仍始终扮演着相当重要的角色。在此现实背景下,发展中国家成员若欲在WTO总干事选任过程中获得成功,较为可行的路径就是通过组成谈判集团,发挥组织整体能力积极参与并影响总干事选任,以此来构成对美、欧等主要贸易方在WTO影响力的消长指标。

---

① 促进者由争端解决机构主席与贸易政策审查机构主席在选任程序中协助总理事会主席。若其中一位或更多位主席无法担任促进者的角色,总理事会主席应从货品贸易、服务贸易、与贸易有关知识产权3个理事会中寻找替补人选。

2013 年法国人拉米(Pascal Lamy)卸任后,来自巴西的阿泽维多(Roberto Azevêdo)被选举成为第四任 WTO 总干事,这是发展中国家成员的人第二次当选,也是来自发展中国家成员的人第一次独立地担任 WTO 总干事职位。

表 10　GATT/WTO 历任总干事一览表①

	人名	任期	国籍
GATT 第一任	埃克里・温德姆・怀特(Eric Wyndham White)	1948 ~ 1968 年	英国
GATT 第二任	奥利弗・朗格(Olivier Long)	1968 ~ 1980 年	瑞士
GATT 第三任	阿瑟・邓克尔(Arthur Dunkel)	1980 ~ 1993 年	瑞士
GATT 第四任	彼得・萨瑟兰(Peter Sutherland)	1993 ~ 1995 年	爱尔兰
WTO 第一任	瑞那托・鲁杰罗(Renato Ruggiero)	1995 ~ 1999 年	意大利
WTO 第二任—1	迈克・穆尔(Mike Moore)	1999 ~ 2002 年	新西兰
WTO 第二任—2	素帕猜・巴尼巴滴(Supachai Panitchpakdi)	2002 ~ 2005 年	泰国
WTO 第三任	帕斯卡尔・拉米(Pascal Lamy)	2005 ~ 2013 年	法国
WTO 第四任	罗伯托・阿泽维多(Roberto Azevêdo)	2013 年至今	巴西

① See "WTO Director-General", Accessed November 9th, 2014. http://www.wto.org/english/thewto_e/dg_e/dg_e.htm.

第五章　WTO 谈判集团

WTO 成员组建的谈判集团参与多边贸易谈判是WTO 成立以来,尤其是多哈回合中一个不可忽视的现象。一些重要的谈判集团,如农业议题中的 G20、G33、凯恩斯集团、棉花四国等,非农产品议题中的 NAMA 11、“野心集团”,综合领域中的非洲集团、最不发达国家集团、非洲、加勒比和太平洋国家集团等对多边贸易谈判的进程和方向影响甚大,已经成为不可忽视的一股谈判力量。这些谈判集团多数为发展中国家成员倡导建立,为发展中国家成员的相关经贸利益代言,逐渐开始打破发达国家主导 GATT/WTO 谈判和决策的传统,是 WTO 决策机制朝着民主、透明方向改善的重要动力。谈判集团在 WTO 决策机制中的起源和发展、理论基础、类型、产生的原因及其作用,目前面临的挑战和应对措施等都是值得关注和研究的问题。

第一节　WTO 谈判集团基本问题分析

一、WTO 谈判集团的源起和发展

GATT/WTO 谈判集团在多边贸易谈判中并不是新鲜事物,早在东京回合就产生了谈判集团。但是谈判集团的繁荣发展出现在 WTO 成立后尤其是多哈回合开启后(参见表“GATT/WTO 谈判集团的发展情况表”),这主要是由

于发展中国家成员数量日益增多,积极参与谈判的意识逐渐增强,通过组建谈判集团可以有效提升他们在"绿屋会议"等非正式磋商机制中的谈判实力。最早专门的 GATT/WTO 发展中国家谈判集团是在乌拉圭回合开启之前由一部分发展中国家组成的"发展中国家非正式集团"(Informal Group of Developing Countries,IGDC)。该集团于 1982 年演变为 G10。该时期还有一些由发展中国家与发达国家共同组成的联盟,如 Café au Lai 集团,其主要关注服务贸易,由瑞士和哥伦比亚牵头。

真正对多边贸易谈判起到实质性作用的是 1986 年成立的以农业市场自由化为目标的凯恩斯集团,它也被誉为 GATT/WTO 第一个真正意义上的谈判集团。该集团成立于 1986 年 8 月,其成员都是农业具有较显著的比较优势,高度依赖出口,对农业的保护和支持水平普遍较低的国家。集团的立场是减少欧共体和美国等发达国家的农业支持力度,特别是出口补贴,推动农产品贸易自由化,扩大本国农产品出口以获取贸易利益。[①] 由于欧美等发达国家长期以来对农业进行高额补贴,在市场准入上设立高关税,导致其国内粮食生产过剩。这些过剩的粮食又被以低价在世界市场上脱手,大大压低了粮食的国际市场价格,对有市场竞争力的农产品出口国(商)和发展中国家造成了严重的负面影响。在 20 世纪 80 年代初,国际农产品贸易价格被压制的情况十分严重,拉丁美洲、东南亚和大洋洲的农产品出口商被排挤出全球农产品的大部分市场。1986 年 8 月 27 日,在澳大利亚的牵头下,14 个国家参加了于澳大利亚凯恩斯举行的第一次集团会议,成立了凯恩斯集团。[②] 凯恩斯集团在多边贸易谈判中的实质性作用表现在:凯恩斯集团将改革农产品贸易纳入乌拉圭回合谈判议题之一;最终乌拉圭回合限制了农产品出口补贴和农业支持计划,同时也成功地使 WTO 成员将非关税措施,如数量限制转变为关税措施。[③]

WTO 成立之后,尤其是多哈回合开启后,谈判集团得到了大力发展,其中以发展中国家成员谈判集团为主(参见表 11)。与 GATT 时代的谈判集团相比,WTO 谈判集团具有以下特点:(1)更具有组织性,很多集团建立了正式的交流平

---

① See "Background on the Cairns Group and the WTO Doha Round", Accessed November 3rd, 2014. http://www.cairnsgroup.org/Pages/wto_negotiations.aspx.

② 与会国包括发达国家中的澳大利亚,新西兰和加拿大,发展中国家阿根廷、巴西、智利、哥伦比亚、乌拉圭以及东盟国家(印度尼西亚、马来西亚、菲律宾和泰国)和东欧国家(匈牙利)、非关贸总协定成员(斐济)等。

③ See "Agricultural trade and the Cairns Group", Accessed November 3rd, 2014. http://www.cairnsgroup.org/Pages/wto_negotiations.aspx.

台,以自己的名义发布宣言和召开记者会,凯恩斯集团、G20(发展中国家成员农业议题20国协调组)等设立了正式网站,非洲集团和非洲、加勒比和太平洋国家集团(ACP)在日内瓦建立了秘书处,定期召开集团部长级会议以协调集团的立场;①(2)已经成为明显的一方谈判力量,对谈判进程产生实质性影响,如2001年多哈部长会议中的TRIPs与公共健康集团(Coalition on TRIPs and Public Health),②2003年坎昆部长会议中的G20和G90等;③(3)更多与NGO开展合作,出台技术性方案并争取公众的支持;(4)谈判集团之间的合作加强,很多成员同时加入几个集团,间接促进了集团之间的联系,如香港会议中,G20、G33(发展中国家成员特殊产品和特殊保障机制33国协调组)、ACP、最不发达国家集团(LDCs)、非洲集团、棉花四国以及弱小经济体集团、NAMA 11等召开联合会议。④

表11 WTO谈判集团发展情况表⑤

时 间	集 团
东京回合 (1973~1979年) 至乌拉圭回合之前 (1986年之前)	东盟(ASEAN Group)(1973) 非正式发展中国家集团(Informal Group of Developing Countries)(1982) Café au Lait Group(1983)
乌拉圭回合 (1986~1994年)	服务贸易发展中国家集团(Developing Countries on Services)(1986) 凯恩斯集团(Cairns Group)(1986) 航空运输服务集团(Air Transport Services)(1986) 食品进口国集团(Food Importers' Group)(1986) 拉美国家集团(Latin American Group)(1986) 南方共同市场(MERCUSOR)(1991)

① 有的集团还设计了集团的标志。例如,G33在2005年的香港会议发布了集团标志,包含33颗星星以及小麦图案,以表示他们在农产品谈判上的集体立场。See Andrew Hurrell and Amrita Narlikar, "The New Politics of Confrontation: Developing Countries at Cancun and Beyond", 2005, p. 415. Accessed December 1st, 2014. http://www.crisisstates.com/News/seminars4.htm.

② See John S Odell and Susan K. Sell, "Reframing the Issue: the WTO Coalition on Intellectual Property and Public Health", In John S. Odell, *Negotiating Trade: Developing Countries in the WTO and NAFTA*, Cambridge University Press, p. 238.

③ See Amrita Narlikar and Diana Tussie, "The G20 at the Cancún Ministerial: Developing Countries and Their Evolving Coalitions in the WTO", *World Economy*, 24(7), 2004, pp. 947-66.

④ See Patel Mayur, "New Faces in the Green Room: Developing Country Coalitions and Decision-making in the WTO", GEG Working Paper Series, 2007/WP33, p. 9.

⑤ Ibid., p. 2.

续表

时　间	集　团
WTO 成立之后至多哈回合之前(1995～2001 年)	志同道合集团(Like-Minded Group)(LMG)(1996) 弱小经济体集团(Small Vulnerable Economies)(SVEs)(1996) 非洲国家集团(African Group)(1997) 加勒比共同体(Caribbean Community)(CARICOM)(1997) 鱼之友(Friends of Fish)(1998) 地理标志之友(Friends of Geographical Indications)(1998) 服务贸易二十国集团(G24 on services)(1999) 最不发达国家集团(Least Developed Countries)(LDCs)(1999)
多哈回合(2001 年至今)	非洲、加勒太平洋国家集团(African, Caribbean and Pacific)(ACP)Group(2001) 新加坡议题核心集团(Core Group on Singapore Issues)(2001) 新加入成员集团(Recently Acceded Members)(RAM)(2003) 棉花 4 国(Cotton 4)(2003) G10(2003) 反倾销之友集团(Friends of Antidumping)(2003) G20(2003) G11(2005) G33(2003) G90(2003) 贸易便利化核心集团(Core Group on Trade Facilitation)(2005) 工业品市场准入 11 国集团(NAMA 11)(2005) 转型低收入国家成员集团(Low-income Economies in Transition) “第六段”国家集团(“Paragraph 6” Countries) 亚洲发展中国家成员集团(Asian Developing Members)

目前,WTO 已经形成了相当数量的谈判集团,大多数是发展中国成员和最不发达国家成员组建的。截至 2014 年 7 月 9 日,有 27 个谈判集团最为活跃,它们是凯恩斯集团(Cairns Group)、最不发达国家成员集团(Least Developed Countries, LDCs)、棉花四国(Cotton 4)、弱小经济体集团(Small and Vulnerable Economies, SVEs)、G20(发展中国家成员农业议题 20 国协调组)、G90(Coalition of African Group, ACP and LDCs)、G33(发展中国家成员特殊产品和

特殊保障机制 33 国协调组）、鱼之友（Friends of Fish）、G10、工业品市场准入 11 国集团（NAMA 11）、“第六段”国家（“Paragraph 6” Countries）、新加入成员集团（Recently Acceded Members，RAMs）、热带产品集团（Tropical Products Group）、联合提案者（Joint Proposal）、“W52”支持（“W52” Sponsors）、反倾销之友（Friends of Anti-Dumping Negotiation）、转型低收入国家成员集团（Low-income Economies in Transition）、野心集团（工业品市场准入）（Friends of Ambition）（NAMA）、弱小经济体集团（农业）（SVEs—农业）、弱小经济体集团（SVEs—工业品市场准入）、弱小经济体集团（SVEs—规则）、非洲、加勒比、太平洋国家集团（African，Caribbean and Pacific Countries，ACP）、非洲集团（African WTO Members Group）、亚洲发展中国家成员集团（Asian developing members）、欧盟（European Union）、东盟（Association of Southeast Asian Nations）、APEC（Asia Pacific Economic Cooperation Forum）、南方共同市场（MERCOSUR）等。[①]

二、WTO 谈判集团的概念和理论基础

（一）谈判集团的概念

谈判集团是决策者为参与谈判而成立的任何组织，这些组织为追求共同的目标而采用一致的行动。[②] WTO 谈判集团是 WTO 成员为参与 WTO 谈判和决策而组建的集团。其中以发展中国家成员组建的谈判集团居多。WTO 发展中国家集团旨在增强发展中国家和最不发达国家成员在 WTO 决策机制中的谈判能力，最终为其谋求贸易利益的集团。在谈判集团内部，成员之间彼此协调立场，在相关议题上至少拥有一个共同的立场和诉求；在集团外部，成员推选一个协调人（a single coordinator）或者谈判小组（negotiating team）代表本集团参与 WTO“绿屋会议”等非正式磋商机制，表达集团的诉求并及时反馈会议的内容，和集团内成员进行沟通和协调，以备拟定下一步方案。

最为典型的 WTO 谈判集团有农业议题中的 G20、G33、棉花 4 国、热带产品集团、转型低收入国家成员集团；非农议题中的工业品市场准入 11 国集团、“第

① 参见“WTO 主要谈判集团”，载 WTO 官网：http://www.wto.org/english/tratop_e/dda_e/negotiating_groups_e.htm 最后访问日期：2014 年 9 月 9 日。

② See Colleen Hamilton and John Whalley，“Coalition in the Uruguay Round：the Extent，Pros and Cons of Developing Country Participation”，*NBER Working Paper No.* 2751 October 1988. Accessed December 1st，2014. http://www.nber.org/papers/w2751.pdf? new_window=1.

六段”集团；特征集团中的 G90、最不发达国家集团（LDCs）、弱小经济体集团、新加入成员集团；区域谈判集团中的亚洲发展中国家成员集团、非洲集团、非洲、加勒比和太平洋国家集团（ACP）以及其他国际组织如南方共同市场等。

（二）谈判集团的理论基础

1. 组建国家集团的动因

从根本上讲，组建国家集团是一种以国家为主体的集体行动。对任何集体行动系统研究的逻辑起点是集体行动的目的或者动因。

从经济学的角度看，大多数集体行动的目的都是增进成员的利益。不去增进成员利益的集团将会消亡。亚里士多德曾写到：人们为了获得特别的好处，通过为生活的目的提供某些特别的东西而聚在一起，同样，政治社团是为它所带来的好处而自发地聚在一处并继续存在下去。现代政治学“集团理论”的奠基人阿瑟·本特利（Arthur Bentley）一语道破：“不存在没有利益的集团。”[①]工会被期待为员工争取更高的工资和更好的工作条件；卡特尔被期待为企业争取到更优的价格；公司被期待增加股东的红利；国家被期待提高公民的福祉。此外，集体行动可以获得单独行动所不能得到的公共资源或者物品，这也是合作的动机。[②]

从国际关系理论的角度分析，现实主义认为，国际社会处于无政府状态，国家是其中最重要的行为主体，“权力”与“国家利益”是国际关系变化的关键因素，经济是依附于国家政治目的之下的。然而现实主义者同样也承认“非国家行为者”（包括国家集团、国际组织等）的重要性，主张建立“国际机制与制度”来调和国家之间的利益并规范国家的行为，进而将国际合作制度化，使其得以在无霸权的环境下延续，以降低交易成本、减少冲突。自由主义理论认为，国际经济合作必须以相互利益为基础，特别是“促进经济福祉”及“维护政策自主”。作为一种机制化的国家集团，自由主义理论对国际组织的评价持鼓励的态度。国际组织的成立是以解决问题、提供功能服务、信息交换或追求共同利益为动力与目标的：第一，国际组织可以突破安全困境的疑虑，提供一个自由观念市场，以培养或发展共同价值与准则，而不一定需要霸权或强权的主导；第二，国际组织可以通过制度的建立，使合作继续，成为一种持续性与独立性的行为，并

① Arthur Bentley, *The Process of Government*, Evanston, I11, Principia Press, 1949, p. 211.

② 参见［美］曼瑟尔·奥尔森著：《集体行动的逻辑》，陈郁等译，格致出版社 2011 年版，第 9 页。

对行为者产生影响;第三,国际组织降低了国家交往的成本,提高了效率。

2. 国家集团(Group)与国家联盟(Alliance)

在当前的全球治理中,各种Group,即国家集团(G后面跟数字,表示集团中国家的数量)不断涌现,如G20、G7、G8等。国际关系中出现"G化"现象并由此提出"G外交"或者"G身份"问题,甚至有人认为G身份在一定程度上是衡量一个国家国际地位的标准。[①] 实践和理论中,国家联盟的概念比国家集团的概念出现得早,两者之间有着紧密的关系。

关于"国家联盟"的定义有很多,英语中的"coalition""alliance""bloc""alignment""pact""entente"等都表示不同程度的合作关系。[②] 从严格意义上讲,国际集团属于国家联盟的范畴,表示国家基于某种目的的合作关系。但是,国际联盟的含义多为狭义,即军事安全领域的结盟,其对照的英文为"alliance"。[③] 国家联盟的结成主要是为了共同的安全而建立的防范或者军事援助的政治性组织。我国的"不结盟政策"意指不结成以安全为目的而以军事合作和援助为内容的协定,不包括经济性质的联盟、战略协商联盟等非安全领域的联盟。

当前的国际社会中出现的国家集团,尤以发展中国家组成的集团居多。与传统意义上的国家联盟相比,国家集团有如下特点:第一,传统国家联盟往往针对某个国家,而国家集团通常以特定议题为基础,并不针对某个国家;第二,传统国家联盟的成员比较固定,其成员都是具有相同或者相似的意识形态、发展水平的国家,而国家集团不再以"南北"作为标准,具有开放性,以议题作为连接

---

① 参见陈玉刚:《中国外交研究的新机遇》,载《国际观察》2010年第1期。

② 孙德刚对此做了详细区分。参见孙德刚著:《多元平衡与"准联盟"理论研究》,时事出版社2007年版,第59页;孙德刚:《国际安全合作中联盟概念的理论辨析》,载《国际论坛》2010年第5期。

③ 例如,Robert E. Osgood认为,联盟是国家就安全问题作出承诺的一种形式,相关国家会签署正式协议,承诺使用军事资源对抗具体的敌人,或考虑单方面或联合的使用武力。See Robert E. Osgood, *Alliance and American Foreign Policy*, The Hopkins Press, 1968, p. 17. Arnold Wolfers认为,联盟是两个或两个以上主权国家为了国家安全而缔结协定,进行相互的军事援助。See Arnold Wolfers, "Alliance", *International Encyclopedia of the Social Science*, Macmillan Company and the Free Press, Vol. 1, 1974, pp. 268 – 269. Glenn H. Snyder认为,联盟是通过使用或不使用武力的方式来维护成员国的安全或扩大其权势而组成的正式的国家联合,该联合针对其他特定的国家,而不论这些国家是否已被明确地确认。See Glenn H. Snyder, "Alliance Theory: A Neorealist First Cut", *Journal of International Affairs*, Spring, 1990, Vol. 44, No. 1, p. 104.

点,具有工具性质;第三,传统国家联盟的主要目标是实现政治和军事的安全,而国家集团则是以经济利益为中心;第四,国家联盟通常是正式的国际组织,具有正式的协定,而国家集团是临时和松散的组织,不签署协议。①

3. 国家集团的分类

按照国家集团的功能,可以将其分为对话集团和谈判集团。对话集团的主要功能是为成员国提供沟通和交流的平台,妥善地解决彼此之间在相关经贸问题的分歧,不集体对外谈判,如"金砖国家集团"、"二十国集团"②等;谈判集团则是目前国家集团的主要类型,存在于国际组织或者国际会议中。成员围绕着特定的议题,或者根据地理位置、经济发展水平、意识形态等因素组建而成集团,其要实现的目标和发挥的功能是,通过谈判集团的组建提高整体实力以在对外谈判中增加要价能力,如本书研究的WTO体制下的众多谈判集团以及国际气候谈判中的"基础四国""小岛国家联盟"③等。有些国际组织为了平衡实力和利益的需要,成员国归属于不同的阵营中,在决策权的分配上注意阵营之间的平衡,如最初UNCTAD中的"七十七国集团"④、发达国家集团和计划经济集团,实行集团表决制。⑤

在谈判集团中,又可以根据不同的标准再进行细分。例如,根据具体功能,分为议程变动型集团、提出建议型集团、阻挠型集团和谈判型集团;⑥根据集团的性质,有的集团具有鲜明的务实色彩,它们不是以相同的意识形态和共同的

---

① 参见李计广、张军生:《发展中国家集团与中国》,载《现代国际关系》2013年第3期。

② "二十国集团"也称为G20,但不是WTO中的G20(发展中国家成员农业议题20国协调组)。"二十国集团"是当今世界上一个非常重要的国际经济合作论坛,于1999年9月25日由"八国集团"(G8)宣布成立。"二十国"属于布雷顿森林体系框架内非正式对话的一种机制,由原"八国集团"成员、欧盟、澳大利亚、中国、南非、阿根廷、巴西、印度、墨西哥、印度尼西亚、沙特阿拉伯、土耳其、韩国组成。该集团宗旨是推动发达国家和新兴市场国家之间开放和有建设性讨论和研究实质性问题,以寻求合作并促进国际金融稳定和经济的持续增长。

③ "小岛屿国家联盟"(AOSIS)由低海岸国家与小岛屿国家组成,目标是增强小岛屿发展中国家应对全球气候变化的声音。

④ 七十七个发展中国家在1964年日内瓦召开的联合国贸易与发展会议发表了《七十七国联合宣言》,"七十七国集团"由此诞生。参见"About G77",Accessed October 28th,2014. http://www.g77.org。

⑤ 参见田曼莉、陈元芳:《集团协商表决制:国际组织表决机制的新思路》,载《同济大学学报》(社会科学版)2007年第2期。

⑥ See Hamilton Colleen and John Whalley,"Coalitions in the Uruguay Round",*Review of World Economics*,125(3),1989,p. 555.

身份而是以自我利益实现为基础,往往仅有工具性质,专注于解决某一领域中的特定问题,有的集团则是建立在共同的意识形态或者政治价值观的基础之上,是志同道合国家的集合;①根据集团的团结程度,有组织严密型集团和组织松散型集团。②

三、WTO谈判集团的主要类型

笔者结合上述谈判集团类型的划分和WTO谈判集团的实际情况,同意将其大致划分为以下几种类型。(见表12)

(一)议题集团(Issue-based Group)

以某一议题作为集团建立的依据,成员在该议题上拥有共同或者相似的立场,以集体的行动获得共同追求的谈判结果。例如,G20中发展中国家成员就农业谈判的核心问题共同起草文件和提案,要求发达国家成员大幅度减少国内支持,全面取消出口补贴,并赋予发展中成员"特殊和差别待遇"。该集团不仅包括发展中国家成员,还包括非洲集团、LDCs以及ACP的部分成员。再如G33,即发展中国家成员特殊产品和特殊保障机制33国集团,其强调特殊农产品应该作为市场准入的例外,免于削减关税和扩大关税配额,并适用特殊保障机制防止进口产品的冲击等。

(二)特征集团(Character-based Group)

由具有相似经济发展水平或者共同意识形态的国家组建的集团。特征集团一般不受某个或几个议题为限制,是综合性的谈判集团。在WTO中主要存在4个特征集团:最不发达成员集团(LDCs)、弱小经济体集团(SVEs)、G90(非洲集团+ACP+LDCs)、新加入国家集团(RAMs)。其中LDCs、G90、SVEs的共同点是都由发展中国家成员和最不发达国家成员组成。可见这些国家在很多方面长期存在共同的利益和诉求,很明显与发达国家成员形成对抗。这说明WTO中的南北矛盾依旧突出。最不发达成员集团(LDCs)要求在多哈回合享受"免费回合"待遇,即免于做出任何减让,其出口产品享受免税、免配额待遇,享受具有可操作性和有效性的特殊和差别待遇。此外,还强调技术援助和能力

① See Amrita Narlikar, *International Trade and Developing Countries: Bargaining Coalitions in the GATT and WTO*, Routledge, 2003, p. 29.

② 参见世界贸易组织秘书处:《世界贸易报告2007》,中国商务出版社2008年版,第409页。

建设。弱小经济体(SVEs)则主要主张解决优惠侵蚀问题等。①

(三)区域集团(Geographical or Regional Group)

广义的区域集团可以分为两种:一种是传统区域内的WTO的成员为了参与WTO的谈判和决策活动而专门建立的集团,如非洲、加勒比海、太平洋国家集团(ACP)、非洲集团(African WTO members Group)等;另一种是已经存在的区域国际组织,以自己的名义提案,代表本组织的成员国参与谈判,如欧盟、东盟、APEC和南方共同市场等。与特征集团相同,区域谈判集团不以具体议题为基础,其提案的内容多样化,是综合性的谈判集团,可能就区域内成员都关心的任何议题提出议案。

表12　WTO中的主要谈判集团及其类型表②

议题集团	特征集团	区域集团	其他国际组织
凯恩斯集团(Cairns Group)农业议题	最不发达国家成员集团(Least Developed Countries)	非洲、加勒比海、太平洋国家集团(African,Caribbean and Pacific Countries)	欧盟(European Union)
G20 农业议题	弱小经济体集团(Small and Vulnerable economies)	非洲集团(African WTO Members Group)	东盟(Association of Southeast Asian Nations)
G33 农业议题	G90(Coalition of African,ACP and Least-developed Countries)	亚洲发展中国家成员集团(Asian developing members)	APEC(Asia Pacific Economic Cooperation Forum.)

① “优惠侵蚀”:多哈回合削减关税后,美欧等给惠国的最惠国关税降低,最不发达国家成员作为受惠国原先在优惠贸易安排下享有的优惠幅度相对减小。最不发达成员要求对美欧给予优惠关税产品的关税削减作出特别安排,免于削减等。

② 由笔者整理。

续表

议题集团	特征集团	区域集团	其他国际组织
棉花 4 国（Cotton 4）农业议题	新加入成员集团（Recently Acceded Members）		南方共同市场（MERCOSUR）
鱼之友（Friends of Fish）农业议题			
G10 农业议题			
热带产品集团（Tropical Products Group）农业议题			
转型低收入国家成员集团（Low-income economies in transition）农业议题			
反倾销之友（Friends of Anti-Dumping Negotiation）规则议题			
联合提案者（Joint proposal）知识产权议题			

续表

议题集团	特征集团	区域集团	其他国际组织
"W52"支持者（"W52" sponsors）知识产权议题			
"第六段"国家（"Paragraph"6 Countries）工业品议题			
野心集团（工业品市场准入）Friends of Ambition（NAMA）工业品议题			
工业品市场准入11国集团（NAMA11）工业品议题			

根据成员类型，WTO 谈判集团又可分为纯粹的发展中国家成员集团、发达国家成员集团和混合集团。（参见表 13 中国家成员集团、发达国家成员集团）其中纯粹的发展中国家成员集团为数最多，他们是发展中国家通过集体力量提升对多边贸易谈判影响力的重要方式，其生成机理、对 WTO 决策机制的作用以及完善等问题，笔者将在下文中详细进行分析。

表 13　发展中国家成员集团、发达国家成员集团、发展中和发达国家成员混合集团表①

发展中国家成员集团（包括最不发达国家成员参与的集团）	发达国家成员集团	兼有发展中国家和发达国家成员的集团
G20	欧盟	凯恩斯集团
G33	野心集团（工业品市场准入）	鱼之友
G90		G10
棉花 4 国		反倾销之友
热带产品集团		APEC
转型低收入国家成员集团		“W52”支持者
“第六段”国家		联合提案者
工业品市场准入 11 国集团		
最不发达国家成员集团		
南方共同市场		
新加入成员集团		
弱小经济体集团		
亚洲发展中国家成员集团		
非洲集团		
非加太集团		
东盟		

第二节　WTO 谈判集团的生成机理

WTO 谈判集团中主要以发展中国家成员集团为主。WTO 体制中发展中国家成员的数量增长和实力增强正在使多边贸易体制传统的权力结构发生改

① 由笔者整理。

变。发展中国家成员开始利用结盟、议题连结、议程设定等策略或战术，提高其对多边贸易谈判的影响。其中，组建谈判集团是发展中国家成员克服多边贸易体制中既有权力结构限制，从而提高对谈判结果的影响的必要之举。以下笔者将从WTO发展中国家成员谈判集团产生的宏观经济背景、经济基础、制度根源和政治动因等多方面深入剖析其生成机理。

一、宏观经济背景

经济全球化是WTO谈判集团生成的宏观经济背景。经济全球化深刻地影响着世界经济的发展模式，随着全球一体化的商品市场、服务市场以及资本市场的形成，不同国家间在经济发展上的依赖性不断加强。显然，经济全球化对于发达国家而言更为有利，全球经济一体化为其提供了更多的世界市场。而经济全球化却给发展中国家带来了严峻的考验：世界经济发展的不平衡与不平等加剧；国家经济利益分配的不平等加剧；各国经济发展的成本分担的不平等加剧；各国经济结构性的不均衡性加剧；国际经济事务决策的参与权的不平等加剧等。发展中国家在经济全球化进程中明显处于被动境地。这种情形尤其受到ACP、LDCs和非洲集团的发展中国家和最不发达国家的重视。

面对不可逆转的经济全球化趋势，发展中国家逐渐意识到必须重视两大问题：一是如何对待经济全球化；二是如何对待多边经济体制。就GATT/WTO多边贸易制度而言，发展中国家离不开多边贸易制度，多边贸易制度也不能没有发展中国家。国家之间、国家和国际组织之间经济上的相互依存关系越强，中断经济交往的成本就越大。当WTO体系内的矛盾冲突与利益得失日益突出时，为维护自身权益结成相对稳定的利益集团也就是势所必然。

二、经济基础

发挥比较优势和整合整体战略是WTO谈判集团生成的经济基础。贸易自由化是国际贸易的必然选择。根据大卫·李嘉图的比较优势理论，是产品生产的比较优势而非绝对优势决定了一国生成和出口什么样的产品。目前WTO谈判集团的不同类型中，议题集团占据多数。实际上，议题集团的基础在于成员在贸易中的某一个领域具有相同或者相似的比较优势。例如，凯恩斯集团都是农业出口国，在农产品出口竞争方面具有明显的比较优势，其主张推动农业市场的自由化，为其农产品寻求更广阔的世界市场。当然，国际贸易属于低级政治,各个成员政府在制定贸易政策、参与多边贸易谈判以及选择加入或者组建谈判集团时,除了需要考虑利益共同性和资源的最佳配置外,还需要考虑本国产业的安全和外交利益等因素。总之,为了各个成员的贸易比较优势和配合整体战略,发展中国家成员通过组建谈判集团的方式来抗衡发达国家成员对WTO 规则制定的操控,从而争取有利于获得自身经贸利益保护的决策环境。

此外,国际贸易属于低级政治,各国的政治和外交的安全则为高级政治。高级政治对低级政治有直接的影响,低级政治必要时需要让位于高级政治。因此,各个国家政府在制定贸易政策、制度以及参与多边贸易体制时,除了要考虑利益共同性和资源的最佳配置,还需要考虑本国产业的安全和外交利益等因素。

综上所述,为了各个成员的比较优势和配合整体的战略,发展中国家成员通过组建谈判集团的方式抗衡发达国家成员对 WTO 规则制定的操控,从而争取有利于获得自身经贸利益的决策环境。

三、制度根源

WTO 缺乏合理公正的谈判规则是 WTO 谈判集团产生的制度根源。笔者认为,发展中国家成员集团之所以得以形成,其中一个最为直接的原因即为贸易大国通过对多边贸易谈判过程的控制进而侵蚀其他国家成员的相关利益。WTO 缺失公平合理的谈判规则是导致发达国家成员操纵决策和谈判过程的制度根源。在"协商一致"的基本决策方式下,WTO 没有建立明确的多边贸易谈判规则。实践中,多边贸易谈判的进程是按照发达国家成员主导下的一些惯例开展的,其中主要是"'一揽子'承诺"和"绿屋会议"等。

"'一揽子'承诺"的不公正表现为它使发达国家成员以"与贸易有关"的名义引入很多新的谈判议题,如国际投资、知识产权保护、劳工标准、"新加坡议题"等,作为多边贸易体制"'一揽子'协定"的内容,所有成员都要接受。从谈判结果来看,总体上"'一揽子'承诺"让发达国家成员从弱小成员处获取的让步比弱小成员得到的实惠要大得多。例如,自从乌拉圭回合引入"'一揽子'承诺"谈判规则后,发达国家以"与贸易有关"的名义为多边贸易回合引入了很多新的谈判议题,但是没有任何人可以准确地界定"与贸易有关"的含义和范围。尽管"'一揽子'承诺"利用议题的关联性有助于成员之间进行利益的交换,但是总体来说,发达国家利用"'一揽子'"承诺从弱国获取的让步比发展中国家成员获得的实惠要大得多,例如,发达国家在农业、纺织品议题上的让步是以要求发展中国家加入服务贸易、投资以及知识产权等议题谈判作为对价的。乌拉圭回合为发展中国家成员留下的后遗症在接下来的几十年中不断遭到批判,严重影响了多哈回合的启动。1996 年欧美国家即试图将“新加坡议题”(投资、竞争政策、政府采购和贸易便利化)纳入谈判范围之中。2001 年多哈部长级会议期间,欧美国家将“新加坡议题”捆绑在“多哈发展回合”谈判初选议题中,以期达到其“旧事重提”之目的。在经过乌拉圭回合的经验教训后,发展中国家成员坚决反对“新加坡”议题登堂入室,主张在乌拉圭回合“执行议题”未能得到解决之前,毫无必要启动新一轮谈判。发展中国家成员对发达国家成员提出的几乎所有建议都持抵制态度。在发展中国家成员集团的反对下,2003 年坎昆部长级会议因在“新加坡议题”上分歧过大而失败。在 2004 年 7 月的“框架协议”中,“新加坡议题”中仅有“贸易便利化”被纳入了多哈回合的谈判议题框架之中。

“绿屋会议”非正式磋商机制是受到发展中国家质疑最多的多边贸易谈判规则。“绿屋会议”的本质特点是排他性,是“协商一致”决策方式在实践中的“变通”做法。之所以产生“绿屋会议”,一方面是为了提高“协商一致”下多边贸易的谈判效率;另一方面,更是发达国家成员借以实现对 GATT/WTO 谈判进程和方向控制的手段。“绿屋会议”传统在早期是完全由“四方国”主导的,鲜有发展中国家被邀请参与。“绿屋会议”是诞生多边贸易纪律的重要场所,有限的几个发达国家成员在此会议中就相关议题的规则达成一致后,在全体会议通过后成为所有 WTO 成员共同遵循的“游戏规则”。如果“绿屋会议”的民主性和透明度等缺陷不得到及时的改善,那么多边贸易谈判的结果的合法性必将受到强力的质疑。WTO 成立以后,“绿屋会议”在参与度和透明方面改善了甚多,改革的动力是源自发展中国家成员谈判集团的繁荣发展。多哈回合开启后,“绿屋会议”的参与者得到扩充,阿根廷、巴西、智利、中国、哥伦比亚、埃及、印度、韩国、墨西哥、巴基斯坦、南非等成为“绿屋会议”的发展中国家成员的代表,经常被邀请参加相关议题的讨论。他们中间很多都是发展中国家谈判集团的成员和代表,例如,中国、印度、巴基斯坦、墨西哥、埃及、南非是 G20 成员,印尼、马来西亚、牙买加、肯尼亚、毛里求斯是 G33 成员,加拿大、澳大利亚、新西兰是凯恩斯集团成员,瑞士、挪威、日本、韩国为 G10 成员,欧共体代表 27 个成员国,牙买加同时是 G33、G90 和岛国集团成员,肯尼亚同时是 G33、G90 成员,毛里求斯同时是 G33、G90、弱小经济体集团和岛国集团成员,贝宁是棉花 4 国的代言人,巴西是 G20 的代言人,印尼是 G33 代言人等。应该说,发展中国家谈判集团产生的最核心动因和目的就是提升发展中国家成员在“绿屋会议”中的存在感。集团的诉求通过代言人传达到“绿屋会议”上,代言人在“绿屋会议”谈判中的立场转变需要和自己所在谈判集团的成员协商确定,很大程度上改善了发展中国家成员参与WTO决策的被动境况。

缺乏公平合理的谈判规则使多边贸易谈判始终笼罩在“权力导向”之阴影下。影响WTO谈判总体趋势和方向的决定性因素不在于成员数量的多少,而是成员谈判实力的强弱。谈判实力实质上是在多大程度上谈判会因某个成员离开谈判桌而终止或者受到巨大影响。历时8年的乌拉圭回合谈判最终能在1994年4月15日结束,正是美国根据《乌拉圭回合协定法》中国会对总统的“贸易促进权”授权的截止日期强化了其对多边贸易体制的控制。为了对抗这种赤裸裸的权力政治,发展中国家成员唯有通过组建谈判集团才能对发达国家成员形成“抗衡”。多哈回合之所以举步维艰,从积极方面理解,是因为发展中国家成员逐渐学会了利用规则,正在通过集团的方式打破发达国家成员的“一言堂”。

四、政治动因

发展中国家维护经济利益意识的抬头和发展是WTO谈判集团生成的政治动因。从更深的层次和更长远的目标来看,破除旧的国际经济新秩序和逐步建立新的国际经济秩序是发展中国家成员组建的谈判集团的终极目标。依据传统权力政治之观点,权力结构是支配国际事务的关键要素。GATT/WTO的权力结构基本上由发达国家成员所掌握,无论从WTO总干事的选任、秘书处职员结构,还是“绿屋会议”“‘一揽子’承诺”和“主要供应国原则”等都显示出贸易大国的主导性,其中美国和欧盟“双强”长期支配整个多边贸易体系的发展。这是旧的国际经济秩序在多边贸易体制中的具体表现。发展中国家成员开始意识到只有深度参与多边贸易谈判,争取平等决策国际经济事务,才能从根本上维护其经济利益和破除旧式国际经济秩序。他们已不再甘于做规则的接受者,而是要改变既有的由发达国家垄断国际经济秩序的局面,要与发达国家共同制订全球经济规则。

发展中国家成员欲在美欧支配下的WTO独力推动立法,机会确实十分渺茫。从历史经验看,UNCTAD中的“七十七国集团”是发展中国家集团的成功实践。他们将这种“南南合作”的模式“移植”到WTO多边贸易体制内,特别是在2003年坎昆部长级会议上历练,极大阻挠了发达国家成员继续在多边贸易体制内"肆意"推行自己意志。发展中国家成员谈判集团初见成效,进一步使他们领略到加强"南南合作"对打破旧式国际经济秩序的重要性。

第三节 WTO谈判集团对改善WTO决策机制的作用

近十几年来,WTO谈判集团的活动十分活跃。根据秘书处的统计,以2006年为例,LDCs召开了108次会议、ACP召开了77次会议、非洲集团召开了46次会议、G90召开了4次非洲集团、ACP和LDCs的联合大会。① 这些会议形式多样,包括技术级磋商、集团高管会议、部长级会议等。1986年8月27日到2011年12月15日,凯恩斯集团每年至少召开一次部长级会议,截至2011年年底,共计召开了37届部长级会议。② Amrita Narlikar认为,WTO成员谈判集团尤其是发展中国家成员的谈判集团至少有三个方面的积极作用:一是帮助WTO决策过程中那些最边缘化(the most marginalized)的成员能够参与到谈判过程中来;二是帮助缓解WTO的合法性(legitimacy)质疑,一些弱小成员通过加入谈判集团进而参与决策,有助于为WTO合法性改革提出新的路径;三是帮助人们进一步关注如何发展和提升当前的多边贸易体系。对谈判集团的研究不仅仅对发展中国家成员和多边贸易体系的合法性很重要,而且也对如何在不影响WTO决策机制的包容性(inclusiveness)的前提下提高其效率(efficiency)的综合性问题有着积极的意义。③ WTO谈判集团这股谈判力量在多哈回合尤其是2003年坎昆会议前后开始爆发出前所未有的能量。谈判集团促使WTO决策机制朝着更民主、透明和有效率的方向改善。

一、有利于发展中国家成员有效参与WTO决策机制

1. WTO谈判集团的出现和发展较好缓和了单个发展中国家成员参与

① 参见傅星国著:《WTO决策机制的法律与实践》,上海人民出版社2009年版,第202页。

② See "Cairns Group Ministerial Meetings", Accessed November 11th, 2014. http://www.cairnsgroup.org/Pages/Meetings.aspx.

③ See Amrita Narlikar, "A Theory of Bargaining Coalitions", in Narlikar Amrita and Vickers Brendan, *Leadership and Change in the Multilateral Trading System*, Republic of Letters Publishing/Martinuns, Nijhoff, 2009, p. 184.

WTO决策机制面临的困境

对于一个"成员驱动型"组织来说,如果不能在该组织长期派驻稳定的代表,则对成员参与复杂的多边贸易谈判是非常不利的。与老"四方国"等发达国家相比,发展中国家成员谈判资源差距甚大,前者在日内瓦拥有专业的谈判专家和团队,而一些发展中国家成员只能派出1个或者2个代表参加谈判。即便是在日内瓦有谈判代表,发展中国家成员也感到参与多边贸易谈判的不易,因为WTO谈判的议题多,内容广,开会时间密集,例如,2001年一年就举行了400个正式和非正式会议,①2005年谈判的事项多达20个领域,涉及60个WTO机构、委员会、特别谈判小组和工作组等。② 发展中国家成员为数不多的谈判代表需要同时参加服务贸易、非农产品市场准入、农业和知识产权等诸多议题的谈判。谈判集团可以在日内瓦设立稳定的代表参与WTO的诸多活动,例如,非洲集团、ACP和最不发达国家集团等都"正式"的授权某个成员代表集团在特定的议题上进行谈判。这就意味着在WTO各机构、工作组和会议中,一个集团至少有一个成员代表其成员参与到某一议题上的谈判中。尤其是在部长级会议期间,有很多会议同时召开,如果发展中国家成员单独赴会,则不可能充分参与所有会议。因而,集体谈判将有助于帮助单个发展国家成员参与多重领域的复杂谈判进程。

2. WTO谈判集团整合了发展中国家成员的研究和技术资源

有效参与WTO谈判的重要条件之一是成员能够提出经过精密研究的并具有一致性的主张。多边贸易谈判已经变得越来越具有技术性和专业性,在知识产权、服务贸易、非关税措施、关税减让公式等各个领域都需要专业人才。单个发展中国家成员囿于有限的人才资源和捉襟见肘的国内资助,经常无法提出内容翔实且科学细致的提案。谈判集团模式可以有效对成员的研究和技术资源进行集中和整合,集团内成员共同分担研究和拟定提案的任务。③ 这使长期以来发展中国家成员反对欧美发达国家成员的提案但是自己却拿不出提案的状况得以改观。例如,在农业议题上,G20已经能够拟定高质量的提案,这些提案

---

① See Rober Wolfet, "Crossing the River by Feeling the Stones: Where the WTO is Going After Seattle, Doha and Cancun", *Review of International Political Economy*, 2004, 11(3), p. 582.

② See Carolyn Deere, "International Trade Technical Assistance and Capacity Building", Background Paper for the UNDP Human Development Report, 2005, p. 11.

③ See Amrita Narlikar and Diana Tussie, "The G20 at the Cancún Ministerial: Developing Countries and Their Evolving Coalitions in the WTO", *World Economy*, 24(7), 2004, p. 953.

实质性地推动了农业谈判的进展,同时也确立了G20在农业议题中的权威。此外,一些国际组织以WTO谈判集团为桥梁,为发展中国家成员参与谈判提供帮助,例如,在西雅图会议之前UNCTAD和联合国开发计划通过支持和组织非洲地区的论坛和“非洲专属积极议程”,在WTO非洲集团的组建上发挥了重大作用。①

3. WTO谈判集团之间的合作进一步增强了发展中国家成员整体的谈判实力

最不发达国家集团、非加太集团、非洲集团、弱小经济体集团在某些议题上所关注的焦点与立场会相当类似,在2003年坎昆会议前结合为G90,提高了其整体影响力。最不发达国家集团、非加太集团、弱小经济体集团、非洲集团以及G33、G20组成的六大谈判集团,覆盖了WTO中的110多个成员,在2005年香港会议上联合声明要求将发展中国家成员的要求作为多哈回合中的核心议题,呼吁在2010年取消各种形式的出口补贴和扭曲贸易的国内支持,敦促大会就“免关税、免配额”问题达成共识。在农业谈判中,G20在坎昆会议后表达了对G33集团目标明确予以支持的态度,提出为了帮助发展中国家成员解决其食品安全问题,允许其指定“特殊产品”的主张。两大集团继而在香港会议相互合作与支持,成功确立2006年年底取消所有形式的棉花出口补贴,2013年取消农业补贴的最后期限以及给予最不发达国家成员棉花出口“双免”待遇等目标,并且确定农产品和非农产品市场进入谈判模式框架。此外,许多发展中国家成员集团并非专门关注于某一议题,而是根据他们当时的需求跟其他集团有所结合,例如,非洲集团、ACP、最不发达国家集团、弱小经济体集团就在反对“新加坡议题上”与志同道合集团(Like Minded Group,LMG)②合作,采取同一战线。最不发达国家成员通常在一般议题上会附和比较大的集团的立场、如非洲集团、非加太集团和G90,但是在特殊利益上,则会参加以专门议题为主的集团、如G10、G33、弱小经济体集团等。

二、有利于提高“绿屋会议”的参与度和透明度

最早的“绿屋会议”出现在东京回合期间,当时的参与国不多于8个,其中

① See Patel Mayur, “New Faces in the Green Room: Developing Country Coalitions and Decision-making in the WTO”, *GEG Working Paper Series*, 2007/WP33, p. 12.

② 志同道合集团:由约60个WTO成员组成,采取共同立场、协调策略,主要推动执行议题(Implementation Issues)、发展议题改革,并反对纳入新加坡议题。

老“四方国”是固定参加者。1986 年乌拉圭回合开启后,“绿屋会议”的参与国为老“四方国”、澳大利亚、新西兰、瑞士、挪威和一些发展中国家及地区,如阿根廷、巴西、智利、哥伦比亚、埃及、中国香港地区、印度、韩国、墨西哥、巴基斯塔、南非和至少一个东盟成员国。[①] WTO 成立后,“绿屋会议”参与方不断增多,1996 年 WTO 第一次部长级会议期间,“绿屋会议”涵盖了 34 个成员参与。[②] 但是 1999 年的西雅图会议期间,时任会议主席的美国贸易代表 Cherlene Bashefsky 排除了绝大多数发展中国家成员,仅邀请“四方国”和少量其他成员参与“绿屋会议”,此举遭到了很多发展中国家成员的强烈反抗。西雅图会议后,“绿屋会议”得到扩大,邀请了一些发展中国家成员参与,但是这些成员当时还不是以集团的协调人的身份被邀请参会。[③]

2001 年多哈回合开启前的准备阶段,谈判集团正式进入“绿屋会议”,32 个与会者中有 15 个为发展中国家成员,包括巴西、博兹瓦纳、智利、埃及、印度、肯尼亚、马来西亚、墨西哥、尼日利亚、巴基斯坦、新加坡、南非、坦桑尼亚、乌拉圭、津巴布韦等。[④] 但是和以前不同的是,这些成员明确是以谈判集团的协调人(coordinators)的身份被邀请参加的,例如,肯尼亚是 ACP 的协调人,坦桑尼亚是 LDCs 的协调人。2005 年香港会议期间,“绿屋会议”邀请谈判集团的协调人参会形成了一种“模式”被固定下来。“绿屋会议”作为“主席的顾问小组”(Chairman's Consultative Group)就像 WTO 的“准议会”(pseudo-parliamentary)涵盖了来自不同选区(constituencies)的代表参与。[⑤] 由此“绿屋会议”参与成员得到了大大扩充,始终保持在 25 ~ 30 个成员方,其中澳大利亚代表凯恩斯集团,巴西、印度代表 G20,印度尼西亚代表 G33,毛里求斯代表 ACP 和 G90,赞比亚代表 LDCs,埃及代表非洲集团等。

谈判集团的协调人参与“绿屋会议”,有效改善了其参与度和透明度。谈判

---

① See Jeffrey Schott and Jayashree Watal, "Decision-making in the WTO", *International Economic Policy Briefs* (00 – 2), Institute for International Economics. 2000.

② See Richard Blackhurst, "Reforming WTO Decision Making: Lessons from Singapore and Seattle", in Klaus Gunter Deutsch and Bernhard Speyer(eds), *The World Trade Organization Millennium Round: Freer Trade in the Twenty-First Century*, Routledge. 2001.

③ See Patel Mayur, "New Faces in the Green Room: Developing Country Coalitions and Decision-Making in the WTO", *GEG Working Paper Series*, 2007/WP33. p. 13.

④ See Aileen Kwa, *Power Politics in the WTO*, Focus on the Global South. 2002. p. 27.

⑤ See Patel Mayur, "New Faces in the Green Room: Developing Country Coalitions and Decision-making in the WTO", *GEG Working Paper Series*, 2007/WP33, p. 14.

集团会在“绿屋会议”召开之前进行协商,拟定提案的内容和磋商谈判的方案、策略。这些谈判集团的协调人在“绿屋会议”中代表本集团发言,表明集团的立场并提出议案,使集团中各个成员的声音和立场能够在 WTO 的核心决策圈中得以反映。在“绿屋会议”歇会和结束后,集团协调人及时向成员通报会议内容,反映参会各方的立场,以便和集团其他成员协商下一步的谈判计划。2008 年 7 月,前 WTO 总干事拉米在 TNC 会议中的发言指出:“我要强调的是,在整个绿屋会议谈判过程中,我严重依赖各个谈判集团协调人来确保透明度和参与度,我理解协调人肩负着很重的负担,但是我要恳请诸位协调人确保及时将小范围磋商结果向其代表的谈判集团进行通报并组织集团内部的磋商,保证所有成员都知晓并参与,同时把所有集团的立场向其他成员、谈判组主席和我本人进行转达。①

然而,需要看到的是,在“绿屋会议”外还存在一种更小范围的磋商,即 G4/G7 等小型会议,被认为是 WTO“最核心”的决策圈。G4 原本为“四方国”,后来美国、欧盟、巴西、印度的会商成为“新四方国”。G7 是在 2008 年 7 月形成的小型谈判组合,包括“新四方国”和中国、日本、澳大利亚。G4 和 G7 的成员始终是所有“绿屋会议”的主要参与方。在“绿屋会议”25 ~ 30 个参与方磋商不果的情况下,该“绿屋会议”暂停,转为 G4 或者 G7 等小范围磋商,经过小范围磋商后的结果再提交给“绿屋会议”,最终提交给 TNC 全体通过。G4 和 G7 依然是排除了绝大多数成员的参与,发展中国家成员建议 G4 或者 G7 会议应该少开或者不开。

三、有利于提高 WTO 决策机制的效率

从一定意义上而言,所谓全球治理,大多是一种代表性与可行的成员数量间的动态平衡,基于此种因由,诸如 WTO、联合国、国际货币基金组织、世界银行等国际组织常会因为决策僵局而导致效率低下进而难以有效发挥其应有作用。② WTO 目前的成员已经达到 164 个,从理论上来讲,每个成员都有自己的立场,那么要协调这么多立场就十分困难。WTO 前总干事拉米在竞选总干事的演讲中指出,必须承认,在谈判涉及成员的义务上即使想在几行字达成一致

---

① See “Moderate and Uneven Progress Leads to ‘Geometry’ Tweak”, Accessed November 16th, 2014. http://www.wto.org/english/news_e/news08_e/meet08_summary_23july_e.htm.

② 参见李计广、张军生:《发展中国家集团与中国》,载《现代国际关系》2013 年第 3 期。

也是很难的。WTO谈判集团内部成员必须先协调立场以形成集团的集体立场。在内部协调的过程中,各成员的立场均有所妥协,这间接降低了多边贸易谈判中对众多立场进行协调的难度。以议题集团为例,在不同的议题上形成多个集团,每个集团都汇集了立场相似或相同的成员,如此一来,160多个立场被化零为整,形成几个大的集团立场。谈判过程不再是160多个成员之间的复杂博弈,而是几个大的集团之间的利益交换。客观上,谈判集团使交易的成本降低,节省了时间和资源,使WTO的谈判变得更加有效率。

如今几乎所有的WTO成员都至少加入了一个谈判集团。从WTO官方网站上提供的数据分析,参加谈判集团最多的是毛里求斯,共参加了9个集团:ACP、非洲集团、G90、弱小经济体集团—农业、弱小经济体集团—规则、G10、G33、"第六段"集团、"W52"支持者;其次是南非参加了8个集团:ACP、非洲集团、G90、凯恩斯集团、G20、NAMA 11、"W52"支持者、联合提案者;印度尼西亚参加了8个集团:亚洲发展中成员集团、APEC、ASEAN、凯恩斯集团、G20、G33、NAMA 11、"W52"支持者;多米尼加参加了8个谈判集团:ACP、G90、弱小经济体集团(农业)、弱小经济体集团(规则)、弱小经济体集团(非农产品)、G33、"W52"支持者、联合提案者;古巴参加8个集团:ACP、G90、弱小经济体集团(农业)、弱小经济提集团(规则)、G20、G33、"第六段"国家集团、"W52"支持者;中国参加了6个集团:亚洲发展中成员集团、APEC、新加入成员集团、G20、G33、"W52"支持者;巴西参加了6个集团:南方共同市场、凯恩斯集团、G20、NAMA 11、反倾销之友、"W52"支持者;印度参加了5个集团:亚洲发展中成员集团、G20、G33、NAMA 11、"W52"支持者;俄罗斯加入了2个集团:APEC、新加入成员集团。从发达国家成员来看,美国参加了4个集团:APEC,野心集团、鱼之友、联合提案者;欧盟作为一个成员参加了2个集团:野心集团、"W52"支持者;日本参加了5个集团:APEC、G10、野心集团、反倾销之友、联合提案者;加拿大参加了4个集团:APEC、凯恩斯集团、野心集团、联合提案者;澳大利亚参加了5个集团:APEC、凯恩斯集团、野心集团、鱼之友、联合提案者。① 可见,发展中国家成员是组建谈判集团的中坚力量。这些谈判集团的出现,不仅减少了WTO决策机制的民主赤字,也推进了WTO决策的效率。

① 由笔者整理。"Groups in the Negotiations by WTO member", Accessed November 17th, 2014. http://www.wto.org/english/tratop_e/dda_e/groups_by_country_e.htm.

第四节 WTO谈判集团的主要挑战和完善

一、WTO谈判集团的主要挑战

WTO成员谈判集团是在WTO谈判实践中发展起来的以提高成员的谈判实力为目标,最终增进成员福利的集体行动。谈判集团在实践中不仅为成员参与多边贸易谈判承担了福利提供者和代言人的角色,还改善WTO决策机制的参与度和透明度。但是,WTO谈判集团在制度上和实践中还面临着诸多挑战。

(一)缺乏明确的法律地位和制度支持

GATT时代,多边贸易体制并不支持和鼓励成员集团的发展。这一点在WTO建立后多有改观。然而,目前WTO多边贸易体制仅在最不发达国家成员委员会、区域贸易协定(集团)和秘书处的支持中给予成员集团以法律地位。而为了参与WTO多边贸易谈判组建的谈判集团在当前的WTO体制中没有明确的法律规定,这是谈判集团发展面临的制度障碍和挑战。这将会给谈判集团的稳定性、连贯性乃至整个WTO决策机制的健康发展带来问题。

第一,WTO贸易与发展委员会(Committee on Trade and Development, CTD)的“最不发达国家成员委员会”(The Sub-Committee on Least-Developed Countries)。[①] 最不发达国家委员会是CTD的次委员会(sub-committee),专门解决和最不发达国家成员相关的特殊问题。该机构的设置是对“最不发达国家”集团的一种承认,使“最不发达国家”作为一种类型或者集体存在于WTO体制下。根据《WTO协定》第4条第7款和《马拉喀什宣言》第5段规定,CTD最不发达国家委员的职能是:(1)特别关注和最不发达国家成员相关的特殊问题;(2)定期地审查多边贸易协定中针对最不发达国家的特殊条款的执行情况;(3)建立特殊措施以支持和促进最不发达国家贸易和投资机会的扩大;(4)向CTD报告考虑采取的合适措施。就WTO谈判和决策活动而言,WTO体制并没有确立最不发达国家作为一个集团参与谈判和决策的身份。

第二,区域贸易集团。GATT 1994第24条承认和规制WTO体制下区域贸易协定(Regional Trade Agreement,RTA)的存在和发展。区域贸易组织或者集

---

① See “The Sub-Committee on Least-Developed Countries”, Accessed October 5th, 2014. https://www.wto.org/english/tratop_e/devel_e/dev_sub_committee_ldc_e.htm.

团在 WTO 体制下具有合法的地位。然而,GATT 1994 第 24 条的主要目的在于规制 RTA 和 WTO 之间的关系,避免 RTA 成为多边贸易制度的绊脚石。这种承认并非赋予了 RTA 作为一个整体参加 WTO 谈判和决策的地位。在目前活跃的谈判集团中,以区域集团身份联合提案参与谈判的集团有 APEC、南方共同市场、东盟、欧盟。例如,东盟于 1973 年在 WTO 总部日内瓦设立东盟日内瓦委员会(ASEAN Geneva Committee)代表集团参与 WTO 谈判工作。

第三,秘书处在技术援助的领域支持发展中国家成员集团。秘书处的职责之一是专门为 ACP、非洲集团、拉美和加勒比集团(the Latin American and Caribbean Group)、最不发达国家成员集团、阿拉伯集团(the Arab Group)、太平洋岛国论坛(Pacific Islands Forum)等开展技术援助活动。① 除了最不发达国家集团外,其他集团在 WTO 体制中的地位并不明确。此外,秘书处还为区域贸易集团提供参加 WTO 诸会议的支持以及向其介绍与 WTO 谈判相关的特定议题内容。

(二)缺乏稳定性

WTO 成员谈判集团从本质上看是一种利益集团,即成员以相似的利益为基础,旨在增进整体福利,以更好地维护各成员利益的松散的组织。稳定性一直是该利益集团存在的一个内在问题,谈判集团的成员为了实现其既定的目标,维护特定的利益,通常会在多边贸易政策协调环境中有意无意地在国家间合作中使其相互关系保持在一种可控前提下的波动状态。② 影响谈判集团稳定性的因素,既有集团内部成员利益之间的冲突,又有外部力量对集团的分裂压力。

1. 谈判集团内部的利益冲突

从历史角度来观察,集团内部利益的分化将有损于集团的一致性(coherence)和稳定性(stability)。集团成员彼此间通常会因为利益分歧而导致意见的不一致,即便是在其一致对外争取权益而需要密切合作的时候,情况也是如此。肯特·琼斯(Kent Jones)指出,即使集团成员之间有强大的共同利益,

---

① See "Technical Assistance and Training Plan 2007", WT/COMTD/W/151, October17, 2006.

② 参见姚蕾、田宏志:《WTO 农业谈判中国家利益集团的稳定性研究》,载《国际贸易问题》2008 年第 9 期。

可能也不足以确保其稳定性。[1] 虽然谈判集团是以成员的共同利益为基础,但是作为成员的国家和单独关税区毕竟属于复杂的综合体,其谈判目标受到集团内外,成员国内和区域内众多因素作用和影响。各成员在多边贸易体制谈判中的政策协调需要在集团内部进行协调,同时也要在国内层面上进行协调。不同国家的利益倾向有其相似性,也有其差异性。成员之间利益的相似程度对集团稳定性有着直接的影响。同时,如果集团涉及的议题越多,那么其成员之间在具体利益上产生异质性的概率会越大。总之,成员间利益的相似度越大,那么越有利于集团的稳定;反之,利益和主张的异质性将会破坏集团的稳定。此外,谈判集团一旦组成,其结构、成员与议题并非永远一成不变,都有可能会发生变化,而其产生变化的原因可能常常不得而知。WTO 谈判集团以议题集团为主,他们同时参加几个集团的情况十分常见,因此其利益通常不限于某个议题范围。这表明发展中国家成员的利益与追求目标相当多元,即使对于某一议题也有许多不同的设想。例如,在农业谈判中,G20 成员虽然在要求发达国家成员取消诸如出口支持、农产品的各类补贴等扭曲农产品贸易的做法上意见完全一致,但是在农产品市场准入问题上却存有较大分歧。例如,以巴西和阿根廷为代表,在此问题上是持积极态度,但印度、印度尼西亚等成员在这一问题上则相对保守甚至消极得多。[2] 印度要求保留大量的"特殊产品",享受农产品关税少减让的待遇。这种利益分化导致集团蒙上了一层可能"分裂"的阴影,尤其是当一个成员选择放弃集团时,其他成员便会产生自己可能最终被"孤立"的恐惧感而相继选择脱离集团,这种多米诺骨效应最终可能会导致集团的失败。

2. 外部对谈判集团的分裂策略

利益集团内部存在的不同程序的异质性成为集团外部分裂集团,破坏其稳定性的抓手。发达国家成员面对发展中国家成员谈判集团对 WTO 谈判程序的影响,从起初的不以为然转变为重视和积极地应对。发达国家成员主要采取对集团内的部分发展中国家成员进行引诱和威胁两种手段。例如,在农业谈判中,"国际粮食和农业贸易政策理事会"作为美国的农业政策研究机构就提议按人均 GDP 对发展中国家进行分类,在农产品贸易方面分别承担不同水平的减

---

① See Kent Jones, "Regionalism and the Problem of Representation in the WTO", Conference Paper Prepared for the Centre for the Study of International Institutions, November 17, 2005.

② 参见肖艳:《多哈回合 G20 成员的比较分析和集团行动启示》,载《世界贸易组织动态与研究》2012 年第 4 期。

让义务。其实质是意图在发展中国家中进行等级划分,[①]剥夺包括中国在内的一些经济发展较快的发展中国家享有特殊和差别待遇的权利,进而迫使这些国家开放市场。[②] 这种提议的确获得了部分发展中国家成员如G90的支持,他们认为如像韩国这样人均收入超过9000美元的成员,仍然将自己认定为是一个"发展中国家",从而与人均收入不足1000美元的成员在WTO享受同样的特殊和差别待遇,显然是有违公平的,其结果是直接导致发达国家在多边谈判中意欲取消对所有发展中国家的特殊和差别待遇。G90要求享受"免费回合",不热衷贸易自由化,与G20背道而驰。再如以美国为代表的一些发达国家对G20的部分成员施加压力,在双边上贸易中要么采取利益引诱,要么直接使用贸易威胁等手段。例如,对拉美国家成员实施"萝卜+大棒"的政策,一方面给予关税优惠;另一方面威胁其要减低和他们地区一体化进程。这导致了萨尔摩多、哥伦比亚、秘鲁在坎昆会议相继退出G20,转而寻求与美国加强在贸易自由化方面的紧密合作。[③]

(三)与WTO多边贸易体制目标之间的潜在冲突

GATT/WTO多边贸易体制以贸易自由化,提高人类福祉为基本目标。然而,贸易保护主义与自由化共生共长,有些谈判集团反对贸易自由化,立场保守。这种谈判集团的存在和势力增强,可能会影响WTO多边贸易体制贸易自由化目标的实现。例如,G10强调保护本国农业市场,重视非贸易关注,反对农业自由化。G90主张解决自由化中的"特惠侵蚀"问题,害怕G20要求进一步打开欧美发国家成员的市场后,会直接导致其既得的特惠待遇被冲淡,影响在对发达国家成员市场的市场份额。自由化的谈判集团和保守集团在某些议题下如果势均力敌,相互对峙,那么谈判的局面几乎陷入僵局。由于集团的立场是经过内部协商和调整的结果,有时候甚至是集团的底线,所以集团之间的立场

---

① 美国"国际粮食和农业贸易政策理事会"具体建议将发展中国家分为三类:最不发达国家,低、中收入发展中国家,高、中收入发展中国家。最不发达国家(LDCs)指其GDP人均收入在900美元以下、人力资源匮乏、经济脆弱;低、中收入发展中国家指其GDP人均收入在901美元和3035美元;高、中收入发展中国家则收入在3035美元和9385美元。每一组的国家应该根据它们各自的能力在农业市场准入、国内支持和出口竞争上承担相应的承诺。参见李希强:《IPC提出WTO发展中国家分类方法》,载《WTO经济导刊》2004年第12期。

② 参见李希强:《IPC提出WTO发展中国家分类方法》,载《WTO经济导刊》2004年第12期。

③ 参见姚蕾、田宏志:《WTO农业谈判中国家利益集团的稳定性研究》,载《国际贸易问题》2008年第9期。

协商比个别国家之间的磋商难度更大,集团之间的矛盾比个别成员之间的矛盾更加尖锐和难以调和,导致多边贸易谈判的进程举步维艰。此外,Amrita Nalikar 认为,一些强大的集团做出妥协和让步更加困难,因为集团成员会认为协调人企图对外做出的任何妥协是背叛集团的征兆;同时,集团外的成员,如欧盟和美国也会将集团的妥协视为集团的脆弱,加大他们分裂集团的力度。① 因此,在多边谈判中,集团可以使一些弱小成员获得谈判实力,但同时也会使多边谈判面临僵局的危险,并在一定程度上影响谈判的效率。Bernard Hoekman 也认为,WTO 决策过程中出现的谈判集团减少了谈判的参与方(principals),但是谈判的灵活性可能被降低了,同时谈判更容易陷入僵局。②

二、完善 WTO 成员谈判集团的建议

Patrick Stewart 认为,集团的出现已经并将继续导致全球治理模式从正式制度的规范性治理向非正式制度的灵活治理以及有限成员集团化的模式转变。③规范和完善 WTO 谈判集团是一项很艰巨的任务,因为成员是否组建集团、组建何种类型的集团、集团成员资格、集团内部利益协调机制、集团协调人选举和权责、集团之间利益协调、集团谈判策略等都是十分复杂的问题,其中涉及成员方方面面的利益,且常常处于动态变化中,更多的是一个政治博弈和策略选择的过程。笔者尝试提出以下完善 WTO 谈判集团的建议。

(一)谈判集团的法律地位问题

如前文所述,小集团在决策效率方面具有更高效率优势,同时集团博弈较之具体成员间博弈来看更能降低谈判成本,因而 WTO 谈判集团有助于汇集谈判立场,提高谈判效率;④同时,其还帮助发展中国家成员有效参与“绿屋会议”,改善 WTO 决策机制的参与度和透明度。无论是 WTO 成员还是总干事和秘书处都有意识地将谈判集团纳入谈判中,多次肯定了谈判集团在推动决策过

---

① See Amrita Narlikar and Pieter Van Housten, “Know the Enemy: Uncertainty and Deadlock in the WTO”, in Amrita Narlikar, *Deadlock in Multilateral Negotiations*, Cambridge, 2010, p. 225.

② See Bernard Hoekman, “Cancun: Crisis or Catharsis?” Accessed November 30th, 2014. http://siteresources.worldbank.org/INTRANETTRADE/Rources/Hoekman-CancunCatharsis-092003.pdf.

③ See Patrick Stewart, *The G20 and the United States: Opportunities for more Effective Multilateralism*, The Century Foundation, 2010, p. 3.

④ See Kent Jones, *The Doha Blues: Institutional Crisis and Reform in the WTO*, Oxford University Press, 2010, p. 267.

程中的作用。[①] 此外,WTO官网Trade Topic下的Doha Development Agenda子目录中专门设立了"Groups in negotiations",详细介绍目前活跃的谈判集团、基本立场和成员等内容,可以说,WTO谈判集团已经成为谈判实践中事实上的一种谈判力量或者模式。鉴于此,索尼亚·罗兰德(Sonia E. Rolland)提出可以在WTO各正式和非正式会议("绿屋会议"等)之后,在全体成员同意之前,增加一个"集团同意"(approved by the Groups)的程序,确保谈判的信息更加及时和透明地传达给单个成员。虽然增加这一步看似给决策程序增添了负担,但是实际上它通过减少参与方的数量的方式简化程序进而提高了效率。[②] 笔者认为,为了维护WTO"成员驱动型"的组织特性和不从根本上动摇WTO决策机制,应该保持决议草案由部长级会议和总理事会等正式决策机构以"协商一致"方式通过。谈判集团功能和作用的发挥应该体现在"绿屋会议"等磋商机制中。由于第二章第二节中笔者不建议对"绿屋会议"机制化,而是大力改善其参与度和透明度,所以"绿屋会议"中的谈判集团也就自然没有机制化的基础。因此,笔者建议目前WTO谈判集团在决策机制中的地位应该被界定为"绿屋会议"等非正式磋商机制中的一种谈判模式。

(二)谈判集团的组建

为了改善WTO多边贸易谈判的参与度和透明度,Sonia E. Rolland提出了类似"选区"(Constituencies)的方式组建谈判集团的构想。她认为,鉴于WTO既存若干区域贸易集团,对这些集团进行适当的整合可以确保WTO决策机制中具有平衡的地区代表。[③] 非洲既存的几个集团有着共同的特征,拉美国家也具有相似的立场。而亚洲和北美地区的情况比较复杂,例如,亚洲的中国、印度和日本利益分歧较大,北美的墨西哥与美国和加拿大之间差异较大。Rolland建议,结合特征集团和区域集团的特点,可以首先划定两个大的特征集团——最不发达国家成员集团(LDCs)和工业化成员集团(a bloc of Industrialized Members),以一定的GDP标准(LDCs的GDP依据联合国最不发达国家标准)来界定其成员资格,它们分别包含最不发达和最发达国家成员,然后将GDP在

---

① See Patel Mayur, "New Faces in the Green Room: Developing Country Coalitions and Decision-Making in the WTO", GEG Working Paper Series, 2007/WP33. p. 3.

② See Sonia E. Rolland, "Developing Country Coalitions at the WTO: In Search of Legal Research", *Harvard International Law Journal*, Summer, 2007, p. 21.

③ 虽然区域集团代表制不完美,但是其他国际组织有成功例子,如联合国用区域分配方式保证在国际法院成员国的平等代表制。

二者之间的成员根据其所处的区域划分进入各个区域集团，如美洲集团、非洲集团、两个亚洲集团（其中一个包含中国和其他东亚国家，另一个是南亚和中亚国家）、[①]中东集团等。集团要建立流动成员资格制度，如果成员 GDP 达到了工业化成员集团的标准，则应该加入该集团；反之，成员 GDP 不再是最不发达国家成员的范围，则应该加入相应的区域集团。如果有的成员同时达到几个集团的标准，如横跨两个区域的成员，成员可以选择加入几个集团。[②] Rolland 的建议具有较高的改革意识和一定程度的合理性。这种类似于国内民主制度的“选区”划分有利于解决 WTO 决策机制的民主赤字。然而，笔者认为这种强行将各成员划入某个特征集团或者“选区”的“大手术”在现实中的可行性值得商榷，毕竟目前在决策过程中为数最多的是议题型集团，特征集团和区域集团占据的比例较小。

笔者认为，组建谈判集团更多的是成员自己的选择和策略。因此，如何选择“盟友”（allies）、组建何种类型的集团等都是成员自己的决策，成员往往都根据自己实际的经贸利益，在不同的领域结交不同的“盟友”。从发展中国家成员角度看，他们组织集团的主要目标是提高要价能力，所以笔者建议在组建谈判集团上应该注意以下两个问题。

1. 谈判集团尽可能包括较大的经济体

G20 中的巴西、印度、中国、阿根廷和南非，凯恩斯集团中的澳大利亚、新西兰和巴西等往往是谈判集团的组织者和领导者。历史经验表明，缺乏以大国为核心的集团合作常常以失败而告终。WTO 成员谈判集团若能纳入较具权力分量的成员对集团功能的发挥和集团的稳定性有很大的帮助。发展中国家成员谈判集团成功的关键往往看其是否拥有以发展中大国为核心的成员结构。坎昆会议期间，G20 之所以成为发展中国家成员的领导者与该集团以中国、印度、巴西三国为核心的结构密不可分，中国、印度、巴西三国人口总和超过了世界人口的 1/3，占到了农业人口总数的 3/5。这样的规模很难让美国和欧盟忽视其

---

① 将中国和印度者两个较大的大型经济体分开以确保集团的规模平。See Sonia E. Rolland, “Developing Country Coalitions at the WTO: In Search of Legal Research”, *Harvard International Law Journal*, Summer, 2007, p. 22.

② See Sonia Rolland, “Developing Country Coalitions at the WTO: In Search of Legal Research”, *Harvard International Law Journal*, Summer, 2007, p. 22.

实力。中国、印度、巴西等核心成员的稳定是集团得以维持下去的重要原因。①

2. 弱小成员集团应注意扩张集团的总规模

如果弱小成员无法与大的经济体形成谈判集团，那么集团总体规模大小就显得至关重要了，这时应该将谈判集团尽量"做大"，例如，G90结合了非洲集团、ACP Group、LDCs的100多个成员，大大增加集团整体的分量，使主要贸易方无法忽视其存在。目前可以观察到的是非洲地区等弱小成员选择组建和参与谈判集团采取了不同的策略：在一般议题上附和比较大的集团的立场（如G90、非洲集团、ACP、LDCs），而在特殊利益上，则会参加议题集团。此外，在三种类型的谈判集团中，特征集团在谈判中主要是发挥防御功能，即反对提案的通过。有学者认为，这种集团应该在今后的多边贸易体制中予以减少，因为它并没有对谈判进展提供实质性帮助，主要功能在于阻碍与自身集团立场不同的提案。Narlikar认为，发展中国家成员集团不能一味组建只会投反对票（veto-wielding）的特征集团，而应该向能够对谈判的进程和结果施加影响的进攻议题集团转变和发展。②

（三）谈判集团协调人及其责任

根据经验来看，谈判集团中综合实力较强核心成员往往都是谈判集团的协调人（Coordinators）。协调人，即代表集团参加"绿屋会议"等表明集体立场，提出议案以及与其他集团或者成员进行协商和谈判的成员。是否担任协调人，一方面看成员的实力，另一方面要看成员自身的意愿。有些集团的协调人是集团内部成员根据意愿轮值担任，如LDC、ACP和非洲集团等。③ 一旦成为集团的协调人，就应该承担作为集团"代理人"的责任。根据委托代理关系的理论，笔者认为，为了确保集团协调人能够忠实地代表本集团行事，需要建立协调人的责任制度，其具体内容应包括：（1）事前仔细聆听集团所有成员的意见，形成本集团成员都同意的谈判方案和集团提案；（2）代表本集团提出立场，和其他集团或者成员进行协商；（3）会后及时向本集团成员反馈会议中的所有信息，并与其

---

① See Amrita Narlikar and Diana Tussie, "The G20 at the Cancún Ministerial: Developing Countries and Their Evolving Coalitions in the WTO", *World Economy*, 24(7), 2004, p. 23.

② See Amrita Narlikar, "A Theory of Bargaining Coalitions", in Amrita Narlikar and Brendan Vickers, *Leadership and Change in the Multilateral Trading System*, Republic of Letters Publishing/Martinuns, Nijhoff, 2009, p. 195.

③ See Patel Mayur, "New Faces in the Green Room: Developing Country Coalitions and Decision-making in the WTO", GEG Working Paper Series, 2007/WP33. p. 7.

他成员协商下一步的谈判方案或者提案等。如果协调人没有恪尽上述职责,或者利用便利为自己谋取单方面利益,那么谈判集团可以罢免其协调人资格,另外选择其他成员为本集团代言。对于成员之间轮值担任协调人的集团,如果协调人因不尽职责而被"罢免",那么下一任协调人可以顺势补缺,而对于协调人相对固定的集团,则需要通过选举的方式来重新确定协调人。然而,在实践不得不认识这样一种现象,即集团的活力一定程度上依赖于协调人或者核心成员的经济实力、政治力量和专业知识等,因而如果协调人有违代理人的职责,其他成员可能不愿意挑战其协调人的地位。因此,协调人的"违规"行为可能不总是受到"罢黜"资格的"处罚",集团其他成员将权衡利弊来决定是否为了共同利益而暂且抛开自己的立场。

(四)谈判集团内部利益的协调

1. 集团要进行有效的议程设置(agenda-setting)

有效的议程设置应以解决所有成员的关切为目标。如果集团的集体立场能够成功地满足成员的共同需求(collective demands),那么集团成员自然会权衡坚持参与集团与背叛(defect)集团的利弊得失,其背叛集团的概率可能就会下降。在集团的立场选择上有趋于保守的和具有野心(ambitious)的区别:集团的立场有保守性和进攻性的区别,如果集团的主张过于保守,成员期许的利益实现水平较低,某些成员背叛集团的潜在可能性会增加;如果集团主张是具有野心的,成员会对集团寄予很大的希望,离开集团的可能性较低。但是这种进攻性的集团往往在谈判中难以做出妥协,进而影响到集团主张的最终实现。这个悖论问题始终存在于大集团参与谈判的过程中,需要谨慎的处理。[①]

2. 集团要注意兼顾成员不同的利益需求

成员利益的冲突在集团内部始终存在,集团除了尽量促使成员之间达成妥协外,还要注意在无法调和的利益冲突的情况下,兼顾各方利益。例如,G20 在立场上采取了折中的立场,一方面,提出激进的降低扭曲农业贸易的国内支持,取消出口补贴和加强市场准入的要求;另一方面,主张发展中国家成员在加强

---

① See Bernard Hoekman said, "the move toward the creation of negotiating coalitions of groups of countries may reduce the number of 'principals', but possibly at the cost of greater inflexibility and higher risk of breakdown, especially in setting where there is little time to consult." In Amrita Narlikar, "A Theory of Bargaining Coalitions", in Amrita Narlikar and Brendan Vickers, *Leadership and Change in the Multilateral Trading System*, Republic of Letters Publishing/Martinuns, Nijhoff, 2009, p. 190.

农村发展、保证生计和食品安全等方面应该拥有灵活性。总之,G20的立场既顾及了巴西、阿根廷、泰国等实力较强的农业出口国(凯恩斯集团成员)的利益,同时兼顾了印度尼西亚、印度、中国等更为谨慎和竞争力较弱的成员的利益。G20通过谨慎的利益协调,比较成功地抵制了发达国家的分裂策略,并吸引了更多成员加入进来,这显示出发展中国家成员的谈判者越来越成熟。

3. 集团在谈判策略的选择上要注意灵活性

集团要避免简单的表明其成员"立场一致",而是要显示出愿意参与谈判并做出让步和提供务实方案的灵活性。一般而言,谈判集团的策略有严格分配策略(strict distributive strategy)和混合分配策略(mixed-distributive strategy)等。严格分配策略是指在谈判的过程中,一方以从对手处获得利益为唯一目的,而自己不做出任何让步。如果集团以此种策略作为参与谈判的唯一做法,那么对手很有可能使用"分而治之"(divide-and-rule)的方式应对之,即谈判对手不会满足集团的要价,转而对集团内的成员进行边际支付,一旦集团内成员接受了这种交易,那么"多米诺骨"效果将会导致集团的分裂;抑或对手宁愿选择陷入僵局也不会对集团进行妥协。因此,集团应该更多地考虑选择混分配合策略,即在谈判初始时提出较高要价,而在后续阶段增加谈判的灵活度,适时、适度地做出妥协。然而,对于大型集团来说,做出妥协并不容易,因为集团的集体立场是经过成员之间协调而来的。① 此外,集团对外妥协要注意选择合适的时机,避免过早地做出超前的谈判姿态而最终未能获得对手的互惠让步。②

4. 谈判集团需要建立严格的纪律

为了避免谈判外部分化和瓦解集团,谈判集团需要建立严格的纪律。例如,要求成员在做出接受外部成员的要价前必须向集团其他成员汇报并听取他们的意见。谈判集团稳定发展离不开成员对集团的诚信和维护。由于谈判集团不具有像区域贸易组织那样具有约束力的贸易政策协议和规定,松散性是其

---

① 就单独的成员来说,为了参与多边贸易谈判,他们需要在所有的谈判议题上平衡自己的立场,因此在不同的议题上都保持一定的灵活度。而这种灵活度可能与该成员为了加入某个议题集团所作出的承诺有所冲突。如议题集团的立场是关切到集团内所有成员利益的集团立场,一旦成员实施谈判的灵活度,集团的一致性将被破坏。See Amrita Narlikar and Diana Tussie, "Bargaining Together in Cancun: Developing Countries and the Evolving of Coalitions". p. 16.

② See Amrita Narlikar, "A Theory of Bargaining Coalitions", in Amrita Narlikar and Brendan Vickers, *Leadership and Change in the Multilateral Trading System*, Republic of Letters Publishing/Martinuns, Nijhoff, 2009, pp. 188 – 190.

暂时还不能克服的一个组织体特征，因而成员对于集团的信义义务就显得尤其重要。故此，谈判集团需要对成员设立某种约束和限制机制，集团的稳定发展一定程度上依赖于集团成员的自觉性和必要的纪律。

（五）谈判集团之间利益协调

很多发展中国家成员同时加入了几个谈判集团，客观上推进了谈判集团之间的联络。集团之间的利益协调也是发展中国家集团取得成效的重要原因。G20 的巴基斯坦、古巴、菲律宾、委内瑞拉等同时也是 G33 的成员，因而 G20 与 G33 保持着良好的联系，例如，G20 提议建立"特殊产品"和"特殊保障机制"等。G20 努力在各发展中国家成员集团之间形成合力，起到了多哈回合谈判的领导作用，开始扮演广泛的代言人角色。G20 部长联合公报指出，G20 成员具有多样性，重申了本集团的开放性和在凝聚共识中起到的关键作用，还指出对某些发展中国家成员在"特惠侵蚀"上的焦虑和关切，支持最不发达国家成员要求照顾其特殊关切的呼声。在 G20 的提案中包含了对"特殊和差别待遇"的关注以及一些非贸易关注，这不仅平衡了其内部主张自由化的成员和主张保护主义成员之间的利益，还关照了集团外部支持集团的其他利益相关方的利益，最后 G20 还争取到了非洲集团的支持。[①] 2003 年 11 月在开罗召开的小型部长级会议曾声明，G20 与非洲集团之间已经达成了广泛的共识。通过一系列的努力，G20 避免了与其他发展中国家成员集团的利益冲突。这被认为是近年来最成功的议题集团。

---

① See Amrita Narlikar and Diana Tussie: "Bargaining Together in Cancun: Developing Countries and the Evolving of Coalitions". p. 24.

第六章　中国有效参与 WTO 决策机制问题

2001 年是 GATT/WTO 多边贸易体制第九个谈判回合"多哈发展回合"的启动之年,也是作为世界上最重要的经济体之一的中国加入正式 WTO 多边贸易体制的一年。中国"入世"是 2001 年 WTO 第四次多哈部长级会议取得主要成就之一。在批准中国入世的多哈部长级会议上,中国代表团团长、原外经贸部部长石广生在发言中指出:"加入 WTO 以后,中国将通过与各成员的平等协商,共同制定有关规则,对日益广泛和复杂的国际经济贸易活动进行有效的协调和管理。"①十几年之间,多哈回合谈判一波数折、久拖未决,而中国在加入 WTO 之后,已经从适应谈判逐渐发展到积极参与谈判,最终进入核心决策圈。

第一节　中国参与多哈回合谈判概述

一、中国参与多哈回合谈判的阶段进度

(一)2001~2005 年:适应阶段

2001 年作为 WTO 新成员,中国开始参与刚刚启动

---

① 《中国政府代表团团长,时任对外贸易经济合作部部长石广生在 WTO 第四次部长级会议上发言》,载新华网:http://news.xinhuanet.com/world/2001-11/11/content_109932.htm.,最后访问日期:2014 年 12 月 9 日。

的多哈回合谈判，彼时，中国既要忠实履行“入世”的相关承诺，又要同其他成员一起参与新回合的谈判。2001 年到 2005 年，中国在 WTO 中主要定位在规则的学习者和接受者，因此在谈判中往往处于守势，希望在谈判中尽量适应规则，逐步积累经验，提高谈判能力。但是，中国在此期间仍然是有所作为的。2002 年 6 月中国提交了成为 WTO 正式成员后的第一份提案——有关“渔业补贴”的提案。此前在多哈回合谈判中并没有相关领域的多边规则。此份提案在渔业补贴的覆盖范围方面提出了中国的主张和观点；同时，针对发展中国家成员应享受的特殊和差别待遇等问题表明了自己的态度。2003 年中国加入了 G20，主张发达成员取消各种出口补贴政策、严格控制扭曲农产品贸易的各类国内支持。2003 年 9 月，中国出席坎昆部长级会议，这是中国第一次以正式成员身份参加 WTO 部长级会议。2005 年 7 月，WTO 非正式小型部长会议在中国大连召开，这是中国成为 WTO 成员以来第一次举办非正式小型部长会议，这次会议的主办成为中国参与 WTO 多边贸易谈判历史上具有标志性意义的事件。①

（二）2005 ~ 2008 年：积极参与阶段

2005 年 12 月 WTO 第六届部长级会议在中国香港地区举行。在此次会议中，中国积极发挥了在发达国家成员和发展中国家成员间充当桥梁的作用。例如，在《香港部长宣言》的审议过程中，委内瑞拉因不满该宣言的有关内容，提议阻止宣言通过，并获得了古巴的支持。在中国代表团的积极斡旋下，尽管对会议结果表达了不满，但委内瑞拉和古巴最终放弃了试图阻止该宣言的态度。香港会议后，中国在多哈回合中的地位逐渐上升，影响力也在不断扩大。2007 年 5 月农业主席案文一经出台就收到中国的反对，中国以商务部长和农业部长的联合名义分别向 WTO 总理事会主席和农业谈判组主席提出异议，提出了中方的核心关切与利益诉求。美国、欧盟、巴西、印度等主要成员纷纷要求与中方进行协商。这在当时为扭转农业谈判形势，维护中国的相关利益发挥了关键作用。②

（三）2008 年至今：进入核心决策圈

2008 年中国加入世贸组织 7 年，中国在多边贸易体制以及多哈回合谈判中

---

① 参见张磊：《中国参与世界贸易组织决策机制的实践与策略：以多哈回合谈判为例》，载《世界经济研究》2011 年第 12 期。

② 参见蒋苏晋：《中国在多哈回合谈判中地位和作用的演变》，中国驻日内瓦 WTO 使团。转引自张磊：《中国参与世界贸易组织决策机制的实践与策略：以多哈回合谈判为例》，载《世界经济研究》2011 年第 12 期。

的地位与重要性越发凸显。2008年7月WTO小型部长级会议在日内瓦由时任WTO总干事拉米主持召开。此次会议有35个成员参加,基本以“绿屋会议”方式进行。会议第三天,由于各方坚持立场,会议未能取得进展。拉米在TNC指出,为了加速谈判,有必要进行更小范围的磋商。大范围的“绿屋会议”被暂停,转而进行更小范围的协商,由中国、欧盟、美国、澳大利亚、印度、日本、巴西的部长“七方”开展小范围磋商。法新社称其为G7(Group of Seven)。这是中国首次进入多边贸易谈判最“核心决策圈”,它标志着多边贸易谈判传统格局的新的变化,同时也意味着中国在国际经贸规则确定过程中话语权的进一步增强。

至今,中国作为经济全球化的主要受益者,在推进多哈谈判的过程中一直秉持着积极务实的严谨态度。据不完全统计,自多哈谈判启动,中国在全部议题的谈判过程中单独提交提案60余份,联署提交提案超百份,为多哈回合取得相关进展做出的贡献有目共睹,从而有力驳斥了个别发达成员所谓中国“搭便车”的谬论。①

二、中国参与WTO各机构基本情况

相关统计显示,G7成员在WTO秘书处中担任总干事、副总干事、各司负责人和上诉机构大法官的共16人,占50%,其中新“四方国”(美国、欧盟、印度、巴西)共有12人,占37.5%。虽然WTO相关部门职位采取的是竞聘制而非任命制,但对其中重要职位负责人归属的分析仍然是有一定意义和价值的,其是不同成员对WTO决策可能性影响的一个缩略图,因为在相关规则制定过程中,这些占据要职的人员的国籍归属显然不可能不会对最后结果产生微妙的影响。例如,秘书处对争端解决机制可能有明显的影响,因为专家组(Panel)是临时组建的,由秘书处的常设法律专家代为草拟专家组报告的情形并不少见。如果秘书处的常设专家由更多的中国籍法律专家学者担任,那么中国在相关贸易争端中争取到合法权益的可能性无疑将会增加。

加入WTO后,随着中国贸易额和在WTO缴纳的会费的显著增加,中国也越来越意识到由中国人担任上述WTO要职的重要性。2007年张月姣教授成为第一位中国籍的WTO上诉机构成员;2008年郭雪艳当选WTO技术贸易壁垒委员会主席,这是第一位来自中国的专家出任WTO决策机构的主席;此后,

---

① 参见陈雨松:《中国参与多哈发展议程谈判10年综述》,载《国际经济法学刊》2011年第18卷第3期。

2009 年朱海涛又当选为 WTO 国营贸易企业工作组主席。①

总体而言,中国在 WTO 各机构、秘书处担任要职的职员数量低于美国、欧盟、印度等 WTO 成员。(见表 14)

表 14 G7 在 WTO 秘书处就职情况表(截止时间:2012 年 12 月 31 日)②

单位:人

成员	人数
美国	28
欧盟	392
印度	12
巴西	8
中国	10
日本	4
澳大利亚	10

注:欧盟中,法国在 WTO 秘书处职员最多,为 175 人;其次为英国 65 人;西班牙 43 人;瑞士 36 人;德国 19 人;意大利 16 人;爱尔兰 11 人;荷兰 6 人;奥地利、比利时各 5 人;波兰 4 人;瑞典 3 人;丹麦 2 人;爱沙尼亚、匈牙利各 1 人。

三、中国参与 WTO 谈判集团基本情况

由于长期以来在外交中遵循“不结盟”政策,中国的外交战略重心在双边层次上,而对于参加各种国家集团并未表现出太多的热情。③ 目前中国参与的 WTO 谈判集团有 6 个:亚洲发展中国家集团(Asian developing members)、APEC、新加入成员集团(RAMs)、G20、G33、“W52”支持者(“W52”sponsors)。

从中国参与的谈判集团的类型看(见表 15),中国参与了 3 个议题集团(G20、G33、“W52”支持者,其中 G20 和 G33 为农业议题集团,“W52”支持者为知识产权议题集团),2 个特征集团(亚洲发展中国家集团、新加入成员集团,其

① 参见傅星国著:《WTO 决策机制的法律与实践》,上海人民出版社 2009 年版,第 261 ~ 262 页。

② 由笔者总结。“Overview of the WTO Secretariat”, Aceesed October 27th, 2014. http://www.wto.org/english/thewto_e/secre_e/intro_e.htm.

③ 参见李计广、张军生:《发展中国家集团与中国》,载《现代国际关系》2013 年第 3 期。

中亚洲发展中国家集团兼有区域集团的特征)和1个区域集团(APEC);从集团的成员类型看,除了APEC和"W52"支持者外,其余的4个集团都是纯粹的发展中国家成员参与的集团;从中国参与集团的数量看,中国参加谈判集团的态度一直较为保守,即便是在参与其中的谈判集团内部,其在角色上也可以保持着较大程度的低调,并不积极谋求领导人的角色。

表15　中国参与的WTO谈判集团一览表①

	类型	成员类型
亚洲发展中国家集团	特征集团/区域集团	发展中国家成员
新加入成员集团	特征集团	发展中国家成员
G20	议题集团(农业)	发展中国家成员
G33	议题集团(农业)	发展中国家成员
APEC	区域集团	混合成员
"W52"支持者	议题集团(知识产权)	混合成员

分析中国参与的WTO谈判集团的特点,可以归纳为以下两方面。

(一)身份认同是中国决定参加谈判集团的首要因素

所谓身份认同,主要是指成员的意识形态、经济发展水平、文化价值观等方面的趋同。② 身份认同类似于特征集团中的"特征"认同。组建谈判集团的可能性在很大程度上取决于在这方面的彼此认同度。中国在身份认同方面的选择标准可具体归纳为发展中国家身份、新兴经济体身份、区域身份。

1. 发展中国家身份

中国是世界上最大的发展中国家,是WTO中最重要的发展中国家成员之一。无论是在WTO多边贸易体制内还是其他国际组织,中国始终坚持自己的发展中国家身份,更重要的是和众多发展中国家和最不发达国家保持良好的合作与沟通,形成较为统一的立场。应该说,发展中国家身份认同感是中国外交政策的基石。从中国参与的WTO谈判集团来看,APEC并非专门为参与谈判而组建的集团,而"W52"支持者属专业性较强的知识产权议题集团,因此,基本

① 由笔者整理。

② See Alexander Wend, "Collective Identity Formation and the International State", *American Political Science Review*, Vol. 88, No. 2, 1994, p. 167.

上中国参与的都是以纯粹的发展中国家为成员的集团。印度和巴西的外交也大多以发展中国家身份作为基础，注重联合更多的发展中国家，维护集体权益。

2. 新兴经济体身份

新兴经济体（Emerging economies）已经成为一些国际组织和机构的固定称谓，但是目前还没有对其正确的定义。英国《经济学家》使用外延描述式的界定方式对其进行归纳，以帮助人们对其内容的理解。它将新兴经济体分成两个梯队：第一梯队为中国、巴西、印度、俄罗斯、南非，也称“金砖国家”（BRICS）；第二梯队包括墨西哥、韩国、南非、菲律宾、土耳其、印度尼西亚、埃及等“新钻”国家。“金砖四国”中的中国、印度、巴西在 WTO 贸易与发展委员会（CTD）中相当活跃，归纳 2001 年至 2010 年贸易与发展委员会文件，几乎每份文件都出现三国发言情形，其中又以印度、中国为主，并多呼应彼此的立场。随着新兴经济体实力的不断增强以及在处理全球问题方面影响力的不断扩大，一方面，由发达国家成员组成的谈判集团须仔细考虑对新兴大国的接纳问题；另一方面，这些新兴经济体也已开始着手组建自己的谈判集团。中国参与的谈判集团中，尤其是 G20，包括了除俄罗斯（当时还没有“入世”）外的所有“金砖国家”，在农业谈判中成为抗衡发达国家成员的一方谈判力量。①

3. 区域身份

亚洲区域身份认同也是中国参与集团的原则之一。“亚洲发展中国家成员集团”就是专门为参与 WTO 谈判组建的区域集团，几乎囊括了 WTO 中的亚洲发展中国家成员。从地缘政治的角度来看，稳定亚洲显然是中国外交战略中的重点。亚洲区域性稳定以及中国同亚洲国家间的平稳关系，一直是中国致力于和平发展外交战略的两个重要基点，任何一方面出现重大变化甚至严重危机都将导致中国在整体国际秩序中陷入重大不利局面。②

此外，“新加入成员”也是一种特殊存在的身份。多哈回合启动之初曾经制定了多达 20 余项、覆盖面非常大的议题框架。对于绝大多数新加入的发展中国家成员而言，无疑构成了一种巨大的压力，因为其在加入谈判过程中已然做出了相关的减让承诺，而这些议题的实质是让他们进一步承担与其他成员相同的减让义务。“新加入成员”集团因此而成立，它是由包括中国在内的 19 个 WTO 新加入的成员构成，旨在对所有议题采取保守策略，从而避免承担过多的

---

① 参见李计广：《发展中国家集团与中国》，载《现代国际关系》2013 年第 3 期。

② 同上。

开放义务,同时积极主张要求相关领域的特殊和差别待遇。

论述至此,我们可以清楚看到,在中国已参加的集团中,均存在身份的认同;而在未参加的集团中,尽管存在共同利益,如"野心集团"(Friends of ambition NAMA)和"反倾销谈判之友集团",但是考虑到这些集团并非为纯粹的发展中国家成员集团,中国依然选择不加入。尽管中国与其他发展中国家存在着一定距离,但是基于政治、外交、整体经济利益等多方面的综合考虑,可以预见,在未来很长一段时期内,坚持发展中国家身份仍将是中国外交政策的基石。①

(二)共同利益是中国决定参加谈判集团的重要因素

集团形成的基本动机是追求共同的利益,因此,共同利益是 WTO 谈判集团形成和发展的重要动因。在 WTO 的谈判集团中,议题集团是以成员共同的经贸利益为基础组建的务实的集团类型。我国在农业和知识产权领域分别加入 G20、G33 和"W52"支持者。G20 成员代表着 60% 的世界人口、70% 的世界农业人口、30% 的世界农产品出口量,其共同利益关注点在于要求欧美国家取消包括农产品出口补贴、国内支持在内的各种可能会扭曲农产品国际贸易的措施;G33 包括了中国在内的 46 个发展中国家成员,其共同诉求为一定数量的特殊农产品应免于关税减让或只进行较少的减让,在某种产品进口出现激增时通过特殊保障措施进行必要保护。但需注意的是,经贸利益是多层次和变化的,我国与 G20 其他成员在农业经贸利益上有所区别——中国在国际农产品贸易中兼具卖方和买方两种身份:以卖方身份而言,中国同 G20 其他成员的利益诉求是完全一致的;但若以买方身份考量,中国需要保护国内农业部门,在农业议题上施加过大的压力不符合中国的利益。这种"混同身份"是中国在 G20 中不谋求主导地位的一个重要原因,是一种平衡卖方和买方利益的策略选择。

中国不同于其他发展中国家的特殊利益还体现在非农产品的市场准入方面。中国出口贸易中,农业贸易所占比例较少,非农产品出口所占比例大,因此,中国参与多哈回合谈判的诉求侧重于积极支持工业品市场开放上。而 G20 和 G33 集团中的许多发展中国家成员同时又是"工业品市场准入 11 国集团"

---

① 例如,在 2011 年 12 月德班气候大会举办的新闻发布会上,中国代表团团长解振华在回答记者提问时表示,"基础四国不是一个集团,而是 77 国集团 + 中国和发展中国家的一部分,基础四国发出的声音代表发展中国家的利益。基础四国团结一致共同推动德班气候变化谈判",载人民网:http://www.envir.gov.cn/info/2011/12/127043.htm.,最后访问日期:2014 年 12 月 8 日。

(NAMA 11)的成员(如巴西、印度、印度尼西亚、南非、菲律宾、埃及等),这些国家在多哈谈判中采取的策略是要求发达国家成员以农业减让来换取对其工业品市场的保护,这显然与我国在工业品出口利益相冲突。所以,中国目前参与的 G20 和 G33 两个谈判集团,其在推动和实现中国最主要贸易利益中的作用还值得商榷。从利益交换的角度,中国在工业品市场上的减让并不必然要求发达国家在农产品谈判中让步。①

当然,前文也多次谈到,中国在谈判集团中的总体姿态是趋于保守的。例如,G20 中巴西、印度是领导者,两国主持的 G20 第一份提案文本起草时,中国并未参与其中,而对于具体谈判议题的选择以及谈判方案的设计等重要问题上中国也刻意保持了低调角色,②但在 G20 内部的信息交流和共同商讨以及与集团内其他成员协调谈判立场等环节上,中国均表现出积极态度,给予集团谈判以大力的支持。

第二节　中国有效参与 WTO 决策机制的建议

一、中国在国际经贸体系中的定位问题

中国在国际经贸体系中的角色与作用都具有多重性。中国的国际经贸利益复杂而多元,在产业发展特质方面具有发展中国家成员的特点,而作为全球第二大贸易大国,又具有发达国家成员的特点。鉴于中国已经全面融入了国家经贸体系和机制,世界和中国都十分关注中国在国际经贸体系中的定位问题。中国只有首先明确自己在国际经贸体系中的定位才能进而发挥相应的作用,尤其是在多边贸易机制下如何才能有效地参与 WTO 的决策机制。

(一)作为发展中国家的定位

始终坚持“发展中国家”的身份,是中国在国际经贸体系中的一个基本定位。虽然中国的经济总量位列世界第二,但是人均 GDP 排在全球 100 名之后,并仍有 2000 万的贫困人口,有 1 亿人每天人均生活费不足 1 美元,因此,发展中国家成员的定位显然是一种客观务实的定位。需要注意的是,作为最大发展中

---

① 参见张磊:《中国参与下一阶段多哈回合谈判:策略与选择》,载《世界经济研究》2006 年 12 期。

② 参见刘宏松:《中国在全球治理中的改革倡议:基于 WTO 多哈回合谈判和 G20 进程的分析》,载《国际展望》2012 年第 5 期。

国家和世界第二大经济体,很多发展中国家都寄望于中国能够成为发展中国家中的“领头羊”。而中国经贸外交的基本政策是走一条“和平发展”的道路,因此,从过去、现在和不远的将来看,中国不谋求发展中国家“领导者”或者第三世界“代言人”的国际地位,这是中国政治外交在相当长一段时期内必须坚持的一项基本方针。必须认识到,WTO多边贸易体制是促进中国经济发展的重要外部保障,尖锐的对立甚至破坏规则体制是与中国的自身利益不相符合的。[①] 而且事实上,中国的研究能力与专业人才也不足以与发达国家成员的资源相抗衡。

(二)作为现存国际经贸体系的维护者和批评者的定位

总体而言,中国在现存的国际经贸体系中得到了发展的机会,稳定、和平和健康的国际经贸体系是中国发展必不可少的外部条件。然而国际经贸体系的复杂性和多元性给中国也带来了挑战。中国始终应该清醒地认识到国家根本利益所在,只要是有助于维护国际经贸秩序的良性、有序的发展,中国应该坚决的支持和推行。与此同时,对于国际经贸发展中的霸权主义、单边主义和权力导向的行径,中国应该提出批评并要求改进之。也就是说,在维护国际经贸体系大体平稳发展的前提下,中国不是谋求改变现行规则体系的基本原则,而是主张全球治理机制做出适当调整。[②] 对于国际经贸秩序体系中存在的不合理、不公正之处,中国必须坚持批评的立场和态度,但是批评的主旨在于促使改建而非一味指责。

(三)作为发展中国家和发达国家成员之间桥梁的定位

中国国际经贸关系中存在的多元利益以及双重角色,决定了中国必须承担起在国际经贸关系中发达国家与发展中国家间协调者和沟通者的任务与使命。发达国家与发展中国家都希望中国能扮演国际经贸领导者角色:美国、欧洲等发达国家欲利用中国牵制彼此,并率先作出关税减让的承诺;发展中国家欲利用中国与美欧相抗衡,共同为发展中国家争取“特殊与差别待遇”承担谈判的压力,并希望中国提供发展中国家市场进入的机会。虽然坚持发展中国家的定位是中国在WTO谈判中的一项根本原则,但是同时也必须清楚地认识到,中国的

---

① 参见王峥、秦林军:《WTO谈判中的发展中大国与发展中国家谈判联盟——兼论中国参与发展中国家谈判联盟的策略》,载《世界贸易组织动态与研究》2009年第12期。

② 参见刘宏松:《中国在全球治理中的改革倡议:基于WTO多哈回合谈判和G20进程的分析》,载《国际展望》2012年第5期。

国家利益与发展中国家成员的立场并非完全重合与一致，例如，发展中国家在国际市场中竞争的都是资源密集型和劳动密集型产品，彼此之间并非为伙伴关系，而是竞争对手的关系；再如，部分发展中国家成员基于对欧美霸权的不满，而时有较为极端的态度和主张，如推倒和重建多边贸易体制等，这显然是与中国维护现存多边贸易体系的基本框架的目标相违背的。此外，发展中国家成员的贸易保护水平普遍较高，与多边贸易自由化的理念背道而驰，而中国希望推进多边贸易体制，维护贸易自由化。因此，中国选择发展中国家的定位并不必然意味着只能以发展中国家的面貌出现，以一种介于发达国家和发展中国家之间的"中间人"角度出现在谈判舞台，或许也不失为一种务实之选。

二、中国有效参与 WTO 决策机制的建议

（一）积极推进 WTO 决策机制朝着更加民主、透明和有效率的方向改革

多边贸易体制对于中国的重要性不言而喻。WTO 为中国提供了平等的国际政治经济舞台，解决美国对华永久正常贸易关系问题，取消了欧盟等 WTO 成员对华歧视性贸易限制，极大地改善了中国的外部经济环境，还为中国提供了开放的世界市场。为了使多边贸易体制重新展现活力，中国应该积极推进 WTO 决策机制朝着更加民主、透明和有效率方向改善。在目前 WTO 的体制中，决策机制与贸易政策评审机制和争端解决机制相比是最不完备的。WTO 决策机制面临的主要挑战是缺乏公平合理的谈判规则，谈判过程"权力导向"明显和不透明，发展中国家成员的参与度不足，致使谈判结果存在合法性危机。多哈回合谈判推进困难，WTO 决策机制的功能低效。实践中，"绿屋会议""'一揽子'承诺"和"主要供应国原则"等是主导着 WTO 多边贸易谈判回合，但是这些规则在民主性、透明度和效率方面都存在的明显的缺陷。

中国"入世"后曾经提出过一些改革 WTO 决策机制的建议，例如，2002 年 1 月，中国就各机构主席的遴选问题提出了由各成员常驻大使轮流担任的建议。[①] 中国还和许多发展中国家发出联合倡议，要求限制 6 个贸易谈判分委员会主席在决定谈判草案中备选方案方面的自由裁量权，认为谈判草案中的备选方案应

---

① See Margaret Pearson, "China in Geneva: Lessons from China's Early Years in the World Trade Organization", in Alastair Iain Jonston and Robert Ross (eds), *New Directions in the Study of China's Foreign Policy*, Stanford University Press, 2006, p. 253.

该由开放的辩论过程决定,而不应由谈判委员会主席决定等。[①] 这些事例表明,中国对WTO的决策机制的改革发挥了非常积极的影响。随着中国2008年进入WTO“最核心决策圈”,中国在WTO多边贸易谈判中的话语权逐渐增大。中国应该和广大发展中国家成员联合起来,倡导构建公平合理的多边贸易谈判规则和机制,例如,改革“绿屋会议”,保障WTO成员都能有效的参与到谈判和决策中,摒弃发达国家成员主导谈判的传统模式,改变主要以实力为导向的规律。只有这样才能确保WTO是在160多个成员共同驱动下不断地深化自由贸易的发展成果。

(二)积极在WTO各决策机构发挥作用

WTO成员通过参与WTO各决策机构的会议和活动来影响相关议题的谈判工作,WTO秘书处和总干事也对谈判起到了微妙的作用。因此,笔者认为,中国欲在WTO各决策机构中发挥积极作用,应对以下几方面予以重视。

首先,中国除了继续支持和强化中国常驻WTO代表团的人力、财力和技术资源外,还要注意加大培养能够就职于WTO各机构和秘书处的高级人才。目前,中国在WTO各机构中担任要职的人员数量不仅较之英美等发达国家相距甚远,就是同其印度这样的发展中国家相比较也难言优势。中国还没有人出任WTO秘书处各司负责人,仅有张月娇在上诉机构中担任大法官。中国应进一步加大向WTO各个机构的重要职位,尤其是向与中国利益相关的各委员会主席职位举荐中国籍专家的力度。

其次,中国还应重视对未来有可能成为WTO机构高层领导人员的甄别与判断工作。通过对这些未来有潜力成为相关高层领导人员在竞选过程中的大力支持来间接实现对自身未来利益的保障。例如,在2005年WTO总干事竞选中,中国的选举策略一直是优先支持发展中国家的候选人。但印度在此过程中显示出其更有远见的一面,其仅在第一轮投票中表达了对发展中国家候选人的支持,从第二轮开始即非常明确选择支持法国候选人拉米。此后拉米顺利当选为总干事,作为一种对印度大力支持的“理解”,提名印度人担任亚洲区副总

---

① See Margaret Pearson, “China in Geneva: Lessons from China's Early Years in the World Trade Organization”, in Alastair Iain Jonston and Robert Ross (eds), *New Directions in the Study of China's Foreign Policy*, Stanford University Press, 2006, p. 253.

干事。①

最后，中国应积极争取进入 WTO 预算委员会。WTO 预算委员会的一个重要职权即在于对 WTO 经费支出优先顺序的决定权，同时它还对 WTO 秘书处职员的配置情况拥有极大权力。目前，WTO 预算委员会由美国、英国、德国控制。中国能否进入预算委员会的决策层，很大程度上将事关中国能向 WTO 秘书处输送多少中国籍专家和人员。

（三）以国家经贸利益为根本出发点，重视依靠 WTO 谈判集团

WTO 谈判集团是目前发展中国家成员有效参与 WTO 多边贸易谈判强而有力的工具，已经成为相关议题谈判中不可忽视的一股谈判力量。中国如何利用富有活力的 WTO 谈判集团关系到中国更好参与多边贸易谈判的重大问题。笔者认为，总体而言，中国应该以国际经贸利益为根本出发点，重视依靠 WTO 谈判集团。

1. 如何选择加入谈判集团

尽管目前中国考虑加入 WTO 谈判集团的首要因素是集团成员的"身份问题"，但是在利益多元化的格局下，未来中国应该主要根据自身经贸利益来选择加入谈判集团，而不应简单依据"身份认同"来确定谈判立场。在厘清实际经贸利益的前提下，优先选择加入与发展中国家成员有共同利益的集团，如在"新加入成员"的差别待遇、战略产品保护、服务业的市场准入等领域。如此而为，不仅最能代表中国的利益，也能够保证发展中国家成员之间最大程度上的团结，促进 WTO 健康发展并维护广大发展中国家成员利益。对于既有发展中国家成员又有发达国家成员的混合集团，如果这些集团内部能够平衡南北关系，中国视经贸利益所在也可以考虑加入，如"野心集团"和"反倾销之友"集团，这两个集团的议题和诉请符合中国的利益，虽然它们不是纯粹的发展中国家成员集团。值得注意的是，有些议题符合中国自身利益，但是却与其他发展中国家的利益存在冲突，一般情况下，这种议题往往又是由发达成员所提出，对此，中国必须保持客观谨慎的态度。一方面，不应仅仅因为自身的"发展中国家"身份界定而明确反对从而无端损害自身利益；另一方面，又要避免在国际舆论中形成成为发达国家成员"追随者"的形象，从而破坏了自身"中间人"和桥梁的定位。

① 参见张磊：《中国参与世界贸易组织决策机制的实践与策略：以多哈回合谈判为例》，载《世界经济研究》2011 年第 12 期。

2. 中国在谈判集团中的定位问题

中国在外交定位上一贯实行“不出头”战略，但是其他发展中国家成员希望中国能够发挥更大作用。需要明确的一个问题是，不愿在集团内部充当领导者角色，[①]并不妨碍对集团议题积极参与的态度，这种态度将有利于中国树立起“负责任大国”的形象从而在众多发展中国家中获得更多国际支持。为此，中国在策略上应保持足够的灵活性，积极协调发达国家成员与发展中国家成员间的利益分歧。鉴于谈判集团自身的松散性特质，中国特别应该注重综合协调各方在不同议题间的立场变化，从而为谈判以及谈判集团本身注入更多稳定性因素。[②]

3. 借助“新兴经济体”，联合发展中大国

发展中大国一般是指相较于其他发展中国家而言，其自身实力更为强大，并拥有较为广泛影响力的发展中国家，如中国、印度、巴西、南非等。发展中大国同一般发展中国家的一个显著性区别表现在其国际影响力方面，这种影响力视其覆盖范围的不同，既可能是地区性影响力，也可能是世界性影响力。这些国家已经在第三世界的区域一体化组织、不结盟运动等多边场合中扮演起了越来越重要的角色。[③] “金砖国家”的经济发展前景备受肯定，在国土面积、人口、资源、市场等都有独特优势，国际地位不断提高，对国际事务具有重要影响力，被预测在2050年将成为世界最强的经济体。虽然目前“金砖国家”并非如欧盟一样的政治联盟，也不像东盟一样的贸易联盟，但是他们之间已经逐步开始展开政治合作，以加强其对国际政治的影响力，或是通过不成文的政治合作协议，迫使美国让步。既有的“金砖国家”机制在俄罗斯加入 WTO 后，必将进一步使得5个新兴大国间的协调能力以及制订联合谈判议程能力得到强化。[④]

中国应该参考印度和巴西参与多边贸易谈判以及提高国际影响力的经验。

---

① See Robert Z. Lawrence, “China and the Multilateral Trading System”, NBER Working Paper, No. 12759 December 2006, p. 14.

② See Amrita Narlikar and Diana Tussie, “The G20 at the Cancún Ministerial: Developing Countries and their Evolving Coalitions in the WTO”, *World Economy*, 24(7), 2004, pp. 955 – 956.

③ 参见王铮、秦林军：《WTO谈判中的发展中大国与发展中国家谈判联盟——兼论中国参与发展中国家谈判联盟的策略》，载《世界贸易组织动态和研究》2009年第12期。

④ See Debashis Chakraborty and Dipankar Sengupta, “IBSAC (India, Brazil, South Africa, China): A Potential Developing Country Coalition in WTO Negotiations”, Centre de Sciences Humaines Occasional Paper, No. 18, 2010, p. 52.

印度是 GATT 的创始缔约方，出于对自身利益维护的角度，其在外交战略上选择了谋求在 GATT 内成为发展中国家“领导者”角色，半个多世纪以来在多边贸易谈判中积累大量的经验。如 20 世纪 60 年代，印度首次在 GATT 中提出“非互惠”理念，要求在关税减让问题上允许发展中国家根据基于自身特定的发展情况而无须向发达国家作出互惠性承诺。在随后的肯尼迪回合中，印度再一次旗帜鲜明地提出，“发达国家不能期望从欠发达国家得到互惠”。1964 年，在印度的积极主张和强烈要求之下，GATT 加入“贸易与发展”部分。东京回合中，GATT 以“授权条款”确认了发展中国家的“特殊和差别待遇”。印度在多边贸易体制的“大国战略”不仅获得亚洲发展中国家的支持，同时也得到非洲中小国家的高度赞扬。这为印度在此后的众多议题谈判（农产品议题、执行议题等）中赢得了广泛的追随者。自 2001 年多哈回合起，印度已然进入了 WTO 的核心决策圈。在 2005 年香港会议上，印度更是与巴西、欧盟、美国、澳大利亚形成“新五方”（G5），对谈判的进程和方向起到了实质性的决定作用。同样身为发展中大国，中国同印度、巴西等国家在很多议题上都具有共同的利益诉求，但与印度、巴西参与多边贸易体制谈判的经验相比，中国加入谈判的历史尚短，专业人才的储备和他们还存在一定的差距。（参见表 16 和表 17。）因此，在中国与印度、巴西拥有共同立场的议题集团中，既可以维护共同利益，又是一个“取经”的好机会。中国在集团内部利益的协调方面，应该充分注重印度、巴西等大国在发展中国家世界已然取得的领导地位，不应贸然试图去打破这种格局。在彼此利益协调中，中国应该在不损害自身经贸利益的前提下，通过让步与克制以寻求共同利益的实现。

表 16　印度参与的 WTO 谈判集团一览表

谈判集团	作用	集团主张
发展中国家非正式集团（IGDC）	领导者	GATT 第四部分“贸易与发展”；普惠制（GSP）
G10	领导者	反对服务议题纳入乌拉圭回合（以失败告终）
粮食进口集团（FIG）	领导者	反对凯恩斯集团的农产品贸易自由化的主张，强调自由化后的粮价上涨对进口国的影响

续表

谈判集团	作用	集团主张
志同道合集团(LMG)	领导者	强调执行议题的优先性,反对新加坡议题(以失败告终)
G33	领导者	农业议题的特殊产品和特殊保障措施
G20	领导者	发达国家成员削减农产品的国内支持,同时给予发展中国家成员灵活性
亚洲发展中国家集团	—	综合议题
工业品市场准入 11 国集团(NAMA 11)	—	知识产权
"W52"支持者	—	发展中国家成员要求开放工业品市场的灵活度

表 17 巴西参与的 WTO 谈判集团一览表

谈判集团	作用	集团主张
凯恩斯集团	领导者	农产品贸易自由化
南方共同市场	领导者	综合议题
G20	领导者	发达国家成员削减农产品的国内支持,同时给予发展中国家成员灵活性。
反倾销之友(FANs)	—	发展中国家成员要求开放工业品市场的灵活度
工业品市场准入 11 国集团(NAMA 11)	—	为反倾销措施制定更多纪律
"W52"支持者	—	知识产权

(四)妥善处理与其他发展中国家和发达国家成员之间的关系

首先,中国应继续支持发展中国家成员维护自身正当权益的主张。在 GATT/WTO 体制中,尚存在诸多不合理之处,阻碍着广大发展中国家有效地参与到多边贸易谈判的进程中,从而影响他们公平地分享全球贸易发展所带来的机会与利益。对此很多发展中国家都非常鲜明地提出了自己的利益主张。中国显然应该坚定站在支持这些利益诉求的立场之上,而无论是否与中国自身的利益直接相关。现实也的确如此,例如,在最不发达国家的"免关税、免配额"优惠待遇主张方面,中国在最不发达国家成员委员会中宣布各项优惠措施,包括2003 年对非洲最不发达国家成员的部分商品给予零关税待遇;自 2005 年 1 月起陆续给予 28 个非洲最不发达国家成员约 194 项商品零关税待遇;2006 年在中非合作论坛上宣布加强双方合作力度,其中包括给予非洲最不发达国家成员零关税优惠待遇商品由 190 项扩大到 440 项,最终达到 454 项。①

其次,充分认识到 WTO 作为 GATT 的继承体制,其运作模式依旧并在今后可能的较长时间内被美国与欧盟主导。中国要在 WTO 中有所作为,就必须与具有重要影响力的主要大国处理好关系,尤其是在双边层面上与美国、欧盟之间的关系。中国目前是"绿屋会议"和 G7"核心决策圈"的成员,应注意发挥"桥梁"作用。在 G7 中,既要妥善处理自身与发达国家的关系,又要协调发达国家与发展中国家成员的利益,灵活运用谈判筹码,慎重选择具体谈判议题的出价,同时做到大胆出击积极争取,还要适时学会酌情妥协与让步,达到更好地在多边贸易谈判中争取和维护中国的经济权益的目标。

① 参见《WTO 各集团之特性及其参与贸易与发展议题之研究执行成果报告书》,载中国台湾地区 WTO 中心网:http://web. wtocenter. org. tw/Node. aspx? id = 2,最后访问日期:2014 年 11 月 17 日。

结 语

综上所述,我们可以清楚地看到,在经济全球化和世界多极化发展的宏观背景下,尤其是发展中国家成员在多边贸易体制内整体实力的提升,WTO 决策机制在实际运行中暴露出很多体制性的问题,多哈发展回合谈判的曲折前行就是例证。因此,对 WTO 决策机制的理论探索和实践分析是非常必要的,这对于帮助发展中国家成员有效参与 WTO 决策机制,以及整体上推动多边贸易体制继续前行,巩固贸易自由化成果,特别是对中国更好地融入多边贸易体制,在互利共赢中实现自身经贸利益有着重要的意义。

目前学界对 WTO 基本决策方式"协商一致"的研究成果比较丰富,但是对于多边贸易谈判规则或制度问题缺乏全面和系统的研究。本书认为,WTO 决策机制的外延除了包括在部长级会议和总理会等决策机构"协商一致""表决"制度外,还应该涵盖议案在提交"表决"之前的多边贸易谈判过程中的谈判规则和制度。然而,谈判规则或制度在《WTO 协定》等多边贸易协定的立法中几乎为空白。多哈回合开启以来,WTO 决策机制面临诸多挑战,例如,谈判过程中"权力导向"明显,发展中国家成员的参与性差,谈判的透明度欠缺以及决策效率低下等,对 WTO 决策机制在参与度、透明和效率方面的改革刻不容缓。

由于 WTO 法制缺乏对谈判规则的明确界定,

GATT/WTO多边贸易谈判在实践运行中依靠一系列习惯性的做法,如"'一揽子'承诺""绿屋会议"、"主要供应国原则"等,这些规则或模式都是在美国等发达国家主导纳入多边贸易谈判中的,总体上有利于实现他们的经贸利益。其中"'一揽子'承诺"作为谈判规则的法律地位较为明确,《多哈部长宣言》规定,谈判的进行、结束和结果的生效应视为"'一揽子'承诺"的组成部分。该规则在促进多边贸易谈判上是一把"双刃剑",一方面,成员方可以将其作为谈判工具,设置于己有利的议题和在谈判中通过中止谈判作为威胁来有效保护自身利益;另一方面,它易于被强国利用从弱国处获取不成比例的让步,且容易导致谈判陷入僵局。因此,学界和实务界提出了多种改革方案。"绿屋会议"性质上为非正式磋商机制,具有明显的排他性,被邀请与会的都是发达国家成员或者主要贸易方,其合法性、参与度、透明度遭到广大发展中国家成员的质疑。近年来,巴西、印度、中国、南非、墨西哥等发展中大国被邀请参加"绿屋会议"已经成为常态,但是广大较小的发展中国家还长期被排除在外。在改革"绿屋会议"的方面,本书倾向于在非机制化"绿屋会议"的前提下,大力改善其参与度和透明度,从贸易份额、发展水平、地理位置等标准综合选择参会方,并积极利用既有的WTO谈判集团,重视提高那些较小的发展中国家成员的代表性。"主要供应国原则"同样有利于长期处于工业品主要供应国地位的发达国家的经贸利益,他们是工业品关税谈判的主导力量。WTO成立之后,这种谈判规则逐渐在服务贸易、知识产权和国际投资等领域推行。

发展中国家成员有效参多边贸易谈判的问题是WTO决策机制面临的重大问题,发展中国家成员数量已经占据WTO成员总数的80%以上,整体实力不断在提高,尤其是巴西、印度、中国、南非等发展中大国。在GATT时代,发展中国家曾经积极参与创建ITO的谈判和GATT早期的几轮贸易回合,但是囿于历史和经济实力的原因,以及"主要供应国原则"、互惠原则和农业、纺织品等被排除谈判等因素的影响,他们在谈判结果上往往收效甚微,直至肯尼迪回合到乌拉圭回合发展中国家的参与才开始得到一些有益的回应。WTO成立后,发展中国家成员有效参与多边贸易谈判的意愿不断增强,但是却依旧面临着诸多现实和制度上的障碍。例如,较难派驻人力资源和智力支持丰沛的代表团参加WTO决策机构的所有会议;难以角逐WTO各个决策机构主席和WTO总干事的选任;WTO秘书处中来自发展中国家成员的人员较少;仅有少数发展中大国能够长期参与"绿屋会议",弱小国家仍然被边缘化等。

2001年多哈回合开启前后,WTO谈判集团迅速发展,农业议题中的G20、

G33、凯恩斯集团、棉花4国等,非农产品议题中的NAMA 11、“野心集团”,综合领域中的非洲集团、最不发达国家集团、ACP集团等对多边贸易谈判的进程和方向影响甚大,已经成为不可忽视的一股谈判力量。WTO谈判集团是在经济全球化的背景下,以贸易中的比较优势为基础,主要以发展中国家成员为主体组建的谈判联盟,其产生的制度根源是WTO决策机制缺乏公平合理的谈判规则致使发展中国家成员被边缘化。从多哈谈判的实践来看,WTO谈判集团在改善WTO决策机制上的效果明显,如整合发展中国家成员的人力和智力等资源,提高在日内瓦的代表性;有效改善“绿屋会议”的参与度(尤其是弱小国家的参与度)、透明度以及整体上提高谈判和决策的效率。目前WTO谈判集团面临的挑战为缺乏明确的法律地位和制度支持,稳定性不足,有的集团和多边贸易体制的目标有潜在冲突等,需要从法律地位、集团组建方式、集团协调人选任和职责、集团内外部利益协调等方面进行改进和完善。

中国从2001年加入WTO到2005年第一次主办WTO非正式小型部长会议期间,逐渐适应WTO的决策机制;2008年中国第一次进入WTO“最核心决策圈”,已经能够积极参与WTO决策并取得了较大的话语权。中国在多哈回合的谈判过程中快速成长壮大有目共睹。然而,WTO多边贸易谈判是综合实力的较量,中国要更好地融入WTO决策机制,必须要对自己在国际经贸体制中的定位有正确的认识。首先,中国要坚持发展中国家的定位,是世界上最大的发展中国家;其次,要作为现存国际经贸体系的维护者和批评者,在维护国际经贸体系大体平稳发展的前提下,主张经贸治理机制做出适当调整;最后,要充当发展中国家和发达国家成员之间桥梁,中国的国际经贸利益复杂而多元,在产业发展特质方面具有发展中国家成员的特点,但作为全球第二大贸易国,又具有发达国家成员的特点。中国有效参与WTO决策机制需要在以下几方面努力:积极推进WTO决策机制朝着更加民主、透明和有效率方向改革;在WTO各决策机构发挥更大的作用;以国家经贸利益为根本出发点,重视依靠WTO谈判集团;妥善处理与其他发展中国家的关系,注意联合巴西、印度等发展中大国的力量,以及平衡与发达国家成员间的关系。

参考文献

一、中文资料

(一)中文专著

1. 梁西著:《现代国际组织法》,武汉大学出版社1983年版。

2. 渠梁、韩德培主编:《国际组织与集团研究》,中国社会科学出版社1989年版。

3. 徐泉著:《国际经济主权论》,人民出版社2005年版。

4. 仪名海著:《20世纪的国际组织》,北京广播学院出版社2003年版。

5. 王铁崖著:《国际法引论》,北京大学出版社1998年版。

6. 王铁崖主编:《国际法》,法律出版社1995年版。

7. 王逸舟著:《磨合中的构建——中国与国际组织关系的多视角透视》,中国发展出版社2003年版。

8. 张乃根著:《法经济学:经济学视野里的法律现象》,中国政法大学出版社2003年版。

9. 程大为著:《WTO体系的矛盾分析》,中国人民大学出版社2009年版。

10. 盛斌著:《中国对外贸易政策的政治经济分析》,上海人民出版社2002年版。

11. 张贵洪编著:《国际组织与国际关系》,浙江大学出版社2004年版。

12. 门洪华著:《霸权之翼——美国国际制度战略》,北京大学出版社2005年版。

13. 阎学通、阎良主编:《国际关系分析》,北京大学出版社2008年版。

14. 梁西著:《梁著国际组织法》,武汉大学出版社2011年版。

15. 刘军宁编:《民主与民主化》,商务印书馆1999年版。

16. 孙琬钟编:《"海峡两岸WTO法律论坛"论文集》,北京大学出版社2007年版。

17. 张向晨、孙亮著:《WTO后的中美关系:与美国学者的对话》,广东人民出版社2002年版。

18. 孙振宇主编:《WTO多哈谈判中期回顾》,人民出版社2005年版。

19. 傅星国著:《WTO决策机制的法律与实践》,上海人民出版社2009年版。

20. 李浩培著:《李浩培文选》,法律出版社2000年版。

21. 赵维田著:《世界贸易组织(WTO)的法律制度》,吉林人民出版社2000年版。

22. 石广生主编:《中国加入世界贸易组织读本》(一),人民出版社2001年版。

23. 邵沙平、余敏友主编:《国际法问题专论》,武汉大学出版社2004年版。

24. 柳炳华著:《国际法》(上卷),中国政法大学出版社1997年版。

25. 饶戈平主编:《国际组织法》,北京大学出版社1996年版。

26. 张玉卿主编:《WTO法律大辞典》,法律出版社2006年版。

27. 孙秀君著:《决策法学》,人民法院出版社2000年版。

28. 周鲠生著:《国际法》(下册),武汉大学出版社2007年版。

29. 周雪光著:《组织社会学十讲》,社会科学文献出版社2003年版。

30. 孙德刚著:《多元平衡与"准联盟"理论研究》,时事出版社2007年版。

31. 曹建明、贺小勇:《世界贸易组织》(第2版),法律出版社2004年版。

32. 陈安主编:《国际经济法专论》,高等教育出版社2002年版。

33. 黄志雄著:《WTO体制内的发展问题与国际发展法研究》,武汉大学出版社2005年版。

34. 林立著:《波斯纳与法律经济分析》,上海三联书店2005年版。

35. 刘光溪著:《入世、博弈、共赢——互补性竞争与规则合作》,上海财经大学出版社2003年版。

36. 刘志云著:《国际经济法律自由化原理研究》,厦门大学出版社 2005 年版。

37. 倪世雄著:《当代西方国际关系理论》,复旦大学出版社 2001 年版。

38. 田野著:《国际关系中的制度选择:一种交易成本的视角》,上海人民出版社 2006 年版。

39. 杨泽伟著:《宏观国际法史》,武汉大学出版社 2001 年版。

40. 王贵国著:《世界贸易组织法》,法律出版社 2003 年版。

41. 朱晓勤主编:《发展中国家与 WTO 法律制度研究》,北京大学出版社 2006 年版。

42. 谈谭著:《国际贸易组织(ITO)的失败:国家与市场》,上海社会科学院出版社 2010 年版。

43. 刘光溪主编:《多哈谈判与 WTO 首轮回合》,上海人民出版社 2002 年版。

44. 刘光溪主编:《坎昆会议与 WTO 首轮谈判》,上海人民出版社 2004 年版。

(二)中文译著

45. [美]罗伯特·基欧汉:《霸权之后:世界政治经济中的合作与纠纷》,苏长和等译,上海世纪出版集团 2006 年版。

46. [美]罗伯特·基欧汉:《权力与相互依赖》,门洪华译,北京大学出版社 2002 年版。

47. [美]罗伯特·基欧汉:《局部全球化世界中的自由主义、权力与治理》,门洪华译,北京大学出版社 2004 年版。

48. [爱尔兰]彼得·萨瑟兰等著:《WTO 的未来——阐释新千年中的体制性挑战》,刘敬东等译,中国财政经济出版社 2005 年版。

49. [美]道格拉·斯诺思:《制度、制度变迁与经济绩效》,杭行译,上海人民出版社 2008 年版。

50. [美]罗伯特·吉尔平:《全球政治经济学:解读国际经济秩序》,杨宇光、杨炯译,上海世纪出版集团 2006 年版。

51. [南非]法扎尔·伊斯梅尔著:《改革世界贸易组织:多哈回合中的发展中成员》,贺平、凌云志、邓峥晖译,上海人民出版社 2011 年版。

52. [美]迈克尔·巴尼特、玛莎·芬尼莫尔著:《为世界定规则——全球政治中的国际组织》,薄燕译,上海人民出版社 2009 年版。

53. [美]赫伯特·西蒙著:《管理行为——管理组织决策过程的研究》,杨砾、韩春立、徐立译,经济学院出版社1988年版。

54. [美]赫伯特·西蒙著:《现代决策理论的基石:有限理性说》,杨砾、徐立译,北京经济学院出版社1989年版。

55. [美]安妮·O.克鲁格著:《作为国际组织的WTO》,黄理平、彭利平、刘军等译,上海世纪出版集团2002年版。

56. [美]约翰·H.巴顿、朱迪思·L.戈尔斯坦、蒂莫西·E.乔斯林理查德·R.斯坦伯格著:《贸易体制的演进——GATT与WTO体制中的政治学、法学和经济学》,廖诗评译,北京大学出版社2013年版。

57. [美]斯蒂格利茨著:《全球化的许诺和失落》,李明译,台北,大块文化出版股份有限公司2002年版。

58. [法]皮埃尔·卡蓝默著:《破碎的民主:试论治理的革命》,高凌瀚译,三联书店2005年版。

59. [美]霍华德·威亚尔达著:《民主与民主化比较研究》,榕远译,北京大学出版社2004年版。

60. [英]戴维·赫尔德著:《驯服全球化》,童新耕译,上海世纪出版集团2005年版。

61. [加]A.布莱顿等著:《理解民主——经济与政治的视角》,毛丹等译,学林出版社2000年版。

62. [美]约翰·H.杰克逊著:《国家主权与WTO》,赵龙跃等译,社会科学文献出版社2009年版。

63. [美]约翰·H.杰克逊著:《GATT/WTO:法理与实践》,张玉卿、李成岗、杨国华译,新华出版社2002年版。

64. Amrita Narlikar著:《权力、政治与WTO》,陈泰锋等译,外语教学与研究出版社2007年版。

65. [瑞士]奥利维尔·朗著:《关税与贸易总协定(GATT)概论》,张杰、陆跃平译,中国对外经济贸易出版社1989年版。

66. [美]曼瑟尔·奥尔森著:《集体行动的逻辑》,陈郁、郭宇峰、李崇新译,格致出版社2011年版。

67. [美]詹姆斯·多尔蒂、小罗伯特·普法尔茨格拉夫著:《争论中的国际关系理论》,阎学通等译,世界知识出版社2003年版。

68. [美]科依勒·贝格威尔、罗伯特·W.思泰格尔著:《世界贸易体制经济学》,雷达等译,中国人民大学出版社 2005 年版。

69. [美]布鲁斯·拉西特、哈维·斯塔尔著:《世界政治》,王玉珍等译,华夏出版社 2001 年版。

70. [美]康斯坦丁·米查洛维普罗斯著:《WTO 中的发展中国家》,黄震华译,中国商务出版社 2004 年版。

71. [英]彼得·狄肯斯著:《社会达尔文主义:将进化思想和社会理论联系起来》,涂骏译,吉林人民出版社 2005 年版。

72. [美]波斯纳著:《正义的经济学》,苏力译,台北,元照出版有限公司 2002 年版。

73. [美]大卫·A. 鲍德温著:《新现实主义和新自由主义》,肖欢容译,浙江人民出版社 2001 年版。

74. [美]E. 博登海默著:《法理学、法律哲学与法律方法》,邓正来译,中国政法大学出版社 2004 年版。

75. [美]弗雷德里克·皮尔逊、西蒙·巴亚斯里安著:《国际政治经济学:全球体系中的冲突与合作》,杨毅等译,北京大学出版社 2006 年版。

76. [英]伯纳德·霍克曼、迈克尔·考斯泰基著:《世界贸易体制的政治经济学:从关贸总协定到世界贸易组织》,刘平、洪晓东等译,法律出版社 1999 年版。

77. 世界贸易组织秘书处编:《贸易走向未来:世界贸易组织概要》,张江波、索必成译,法律出版社 2000 年版。

78. [美]科依勒·贝格威尔、罗伯特·W. 思泰戈尔著:《世界贸易体系经济学》,雷达、詹宏毅等译,中国人民大学出版社 2005 年版。

79. [英]马克·威廉姆斯著:《国际经济组织与第三世界》,张汉林、屠新泉等译,经济科学出版社 2001 年版。

80. [美]乔治·索罗斯著:《美国的霸权泡沫:纠正对美国权力的滥用》,燕清等译,商务印书馆 2004 年版。

81. [美]R. 科斯、A. 阿而钦、[美]D. 诺斯著:《财产权利与制度变迁——产权学派与新制度学派译文集》,上海三联书店、上海人民出版社 1994 年版。

82. [美]约翰·H. 杰克逊著:《世界贸易体制——国际经济关系的法律与政策》,张乃根译,复旦大学出版社 2001 年版。

83. [加拿大]黛布拉·斯蒂格著:《世界贸易组织的制度再设计》,汤蓓译,上海人民出版社 2011 年版。

84. [美]汉斯·摩根索著:《国家间的政治》,徐昕、郝望、李保平译,北京大学出版社2006年版。

85. [美]何塞·E. 阿尔瓦斯雷斯著:《作为造法者的国际组织》,蔡从燕译,法律出版社2011年版。

86. [美]苏珊·斯特拉奇著:《国家与市场》,杨宇光译,上海世纪出版集团2012年版。

87. [美]斯科特·巴雷特著:《合作的动力:为何提供全球公共产品》,黄智虎译,上海世纪出版集团2012年版。

88. [美]I. 戴斯勒著:《美国贸易政治》,王恩冕、于少蔚译,中国市场出版社2006年版。

(三)中文论文

89. 高加林:《国际织表决权制度的理论基础及比较》,载《前沿》2006年第1期。

90. 林灵、陈彬:《试析WTO决策机制及其对多哈回合的影响》,载《世界贸易组织动态与研究》2008年第2期。

91. 张磊:《中国参与世界贸易组织决策机制的实践与策略:以多哈回合谈判为例》,载《世界经济研究》2011年第12期。

92. 张磊:《中国参与下一阶段多哈回合谈判:策略与选择》,载《世界经济研究》2006年第12期。

93. 余锋:《WTO表决制度论:民主的视角》,载《厦门大学法律评论》2007年版。

94. 余锋:《绿屋会议——WTO走出合法性危机的一道坎》,载《东方法学》2009年第6期。

95. 余锋:《WTO决策机制的民主问题研究》,厦门大学2007年博士学位论文。

96. 余锋:《国际组织的多数决新解》,载《时代法学》2011年第1期。

97. 蒋红梅:《论WTO决策机制改革》,载《世界贸易组织动态与研究》2004年第8期。

98. 李浩培:《条约法的一个突破:多边外交中的协商基本一致决定程序》,载李浩培著:《李浩培文选》,法律出版社2000年版。

99. 李秋容:《论国际组织的表决制度》,载《经济与社会发展》2005年第4期。

100. 王军敏:《国际会议和国际组织的协商一致原则》,载《外国法译评》1998 年第 3 期。

101. 伍穗龙:《世界贸易组织协商一致决策机制的问题与改革》,载《求索》2012 年第 6 期。

102. 张向晨:《先有鸡还是先有蛋?》,载《WTO 经济导刊》2005 年第 9 期。

103. 傅星国:《WTO 非正式决策机制“绿屋会议”研究》,载《世界贸易组织动态与研究》2010 年第 2 期。

104. 翁里、唐卓然:《绿屋会议改革研究——构建 WTO 决策机制中的“埃俄罗斯之风”与“忒弥斯之秤”》,载《时代法学》2013 年第 6 期。

105. 黄文艺:《全球化时代的国际法治——以形式法治概念为基准的考察》,载《吉林大学社会科学学报》2009 年第 4 期。

106. 徐泉:《WTO 体制中成员集团化趋向发展及中国的选择析论》,载《法律科学》2007 年第 3 期。

107. 徐泉:《WTO“‘一揽子’承诺”法律问题阐微》,载《法律科学》2015 年第 1 期。

108. 徐泉、陈功:《美国外贸法中的“快车道”模式探析》,载《国际经济法学刊》,北京大学出版社 2005 年版。

109. 李计广、张军生:《发展中国家集团与中国》,载《现代国际关系》2013 年第 3 期。

110. 刘宏松:《中国在全球治理中的改革倡议:基于 WTO 多哈回合谈判和 G20 进程的分析》,载《国际展望》2012 年第 5 期。

111. 王峥、秦林军:《WTO 谈判中的发展中大国与发展中国家谈判联盟——兼论中国参与发展中国家谈判联盟的策略》,载《世界贸易组织动态与研究》2009 年第 12 期。

112. 姚蕾、田宏志:《WTO 农业谈判中国家利益集团的稳定性研究》,载《国际贸易问题》2008 年第 9 期。

113. 徐宏源:《凯恩斯集团和 G20 成员的农产品贸易及政策比较分析》,中国农业大学 2004 年硕士学位论文。

114. 肖燕、张汉林:《多哈回合 G20 成员的比较分析和集团行动启示》,载《世界贸易组织动态与研究》2012 年第 4 期。

115. 曹立新:《决策概念研究综述》,载《广东技术师范大学学报》2010 年第 4 期。

116. 王青梅:《组织决策非正式规则研究》,吉林大学2012年博士学位论文。

117. 佟大木:《国际组织决策过程中的特权悖论》,载《学习与探索》2009年第2期。

118. 岳华、赵明:《国际货币基金组织治理机制改革的新设计》,载《经济问题探索》2012年第7期。

119. 张贵洪:《国际组织的行政体制初探》,载《世界经济与政治》1999年第6期。

120. 吴小国:《WTO决策机制研究——给予发展中国家视角的分析》,厦门大学2007年硕士学位论文。

121. 常景龙:《国际组织决策机制变革对国家主权的影响》,载《中州学刊》2007年第3期。

122. 王中美:《国际经济组织的决策机制研究》,载《国际论坛》2005年第4期。

123. 徐志忠:《国际组织表决机制研究》,天津大学2012年硕士学位论文。

124. 黄梅波、赵国君:《IMF表决制度:发展中国家的地位及其改革策略》,载《广西社会科学》2006年第6期。

125. 王军敏:《国际会议和国际组织的协商一致原则》,载《外国法译评》1998年第3期。

126. 盛洪:《经济学透视下的民主》,载盛洪主编:《现代制度经济学》(下卷),北京大学出版社2003年版。

127. 曾令良:《WTO法治面临的主要挑战及其应对》,载《法学杂志》2011年第9期。

128. 陈安:《南南联合自强五十年的国际经济立法反思——从万隆、多哈、坎昆到香港》,载《中国法学》2006年第2期。

129. 王毅:《关税与贸易总协定谈判规则》,载《国际贸易问题》1988年第1期。

130. 王晓东:《WTO新一轮多边工业品关税谈判研究》,载《国际经济合作》2008年第10期。

131. 陈玉刚:《中国外交研究的新机遇》,载《国际观察》2010年第1期。

132. 孙德刚:《国际安全合作中联盟概念的理论辨析》,载《国际论坛》2010年第5期。

133. 凌胜利:《中国为什么不结盟?》,载《外交评论》2013 年第 3 期。

134. 于铁军:《国际政治中的同盟理论:进展与争论》,载《欧洲》1999 年第 5 期。

135. 李希强:《IPC 提出 WTO 发展中国家分类方法》,载《WTO 经济导刊》2004 年第 12 期。

136. 陈雨松:《中国参与多哈发展议程谈判 10 年综述》,载《国际经济法学刊》2011 年第 18 卷第 3 期。

137. 左海聪:《发展中国家和中国在多哈回合的谈判目标和策略展望》,载《国际经济法学刊》2004 年。

138. 黄志雄:《效率与公平视角下的 WTO 多哈回合谈判和多边贸易体制完善》,载《武汉大学学报》(哲学社会科学版)2008 年第 5 期。

139. 曾令良:《多哈发展回合的困境和出路》,载《理论月刊》2004 年第 7 期。

140. 张斌:《多边贸易体制变迁:一种国际机制理论的解释》,载《世界经济研究》2003 年第 7 期。

141. 孙振宇:《中国的服务贸易发展和参与多哈发展议程谈判情况》,载《世界贸易组织动态与研究》2005 年第 8 期。

142. 胡北平:《发展中国家如何更有效地利用 WTO 决策机制》,载《世界经济研究》2003 年第 11 期。

143. 王峥:《GATT/WTO 的集中谈判模式研究:基于 MFN 的视角》,载《理论界》2007 年第 1 期。

144. 韩立余:《从总干事的选任看 WTO 的决策机制》,载《法学家》2008 年第 2 期。

145. 刘光溪、邹彦:《试析多边贸易谈判中的博弈战略问题》,载《世界贸易组织动态与研究》2003 年第 10 期。

146. 李璐骅:《论 WTO 非正式决策机制"绿屋会议"的改革》,载《经济视角》2013 年第 11 期。

147. 田曼莉、陈元芳:《集团协商表决制:国际组织表决机制的新思路》,载《同济大学学报》(社会科学版)2007 年第 2 期。

148. 柳剑平:《当代国际经济关系集团化与政治化》,载《武汉大学学报》(社会科学版)2012 年第 1 期。

149. 王中美:《论"单一承诺"之变革》,载《国际论坛》2012 年第 1 期。

150. 张晓君、温融:《多边贸易谈判新议题的产生背景、发展及其启示——以“新加坡议题”为例》,载《重庆大学学报》(哲学社会科学版)2005 年第 3 期。

151. 徐泉:《WTO“新成员”法律地位论析》,载《法学评论》2009 年第 2 期。

二、外文资料

(一)外文专著

152. Bernard Hoekman and Michel Kostecki, *The Political Economy of the World Trading System: the WTO and beyond*, Oxford University press, 2001.

153. Bennett A. L., *International Organizations: Principles and Issues*, Prentice Hall, 1991.

154. Peter Chowla, Jeffrey Oatham and Claire Waren, *Bridging the Democratic Deficit: Double Majority Decision Making and the IMF*, Bretton Woods Project/One World Trust: London, Feb 2007.

155. Annick Laruelle and Federico Valenciano, *Voting and Collective Decision-Making: Bargaining and Power*, Cambridge: Cambridge University Press, 2008.

156. G. J. H. van Hoof, *Rethinking the Sources of International Law*, Kluwer Law International, 1981.

157. P. I. B. Kohona, *The Regulation of International Economic Relations through Law*, Dordrecht/Boston/Lancaster, 1985.

158. Waddingtonh, *The Strategy of Genes*, London: Cambridge University Press, 1957.

159. North D. C., *Institutions, Institutional Change and Economic Performance*, London: Cambridge University Press, 1990.

160. John H. Jackson, *Sovereignty, the WTO, and Changing Fundamentals of International Law*, Cambridge University Press, 2006.

161. Robert E. Osgood, *Alliance and American Foreign Policy*, Baltimore and London: The Hopkins Press, 1968.

162. Arthur Bentley, *The Process of Government*, *Evanston*, I11, Principia Press, 1949.

163. Amrita Narlikar, *International Trade and Developing Countries: Bargaining Coalitions in the GATT and WTO*, London: Routledge, 2003.

164. Aileen Kwa, *Power Politics in the WTO*, Bangkok: Focus on the Global South. 2002.

165. Patrick Stewart, *The G20 and the United States: Opportunities for More Effective Multilateralism*, The Century Foundation, 2010.

166. Kent Jones, *The Doha Blues: Institutional Crisis and Reform in the WTO*, Oxford University Press, 2010.

167. Carolyn Deere Birkbeck, *Making Global Trade Governance Working for Development*, Cambridge University Press, 2011.

168. Fatoumata Jawara and Aileen Kwa, *Behind the Scene at the WTO: The Real World of International Trade Negotiaons*, Zed Books, 2003.

(二)外文论文

169. Jeffery J. Schott, "Decision-making in the WTO", *Peterson institute and layashree watal Peterson institute*, March, 2000.

170. Richard H. Steinberg, "In the Shadow of Law and Power? Consensus-based Bargaining and Outcomes in the GATT/WTO", *International Organization*. Vol. 56. No 2, Spring, 2002.

171. Erik. Suy, "The Meaning of Consensus in Multilateral Diplomacy", in R. AKKerman et al eds., *Declarations on Principles: A Quest f or Universal Peace*, Leyd en, 1977.

172. E. Galloway, "Consensus Decision-making by the United Nations Committee on the Peaceful Uses of Outer Space", *Journal of Space Law*, 1979.

173. B. Buzan, "Negotiating by Consensus: Development in Technique at the United Nations Conference on the Law of the Sea", 75 *American Journal of International Law* 324, 1981.

174. P. Szaz, "Improving the International Legislative Process", 9 *Georgia Journal of International and Comparative Law*, 1979.

175. N. Lateaf, "Parliamentary Diplomacy and the North-South Dialogue", 11 *Georgia Journal of International and Comparative Law*, 1981.

176. Karl Zemanek, "Majority Rule and Consensus Technique in Law-making Diplomacy." In Ronald Macdonald eds., *The Structure and Process of International Law: Essays in Legal Philosophy, Doctrine and Theory, Springer*, 1983.

177. Thomas Cottier, "Preparing for Structural Reform in the WTO", in

William Davey & John Jackson, eds. , *The Future of International Economic Law*, New York: Oxford University Press, 2008.

178. Joost Pauwelyn: "The Sutherland Report: a Missed Opportunity", *Journal of International Economic Law* 8(3).

179. Joseph S. Nye, Jr: "Redefining the National Interest", *Foreign Affairs*, 08, 1999.

180 Peter Van den Bossche and Iveta Alexovicova, " Effective Global Economic Governance by the World Trade Organization", *Journal of International Economic law* 8(3).

181. Dmitri V. Verenyov, " Vote or Lose: an Analysis of decision-making Alternatives for the World Trade Organization", *Buffalo law Review*, Vol. 51, Spring, 2003.

182. Jeffrey J. Schott, " The WTO after Seattle", in Jeffrey J. Schott, ed. , *The WTO after Seattle*, *Washington: Peterson Institute*, 2000.

183. Amrita Narlikar, " Fairness in International Trade Negotiations: Developing Countries in the GATT and WTO", 29 *The World Econony*, 2006.

184. James Thuo Gathii, " Open Democratic Participation Scheme for the World Trade Organization: Process and Substance In WTO Reform", *Rutgers Law Review*, Vol. 56, *Summer*, 2004.

185. Leah Granger, " Explaining the Board-based support for WTO adjudication", *Berkeley Journal of International Law*, Vol. 24, 2006.

186. Bernard Hoekman: " Proposals for WTO Reform: A Synthesis and Assessment", *Minnesota Journal of International Law*, Summer, 2011.

187. Richard Blackhurst, " Reforming WTO Decision Making: Lessons from Singapore and Seattle", in Klaus Gunter Deutsch and Bernhard Speyer, eds. , *The World Trade Organization Millennium Round: Freer Trade in the Twenty First Century*, Florence: Routledge, 2001.

188. Kent Jones, " Green Room Politics and the WTO ' s Crisis of representation", in John-ren Chen ed. , *Cooperative Global Governance by International Institutions: Principles and Challenges*, Edward Elgar, 2009.

189. Claus-Dieter Ehlermann and Lothar Ehring, " The Consensus Practice of the WTO Adequate for Making, Revising and Implementing Rules on International

Trade?", *Journal of International Economic Law*, Vol. 8, 2005.

190. Amrita Narlikar, "A Theory of Bargaining Coalitions", in Amrita Narlikar and BrendanVicker, *Leadership and Change in the Multilateral Trading System*, Leidon: Republic of Letters Publishing/Martinuns, Nijhoff, 2009.

191. Amrita Narlikar and Pieter van Housten, "Know the Enemy: Uncertainty and Deadlock in the WTO", in *Amrita Narlikar*, *Deadlock in multilateral negotiations*, Cambridge, 2010.

192. Kenneth Abbott and Ducan Snidal, "Why States Act through Formal International Organizations", *The Journal of Conflict Resolution*, Vol. 42, No. 1, 1998.

193. Michael Mastanduno, "Economics and Security in Scholarship and Statecraft", *International Organization*, Vol. 52, No. 4, 1998.

194. Jonathan Kirshner, "Political Economy in Security Studies after the Cold War", *Review of International Political Economy*, Vol. 5, No. 1, 1998.

195. Daniel J. Blake and Autumn L. Payton, "Decision Making in International Organizations: an Interest Based Approach to Voting Rule Selection", 2009.

196. Rogelberg S., Barnesfarrell J. and Lowe C., "The stepladdertechnique an Alternative Group-structure Facilitating Effective Group Decision Making", *Journal of Applied Psychology*, 77(5), 1992.

197. Ebere Osieke, "Majority Voting Systems in the International Labor Organization and the International Monetary Fund", *International and Comparative Law Quarterly*, No. 33, 1984.

198. Anders Aslund, "Why doesn't Russia Join the WTO?" *The Washington quarterly*, Vol. 33, No. 2, 2010.

199. J. H. H. Weiler, "The Transformation of Europe", *Yale Law Journal*, 1991, Vol. 100, p. 2461.

200. John H. Jackson, "The Great 1994 Sovereignty Debate: United States Acceptance and Implementation of the Uruguay Round Results", 36 *Columbia journal of Transnational Law*, 1997.

201. Mary E. Footer, "The Role of Consensus in GATT/WTO Decision-making", *Northwestern Journal of International Law and Business*, 1996 – 1997.

202. Rorden Wilkinson, "The WTO in Crisis: Exploring the Dimensions of

Institutional Inertia", *Journal of World Trade*, 53:3, 2001.

203. Rorden Wilkinson and James Scott, "Developing Country Participation in the GATT: a Reassessment", *World Trade Review*, 3. July, 2008.

204. Sonia E. Rolland, "Redesigning the Negotiation Process at the WTO", *Journal of International Economic Law*, 13(1).

205. John H. Jackson, "The WTO 'Constitution' and Proposed Reform: Seven 'Mantras' Revisited", *Journal of International Economic Law*, 4(1), 2001.

206. Finger. J. M, "Implication and Imbalance: Dealing with Hangover from Uruguay Round", *Oxford Review of Economic Policy* 3, 2007.

207. Carolyn Deere, "International Trade Technical Assistance and Capacity Building", *background paper for the UNDP Human Development Report* 2005.

208. Robert Wolfe, "Crossing the River by Feeling the Stones: Where the WTO is Going after Seattle, Doha and Cancun", *Review of International Political Economy*, 2004, 11(3).

209. John S. Odell, "Chairing a WTO Negotiation", *Journal of international Economic Law*, 8(2), 2005.

210. Richard Balckhurst and David Hartrige, "Improving the Capacity of Institutions to Fulfill their Mandate", *Journal of International Economic Law*, Sep, 2004.

211. Amrita Narlikar and Diana Tussie, "The G20 at the Cancún Ministerial: Developing Countries and Their Evolving Coalitions in the WTO", *World Economy* 24(7), 2004.

212. Arnold Wolfers, "Alliance", in *International Encyclopedia of the Social Science*, New York: Macmillan Company and The Free Press, Vol. 1, 1974.

213. Glenn H. Snyder, "Alliance Theory: a Norealist First Cut", *Journal of International Affairs*, Spring, Vol. 44, No. 1, 1990.

214. C. Hamilton and J. Whalley, "Coalitions in the Uruguay Round", *Review of World Economics*, Vol. 125, Issue 3, 1989.

215. Patel Mayur, "New Faces in the Green Room: Developing Country Coalitions and Decision-making in the WTO", *GEG Working Paper Series*, 2007/WP33.

216. Kent Jones, "Regionalism and the Problem of Representation in the

WTO", *Conference paper prepared for the Centre for the Study of International Institutions*, 17 November, 2005.

217. Sonia E. Rolland, "Developing Country Coalitions at the WTO: in Search of Legal Research", *Harvard International Law Journal*, Summer, 2007.

218. Alexander Wend, "Collective Identity Formation and the International State", *American Political Science Review*, Vol. 88, No. 2, 1994.

219. Robert Z. Lawrence, "China and the Multilateral Trading System", *NBER Working Paper*, No. 12759 December 2006.

220. Rafae Lea Arcas, "China's Attitude to Multilateralism in International Economic Law and Governance: Challenges for the World Trading System", *Journal of World Investment and Trade*, Vol. 11, No. 2, 2010.

221. Debashis Chakraborty and Dipankar Sengupta, "IBSAC (India, Brazil, South Africa, China): a Potential Developing Country Coalition in WTO Negotiations", *Centre de Sciences Humaines Occasional Paper*, No. 18, 2010.

222. Narayanan Madhavan, "O5 Mulls Forming a Group of Their Own", *Hindustan Times*, November 4, 2006.

223. A. Tammes, "Decisions of International Organisation as a Source of International Law", 94 *Recuei l des Cours del Academie de Droit International de La Haye*, 1958(11).

224. Robert Cox and Harold K Jacobson, "The Framework for Enquiry", Paul. F. Diehl, *The politics of global governance*, Lynn rienner publisher, 1997.

225. John H. Jackson, "The Evolution of the world trading system-the legal and institutional context", *The Oxford Handbook of International Trade Law*, Oxford University Press, 2009.

226. Peter Norgaard Pedersen, "The WTO Decision-making Process and Internal Transparency", *World Trade Review*, 5(1), 2006.

227. John S. Odell and Susan K. Sell, "Reframing the Issue: the WTO Coalition on Intellectual Property and Public Health," In John S. Odell, *Negotiating Trade: Developing Countries in the WTO and NAFTA*, Cambridge University Press.

228. Margaret Pearson, "China in Geneva: Lessons from China's Early Years in the World Trade Organization", in Alastair Iain Jonston and Robert Ross, eds., *New Directions in the Study of China's Foreign Policy*, Stanford University Press,

2006.

229. Bhagirath Das, "The WTO and the Multilateral Trading System: Past, Present and Future", *Third world networks and Zed books*, 2003.

230. Sylvia Ostry, "The Uruguay Round North-south Grand Bargain: Impilication for Future Generations, in D. M. Kenenedy and J. D. South wick (eds), *The political economy of interntioan trade law: Essays in hounor of Robert E. Hudec*, Cambridge university press, 2002.

231. Will Martin and Patrick Messerlin, "Why is it so Difficult? Trade Liberalization under the Doha Agenda", 23 *Oxford Review of Economic Policy*, 3, 2007.

三、网络资源

232. "陈安教授在中国法学会世界贸易组织法研究会 2007 年年会上的发言", 载中国法学会网: http://www.chinalawsociety.org.cn/research/shownews.asp?id=338&cpage=1。

233. 尼克松中心: http://wwww.nixoncenter.org/publications/monograghs/nationalinterests.pdf。

234. Amrita Narlikar: "WTO decision-making and developing countries", http://www.southcentre.org/index.php?option=com_content&task=view&id=367&Itemid=67.

235. Chakravarthi Raghavan: "The Return of the 'Green Room'", South-North Development Monitor (SUNS), http://www.twnside.org.sg/title/green2-cn.htm.

236. "WTO Secretariat: World Trade Report 2007", http://www.wto.org/english/tratop_e/dda_e/meet08_org_e.htm#green_room.

237. WTO 官网: http://www.wto.org/english/thewto_e/whatis_e/tif_e/org1_e.htm。

238. Oxfam GB Policy Department, "Institutional Reform of the WTO", http://www.oxfam.org.uk/resources/poli-cy/trade/downloads/wto_reform.rtf.

239. Jan-Erik Lane, "International Organization Analyzed with the Power Index Method", *CSGR Working Paper*. No. 181/05, 2005. http://wrap.warwick.ac.uk/

1922/1 /WIIAP Lane pi8105. pdf.

240. "WTO organization chart", http://www. wto. org/english/thewto_e/whatis_e/tif_e/org2_e. htm.

241. "Pascal Lamy's ministerial conference diary", http://www. wto. org/english/thewto_e/dg_e/pl_visitors_e/min05_blog_e. htm.

242. "Current WTO chairpersons", http://www. wto. org/english/thewto_e/secre_e/current_chairs_e. htm#top.

243. "Overview of the WTO Secretariat", http://www. wto. org/english/thewto_e/secre_e/intro_e. htm.

244. "Whose WTO is it anyway?" http://www. wto. org/english/thewto_e/whatis_e/tif_e/org1_e. htm.

245. South Centre, "Comparative Assessment of Developing Country Participation in the Governance of Global Economic Institutions", http://www. g24. org/TGM/scen0806. pdf.

246. "How the negotiations are organized", http://www. wto. org/english/tratop_e/dda_e/work_organi_e. htm.

247. Warwick Commission, "The Multilateral Trade Regime: Which Way Forward?" http://www2. warwick. ac. uk/newsandevents/pressreleases/wcreport/uw_warcomm_tradereport_07. pdf.

248. "Chairman's Opening Remarks by WTO Director-General Pascal Lamy in an Informal Meeting of the Trade Negotiations Committee (TNC) on 31. May, 2011", http://www. wto. org/English/news_e/news11_e/tne_infstat_31may_e: htn#statement.

249. "主要供应国原则",载商务部商务培训网:http://training. mofcom. gov. cn/jsp/sites/site? action = show2&name = %B9%D8%C3%B3%D7%DC%D0%AD%B6%A8&id = 124213。

250. "Who are the developing countries in the WTO?" http://www. wto. org/english/tratop_e/devel_e/d1who_e. htm.

251. "Who are the developing countries in the WTO?" http://www. wto. org/english/tratop_e/devel_e/d1who_e. htm.

252. "Least-developed countries", http://www. wto. org/english/thewto_e/whatis_e/tif_e/org7_e. htm.

253. "DDA July 2008 Package: Summary 23 July Day 3: Moderate and uneven progress leads to ' geometry ' tweak", http://www. wto. org/english/news_e/news08_e/meet08_summary_23july_e. htm.

254. "Groups in the negotiations by WTO member", http://www. wto. org/english/tratop_e/dda_e/groups_by_country_e. htm.

255. Bernard Hoekman, "Cancun: Crisis or Catharsis?", http://siteresources. worldbank. org/INTRANETTRADE/Rources/Hoekman-CancunCatharsis-092003. pdf.

256. "WTO Director-General", http://www. wto. org/english/thewto_e/dg_e/dg_e. htm.

257. "Background on the Cairns Group and the WTO Doha Round", http://www. cairnsgroup. org/Pages/wto_negotiations. aspx.

258. "Agricultural trade and the Cairns Group", http://www. cairnsgroup. org/Pages/wto_negotiations. aspx.

259. Andrew Hurrell and Amrita Narlikar, "The New Politics of Confrontation: Developing Countries at Cancun and Beyond", http://www. crisisstates. com/News/seminars4. htm.

260. "WTO Negotiations Groups", http://www. wto. org/english/tratop_e/dda_e/negotiating_groups_e. htm.

261. Colleen Hamilton and John Whalley, "Coalition in the Uruguay Round: the Extent, Pros and Cons of Developing Country Participation", *NBER Working Paper* No. 2751 October 1988. http://www. nber. org/papers/w2751. pdf? new_window=1.

262. "Cairns Group Ministerial Meetings", http://www. cairnsgroup. org/Pages/Meetings. aspx.

263. 中国台湾地区WTO中心:"WTO各集团之特性及其参与贸易与发展议题之研究执行成果报告书",载中国台湾地区WTO中心网:http://web. wtocenter. org. tw/Node. aspx? id=2。

四、主要国际组织文件

264. Havana Charter for International Trade Organization, Chapter VII: The

International Trade Organization.

265. Agreement on theorganization of cooperation, article 4 – 6, BISD V. 1 (revised).

266. WT/GC/M/57, General council, Minutesof Meeting.

267. WT/DS98/AB/R, Korea-Definitive Safeguard Measure on Imports of Certain Dairy Products.

268. WT/DSl21/AB/R, 14 December. Argentina-Safeguard Measures on Imports of Footwear.

269. WT/DSl77/R and WT/DS178/R, 21 December. United States-Safeguard Measures on Imports of Fresh, Chilled or Frozen Lamb Meat from New Zealand and Australia.

270. WT/GC/W/471, Preparatory process in Geneva and negating procedure at the ministerial conference, communication from Cuba, Dominica republic, Egypt, Honduras, India, Indonesia, Jamaica, Kenya, Malaysia, Mauritius, , Pakistan, Sri Lanka, Tanzania, Uganda, and Zimbabwe, WTO, 24 April 2002, Geneva.

271. WT/GC/W/471, Preparatory process in Geneva and negating procedure at the ministerial conference, communication from Cuba, Dominica republic, Egypt, Honduras, India, Indonesia, Jamaica, Kenya, Malaysia, Mauritius, , Pakistan, Sri Lanka, Tanzania, Uganda, and Zimbabwe, WTO.

272. WT/GC/M/91, 总理事会记录, 26 January, 2005。

273. WT/COMTD/W/151, Technical Assistance and Training Plan 2007.

274. TC/C/1, Statement by the chairman of the general council, 2002 – 2 – 4.

275. TN/AG/GEN/9, Communication from the G20.

276. TN/AG/GEN/17, Committee on Agriculture-Special Session-Joint Communication from the G33, African Group, ACP, and LDCs on Special Products and the Special Safeguard Mechanism.

277. TN/AG/GEN/24, Committee on Agriculture-Special Session-Negotiating Proposal by Recently Acceded Members (RAMs).

278. TN/AG/SCC/GEN/9, Sub-Committee on Cotton-High-Level Session on Cotton – 15 – 16 March 2007 – Communication from the G20.

279. TN/AG/GEN/27, Committee on Agriculture-Special Session-G33 Proposal on Special Products.

280. TN/AG/GEN/29, Committee on Agriculture-Special Session – G33 Proposal on the Treatment of SSM Provided to the SVES.

281. TN/AG/GEN/30, Committee on Agriculture-Special Session-Refocusing Discussions on the Special Safeguard Mechanism (SSM): Outstanding Issues and Concerns on its Design and Structure-Submission by the G33.

282. WT/L/93, Decision-Making Procedures under Article IX and Article XII of the WTO Agreement Statement by the Chairman—As Agreed by the General Council on 15 November 1995.

283. Memorandum in the need to improve the internal transparency and participation in the WTO, prepared by TWN, Oxfam, PSI, WWF, CIEL, Focus on the Global South, LAPT, African trade network, IGTN an Tebtebba.

后 记

4 年的时间,有时让人觉得很长,长到足以让一个人的思想从青涩走向成熟。2011 年,我进入西南政法大学国际法学院攻读国际法博士学位。当时作为一名刚入学的新生,我觉得 4 年的博士生涯应该是一段较长的征程。然而,事实上,4 年的时间实在太短,短到仅够用它来完成一部论文的构思与写作。本书正是在我的博士学位论文的基础上修改而成。

在攻读博士学位的 4 年里,我时常都感到时间飞逝而过。在重庆,无论是潮湿阴冷的冬季,还是炙烤闷热的夏季,每日看到天近暮色,都会兴叹于又是一天从指缝中溜走,自己还有很多书没读,还有很多开创性的观点没有吸收……唯有在攻读博士学位阶段,让我有如此强烈的泰山压顶的紧迫感,我想这一切皆因自己在学术上的浅薄、在科研上的愚钝与博士生阶段研究所需要的深厚基础与广博知识之间的冲突和矛盾。面对国际法的艰深与繁复,我时常都希望时间可以走得再慢一点,这样自己就可以更加静心地去理解国际法的起源和流变,去探析国际法学发展的方向和未来的“前途”。毕竟这个较新的法律部门在现实中经常受到国家权力的“挑战”,而且中国与这个“舶来品”在过去的几百年中相遇和交融,经历着从敬而远之到半信半疑,再到逐渐接受的艰难转变。

当初在选定论文题目时,已经是 WTO“多哈回合”

的第十三个年头,实务界和理论界几乎都认定 WTO 的第一个多边贸易谈判回合已“死去”,发展了半个多世纪的多边贸易体制已走入了“瓶颈期”抑或已“过时”,目光纷纷转向区域经贸协定和安排。然而,我还是坚定地选定 WTO 体制作为研究对象,这不仅是出于长期以来自己对多边贸易体制的兴趣和投入的精力,而更重要的是我认为多边贸易体制所遭遇的“困境”即是学术研究的“机遇”。这种“天上掉下来”的“问题导向”正是从事研究最准确的“风向标”。在导师的指导下,我将目光锁定在 WTO 的决策领域。“多哈回合”久拖不决首先是一个决策效率的问题。从根深层次来看,WTO 决策方式在参与度、透明度等方面的缺陷已随着发展中国家成员的增大和日益强大而暴露无遗,遭到前所未有的挑战。因此,研究和探析 WTO 决策体制的法律症结及其改革不仅关系“多哈回合”和今后的多边贸易谈判回合的有力推进,更与包括中国在内的广大发展中国家成员深入分享全球贸易增长带来的红利有密切关系,还将影响 WTO 多边贸易体制在世界经贸发展中的地位、作用和未来。

经过自己的努力,这部由本人博士学位论文修改而成的专著呈现于前。鉴于该论题涉及国际政治、国际关系理论、国际贸易投资等跨学科领域,以及本人的能力所限,这部专著远未将 WTO 决策体制的所有问题都讨论清楚,也未能完整地提出改革 WTO 决策体制所有法律症结的建议,而是着力于讨论 WTO 的基本决策方式“协商一致”的本质,提出 WTO 谈判规则和制度的概念,以求抛砖引玉,求得对制定和建立更加公平合理的谈判规则和制度的进一步研究和探讨。

我希望自己能够有多一些时间将这部专著“编织”得更加严密、扎实,这一方面是出于自己对该论题的兴趣和科研工作本身应具备的严谨逻辑;另一方面,就个人情感来说,是因为这部专著的背后凝结着远非我一个人的心血和付出。

感谢我的博士研究生导师西南政法大学国际法学院徐泉教授。在师从徐老师之前,自己虽已在高校从事专业教学,但无论学术功底还是学术思想都非常浅薄。正是徐老师的教诲与点拨,帮助我真正走上了学术研究的道路。这部著作从选题到论证,再到修改,无不得到徐老师耐心细致的指导。徐老师的学术水平和治学态度自然无须在此赘言,老师谦虚朴质的性格、远喧嚣疏浮华的品质以及正己正人的做派,让我真正体悟到所谓“学高为师,身正为范”的师道风范。徐老师的为学和为人之道,不仅是我治学的榜样,更是我做人和为师的楷模。

感谢西南政法大学国际法学院张晓君教授、邓瑞平教授和澳大利亚新南威尔士大学法学院王衡教授在我攻读博士学位期间,在科研以及博士学位论文选题、写作和修改上对我给予的帮助和指导,他们的学识和努力都是我今后追逐的方向。

本书能够进入由黄进教授总主编、肖永平教授执行主编的“国际法文库”,是我莫大的荣幸。感谢黄进教授和肖永平教授的提携和鼓励!我作为一名青年国际法学者将为未来中国国际法的研究和发展尽到应尽之力。

感谢西南科技大学法学院领导长期以来对我教学和科研工作的支持和帮助,感谢廖斌教授、翟瑞教授和刘永强副教授时常的点拨和指导,感谢王冬副教授在我读博期间在工作协调上给予的支持,同时也感谢张鑫博士和文晓静博士10年来对我工作和生活给予的帮助。

特别感谢法律出版社财经分社社长沈小英女士为本书的出版提供机会,同时感谢策划编辑陈妮女士为本书的修改付出的辛勤劳动,没有两位女士的付出,就没有本书的面世。

在攻读博士学位的4年里,我偶尔又会希望时间可以走得稍稍再快一点。

读博期间,自己初为人母,面对学习和家庭,常常难顾两端。如果时间能够走得快一点,自己即可早一些完成学业,重新承担起为人子女、为人妻、为人母的责任,减轻一点家庭为我承受的负担。感谢父亲周忠富先生、母亲胡霞女士和丈夫郭博先生,在我负重不堪时,帮我承担起了许多本应由我来承担的家庭重担,从而让我能够顺利完成学业并安心进行博士学位论文的写作。这份家庭给予我的温暖是我在面对任何艰辛时继续前行的动力与勇敢的源泉。感谢我的儿子布达,看着他从呱呱落地到牙牙学语,再到蹒跚学步,每一天都让我真切地感受到生活中最美好一面的质感。每当看见他的笑脸,再多的负累和疲倦都会烟消云散。

但是,显然,时间有着它自己的刻度,任何人都不可能将其改变。

时间或快或慢,只是一种纯粹归属于个人的感观和体悟。面对近20万字的文字,其背后所承载的关爱和深情让我觉得既厚重又感动。因此,尽管钱钟书先生曾将献文称作一种“精致的不老实”,但在此处,我仍然想真诚地说:如果本书中尚存一些有价值或可取之处,那么在我看来,都是因为有你们的存在!

周跃雪

2016年12月

图书在版编目(CIP)数据

WTO决策机制法律问题研究 / 周跃雪著. —北京：法律出版社,2016.12

(国际法文库)

ISBN 978-7-5197-0483-4

Ⅰ.①W… Ⅱ.①周… Ⅲ.①世界贸易组织—决策—研究②世界贸易组织—贸易法—研究 Ⅳ.①F743.1 ②D996.1

中国版本图书馆CIP数据核字(2016)第313972号

WTO决策机制法律问题研究
WTO JUECE JIZHI FALÜ WENTI YANJIU

周跃雪 著

策划编辑 陈 妮
责任编辑 陈 妮
装帧设计 李 瞻

出版 法律出版社
总发行 中国法律图书有限公司
经销 新华书店
印刷 固安华明印业有限公司
责任校对 杨锦华
责任印制 吕亚莉

编辑统筹 财经出版分社
开本 710毫米×1000毫米 1/16
印张 13.75
字数 220千
版本 2016年12月第1版
印次 2016年12月第1次印刷

法律出版社/北京市丰台区莲花池西里7号(100073)
网址/www.lawpress.com.cn
投稿邮箱/info@lawpress.com.cn
举报维权邮箱/jbwq@lawpress.com.cn
销售热线/010-63939792
咨询电话/010-63939796

中国法律图书有限公司/北京市丰台区莲花池西里7号(100073)
全国各地中法图分、子公司销售电话：
统一销售客服/400-660-6393
第一法律书店/010-63939781/9782
西安分公司/029-85330678
重庆分公司/023-67453036
上海分公司/021-62071639/1636
深圳分公司/0755-83072995

书号:ISBN 978-7-5197-0483-4
定价:45.00元